太陽を表すベラ・クーラの仮面（北西部太平洋岸インディアン）

ヴィシュヌーのマンダラ（ネパール、1420年）

太陽の円盤（ニューギニア）

ナバホ族の砂絵

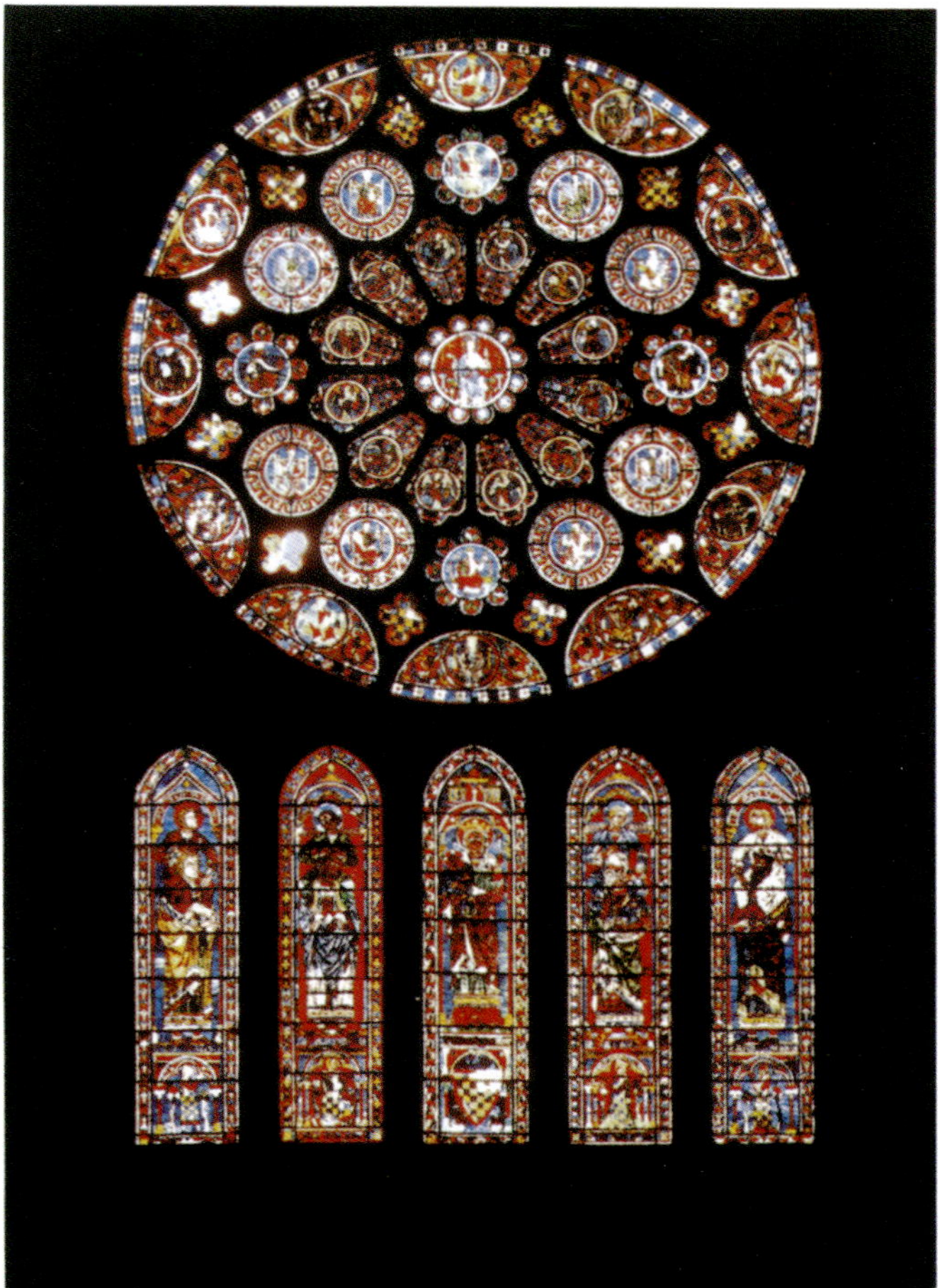

シャルトル大聖堂西正面の薔薇の窓（1197 ～ 1260 年）

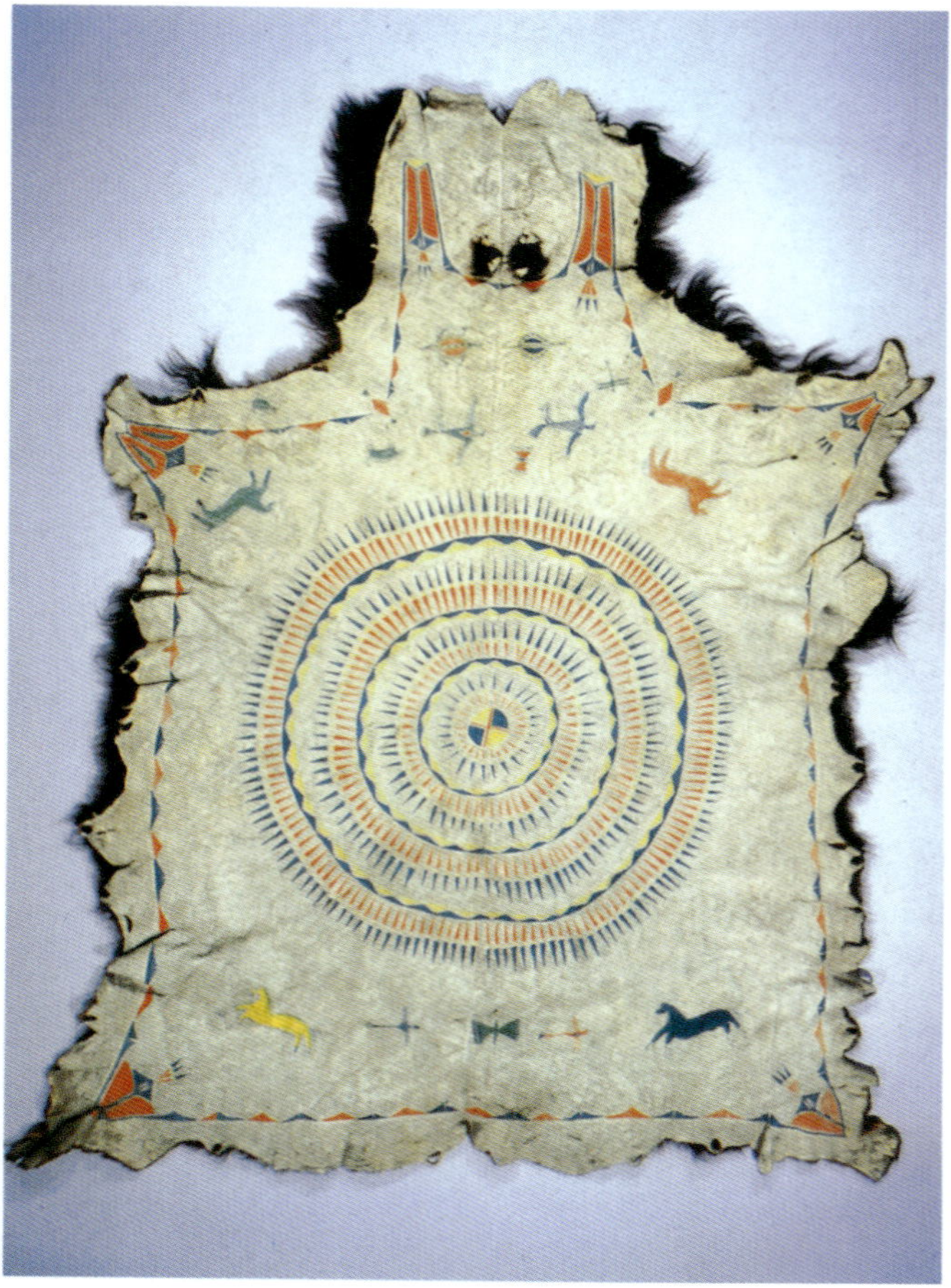

バッファロー皮の服（平原インディアン）

生と死の木（ザルツブルク大司教の祈禱書より、1481年）

〈マンダン族バッファロー・ブル・ソサエティの指導者〉
（現在のモンタナ州、ノースダコタ州あたり）、
カール・ボドマー（1805～93）画、1834年

ハヤカワ文庫NF

〈NF368〉

神話の力

ジョーゼフ・キャンベル＆ビル・モイヤーズ

飛田茂雄訳

早川書房

6706

THE POWER OF MYTH

by

Joseph Campbell with Bill Moyers

Translated by
Shigeo Tobita
Published 2010 in Japan by
HAYAKAWA PUBLISHING, INC.
This book is published in Japan by
arrangement with
DOUBLEDAY
an imprint of THE KNOPF DOUBLEDAY PUBLISHING GROUP
a division of RANDOM HOUSE, INC.
through THE ENGLISH AGENCY (JAPAN) LTD.

彼の宇宙の音楽に長年耳を傾けてきた
ジューディスに捧げる

目次

編集者からのごあいさつ　17
まえがき　21
第一章　神話と現代の世界　37
第二章　内面への旅　102
第三章　最初のストーリーテラーたち　163
第四章　犠牲と至福　204
第五章　英雄の冒険　264
第六章　女神からの贈り物　350
第七章　愛と結婚の物語　388
第八章　永遠性の仮面　429
訳者あとがき　477
解説／冲方 丁　489

神話の力

編集者からのごあいさつ

ビル・モイヤーズとジョーゼフ・キャンベルとのこの対談は一九八五年から八六年にかけて、ジョージ・ルーカスのスカイウォーカー・ランチで、またそのあとニューヨークの自然史博物館で行なわれました。なまの速記録を読んだ私たちは、延べ二十四時間に及ぶビデオ撮影のあいだに扱われた題材や資料の豊富さに圧倒されました――PBS〔公共放送ネットワーク〕シリーズで放送する六時間番組を作成するとき、その多くを割愛せざるを得なかったのですが。本を作ろうという構想は、テレビ・シリーズの視聴者だけでなく、長いあいだ著書を通じてキャンベルを高く評価してきた方々にも、こういう資料を活用していただきたいという念願から生まれました。

この本を編集するにあたって、私はもとの会話の流れに忠実であるよう努力しましたが、同時に、せっかくの機会ですから、たまたま話題になっていることについて関連のある内容が速記録のほかの場所に見つかった場合には、それを適宜適切なところに織り込むよう配慮しました。また、できるだけテレビ・シリーズの形式に従いましたが、書物には書物独自の形と心がありますから、この本もテレビ・シリーズの複製ではなく、それと対等のコンパニオンにするよう工夫しました。この本の存在理由のひとつは、思想的対談というものは、見るだけでなく、じっくりと考える価値のあるものだという考えにあります。

もちろん、もっと深いレベルで見たとき、この本が存在するのは、ビル・モイヤーズが神話という基本的でありながら扱いにくい主題に関して積極的に問題提起をし、ジョーゼフ・キャンベルがモイヤーズの鋭い質問に対して、生涯神話と共に生きてきた経験に基づき、進んで自己をさらけ出しながら、正直に、誠実に答えてくれたからです。私は光栄にもこのおふたりの対談に同席させていただいたことに感謝いたします。また、ダブルデイ社の編集者であるジャクリーン・ケネディ・オナシスにもお礼を申し上げます。ジョーゼフ・キャンベルの思想に対する彼女の関心こそ、この本の出版の出発点になったからです。わたしはまた、カレン・ボーデロン、アリス・フィッシャー、リン・コヘア、ソーニャ・ハダッド、ジョーン・コナー、ジョン・フラワーズの協力に対して、また特に、原稿を何度もタイプし直し、編集者としての鋭い目を働かせてくれたマギー・キーシェンに対して、謝意を表します。ジュディー・ドクタロフ、アンディー・タッカー、ベキー・バーマン、ジュディー・サンドマンにも感謝の意を表します。図版に関する調査の主要な作業はヴェラ・アロナウ、リン・ノーヴィック、エリザベス・フィッシャー、サブラ・モアが担当し、アンヌマリ・ロンバーグがそれを助けてくれました。ビル・モイヤーズとジョーゼフ・キャンベルは原稿を読んで、多くの有益な示唆を与えてくれました。が、ふたりとも、対談を書物の言葉に書き直したいという誘惑をしりぞけて、会話口調をそのまま紙上に再現することを可能にしてくれました。そのことにも感謝しております。

ベティー・スー・フラワーズ
（テキサス大学オースティン校）

まえがき

ジョーゼフ・キャンベルが亡くなってから何週間ものあいだ、私はどこでなにを見ても、つい彼のことを思い出してしまうのだった。

タイムズ・スクエアーで地下鉄を降り、もみ合っている群衆のエネルギーをじかに感じながら地上に出て行くとき、私はかつてキャンベルの頭に浮かんだというイメージを思い出して、口もとがほころぶのを感じた。「オイディプスの最も新しい化身が――いまも続く美女と野獣のロマンスが――きょうの午後、四十二丁目と五番街との交差点に立って、信号待ちをしているんだ」

ジェイムズ・ジョイスの短編に基づくジョン・ヒューストンの最近作〈ザ・デッド〉の試写会でも、やはりキャンベルを思い出した。キャンベルの最初の重要な著作のひとつは『「フィネガンズ・ウェイク」を開く親かぎ』であった。キャンベルは、ジョイスの言う「深刻で絶え間ない」人間の苦悩こそ古典的な神話の主要テーマであることを知っていた。「あらゆる苦しみや悩みの隠れた原因は」とキャンベルは言った、「生命の有限性であり、それが人生の最も基礎的な条件なのだ。もし人生を正しく受け入れようと思うなら、この事実を否定することはできない」

二人で苦悩の問題について話し合っていたとき、キャンベルはたてつづけにジョイスとイグジュガルジュクのことを持ち出した。「イグジュガルジュクって、だれのことです？」と私は発音をいい加減にまねてたずねた。「これはどうも」とキャンベルは答えた。「彼はカナダ北部のカリブー・エスキモーのシャーマンでね。ヨーロッパからの訪問者に対してこう言ったものだ――『唯一の正しい知恵は人類から遠く離れたところ、はるか遠くの大いなる孤独のなかに住んでおり、人は苦しみを通じてのみそこに到達することができる。貧困と苦しみだけが、他者には隠されているすべてのものを開いて、人の心に見せてくれるのだ』と」

「なるほど」と私は言った。「イグジュガルジュクですか」

ジョーは私の文化的な無知を見逃してくれた。二人とも歩みを止めていた。彼は目を輝かせて言った。「焚き火を囲んで、ジョイスやイグジュガルジュクと一晩ゆっくり語り合うさまを想像できるかね。私なら、ああ、その場にぜひ連なりたい」

キャンベルはジョン・F・ケネディの暗殺二十四周年の直前に亡くなった。何年も前、私たちが最初に会ったとき、キャンベルはあの暗殺について神話の言葉を用いて語った。その暗い思い出がよみがえってくるいま、私はすでに成人した子供たちにキャンベルの思索について語るのだった。荘厳な国葬のことを、キャンベルは「社会に対して儀式が果たす気高い使命の典型」と評して、人間の基本的な欲求に基づく神話的主題を想起させた。「これは最大の社会的必然性を儀式化する機会であった」とキャンベルは書いている。「われわれの社会全体を、言い換えれば、われわれ自身がその成員である生きた社会的組織を、代表していた」大統領の公然たる暗殺によって、「その活気みなぎる生命が奪われたのであるから、社会の連帯感をふたたび確立するために、償いとしての儀式が必要であった。巨大な数から成る国民が、この四日間、だれひとり異論を唱えることもない単一コミュニティーとなり、われわれのすべてが、同時に同じやり方でただひとつの象徴的な行事に参加したのだ」。キャンベルによれば、それは「平和時において、私がこの国家というコミュニティー全体の一員だという自覚を持ち、その成員として深い意義のある儀式に参加した（この種のものとしては）最初で、唯一の機会だった」。

いまの文章を別の時にも思い出したことがある。私の同僚のひとりが、キャンベルとの共同作業について女友達から、「なぜ神話なんか必要なの」と聞かれたそうだ。その女性は、「あんなギリシャの神々だのなんだの」はいまの人間の状況とは無関係だという、おなじみの現代的思想の持ち主であった。彼女が知らなかったこと――いや、大半の人が知らないこと――は、その「だのなんだの」のうち生き残ったものが、われわれの信仰や信念の内面組織にへばりついているということだ。ちょうど、考古学にとって重要な遺跡に、壊れた土器の破片が埋まっているように。だが、われわれが有機体であるように、それら「だのなんだの）にもエネルギーがある。儀式がそのエネルギーを呼び起こす。現代社会の裁判官を見るがいい。キャンベルはそれを社会学的ではなく、神話的な立場から見ていた。もし裁判官がひとつの役割に過ぎなければ、彼らは威厳のある黒い法服の代わりに、グレーの背広を着て法廷に出てもいいはずだ。法律が単なる強制を越えた権威を持つためには、裁判官の力を儀式化し、神話化する必要がある。それと同じように、宗教や戦争から愛、死に至るまで、今日の生活の多くを儀式化し、神話化する必要があるんだ、とキャンベルは言っていた。

キャンベルが亡くなったあとのある朝、仕事に出かけようと思って歩いていた途中、近所のビデオ屋の前で足を止めた。ウインドーのなかのモニター・テレビでジョージ・ルーカスの映画〈スター・ウォーズ〉をやっていたからだ。私はその前に立って、カリフォルニアのルーカス家であるスカイウォーカー・ランチでキャンベルといっしょにこの映画を見たときのことを思い出していた。ルーカスがキャンベルの著作から恩恵をこうむったことを明らかにしたうえで、〈スター・ウォーズ〉三部作を見に来てほしいとキャンベルを招待してから、二人は親友になっていた。もともとキャンベルは、ワイドスクリーンに繰り広げられる力強い現代的シーンのなかに、古代的なテーマや神話的なモチーフが展開するのを見て大いに喜んでいたが、この訪問の際、ジョーはルーク・スカイウォーカーの身の危険や英雄的行動にやはり興奮し、いきいきした表情で、ルーカスは英雄の古典的物語に「最も新しい、最も力強い回転力を与えたね」と言った。

「それはどういうことです?」と私はたずねた。

「これはゲーテが『ファウスト』のなかで使ってる言葉で、ルーカスはそれに現代語という服を着せている。科学技術はわれわれを救いはしない、というメッセージだ。現代のコンピュータ、機械器具、そんなものでは十分ではない。われわれは自分の直観に、自分の真の存在に頼らなければならない」

「それは理性への挑戦では？」と私は言った。「だいいち、われわれはあまりにも早く理性から逃れているんじゃありませんか？」

「英雄の旅の本質は、そんなものじゃない。理性を否定するのが目的ではない。それどころか、英雄は暗い情念を克服することによって、理不尽な内なる野蛮性を抑制できるという人間の能力を象徴しているんだ」。キャンベルはもっと前に、現代人は自分のうちに人間固有の「肉食性や性的欲望があることを認めようとしない」と言って嘆いていたが、いま彼は、英雄の旅はただ勇気ある行動ではなく、自己発見を目的とした生活であり、「ルーク・スカイウォーカーは、彼自身のうちに自己の運命に立ち向かうさまざまな特性を見いだしたとき、最も鋭く理性を働かすことができた」と言うのだった。

意外なことに、キャンベルにとって英雄の旅の終わりは、自己の権力の拡大ではなかった。ある連続講演会でキャンベルは言った。「それは自分を、自分が知っているだれかのイメージと、あるいは自分が経験したなにかの力と、同一化させることではありません。解脱を求めるインドのヨガ行者は自分を光明と一体化させ、二度とそこから戻りません。しかし、他人に奉仕しようという意志のある人なら、決してそういう逃避行動はとらない。探究の究極的な目的は、自分自身のための解脱でもエクスタシーでもなく、他者に仕える知恵と力なのです」キャンベルによれば、名士と英雄との数多くの相違のひとつは、一方がもっぱら自我のために生きるのに対して、他方は社会を救い出すために行動することである。

ジョーゼフ・キャンベルは、人生を冒険として肯定した。学生時代のキャンベルは、大学の指導教員が彼を狭いアカデミックなカリキュラムのなかに閉じ込めようとしたとき、「冗談じゃない」と言って、博士号を取る勉強をする代わりに森のなかに入って本を読んだ。彼は生涯を通じて、世界についての本を読み続けた――人類学、生物学、哲学、芸術、歴史、宗教。そして他人に対しても、世界に深く入るためのひとつの確実な道は、印刷されたページの上にあると説き続けた。キャンベルが亡くなって数日後、私は彼の教え子のひとりで、いまは一流雑誌の編集助手を務めている女性から手紙を受け取った。私がキャンベルといっしょに一連の仕事をしていたことを知ったこの女性は、セイラー・ロレンス大学のキャンベル教授のクラスで「息をひそめて座っていた」学生たちの「あらゆる知的な可能性のあいだを、先生のエネルギーのあらしが吹き荒れたものです」と教えてくれた。彼女はさらにこう書いていた――「私たちはみんな魔法にかけられたかのように耳を傾けていたのですが、その一方で、毎週読むように指示される本のあまりの多さにたじたじでした。とうとうクラスメートのひとりが立ち上がって、（まさしくセイラー・ロレンス風に）抗議しました。『私はいま、ほかに三つの科目を取っています。一週間のうちにこれだけ全部読めとおっしゃっても、無理ではございませんか？』と言ったんです。キャンベル先生はすぐに笑い出して、

『いや驚いたな、全部読もうとしたなんて。人生はこれからだよ。一生かけて読めばいいんだ』」

手紙の結びにはこうあった――「でも、私はまだ読み終えていません――これはキャンベル先生の生涯とお仕事が決して終わっていないというひとつの証しです」

ニューヨークの自然史博物館で行なわれた追悼式でも、人々は同じことを強く感じたに違いない。少年のころ、そこに連れてこられたジョーゼフ・キャンベルは、トーテムポールや仮面を見て我を忘れてしまった。だれが作ったものだろう、と彼は疑問を抱いた。どういう意味を持っているんだろう？　彼はインディアンについて、彼らの神話伝説について書いてある本を、手に入るかぎり片っ端から読んだ。十歳までに、彼は神話学において世界最高の学者のひとり、そして現代における最もエキサイティングな教師のひとりになる道を歩み始めていた。キャンベルは「民俗学や文化人類学の骸骨に生命を与えることができた」と言われている。四分の三世紀前にキャンベルの想像力をはじめて刺激したこの博物館での追悼式に、人々は彼の思い出を新たにしようと集まった。かつてキャンベルがその打楽器演奏に魅せられていたロックグループ〈グレートフル・デッド〉のドラマー、ミッキー・ハートが演奏した。ロバート・ブライがダルシマーを演奏し、キャンベルに捧げる詩を朗読した。かつての教え子が語った。そしてキャンベルが大学をやめ、夫人（舞踏家のジーン・アードマン）と共にハワイに引退してからできた友人たちも話した。ニューヨークの一流出版社の代表も出席していた。老若を問わず、ジョーゼフ・キャンベルを先駆者と仰ぐ作家や学者も式に連なった。

そしてジャーナリストたちも。私はそれより八年前、自分の発案で、現代の最も生気あふれる思想家をテレビで紹介するという試みを進めているうちに、キャンベルに心を引かれた。私たちはその同じ自然史博物館で二つのプログラムをテープに収めたが、ブラウン管に映るキャンベルの姿は圧倒的な印象を与えたので、一万四千人以上の視聴者からあの対話の記録を送ってほしいという注文が舞い込んだ。そのとき、私はもういちどキャンベルのあとを追ってみよう、今度はもっと組織的、徹底的に彼の思想を掘り下げてみよう、と心に誓った。キャンベルは約二十冊の本を書いたり編集したりしているが、私が経験したのは世界の民話や、言語のイメージに詳しい一教師としてのキャンベルとの出会いであった。そこで、今度はほかの人々にも教師としての彼を経験してもらいたいと思ったのだ。こうして、私のPBSシリーズやこの本を通じて、この人物の宝をみなさんと共有したいという願いが生まれた。ジャーナリストは大衆と共に教育を受ける特権を得ている、と言われる。われわれは成人教育の連続講座に連日出席する許可を得ているわけで、その意味では幸運な人間だ。近年、キャンベルほど私に大きなものを教えてくれた人はだれもいない。そして私がキャンベルに、私を生徒にしたことからどんな結果が生じてもそれに責任を取ってくださいよと言うと、彼は笑って古代ローマ人の言葉を引用した。「運命は、歩む意志ある者を先導し、意志なき者を力ずくで引き立てる」

キャンベルは、偉大な教師がみなそうであるように、模範を示すことによって教えた。だれかを説き伏せてなにかをさせるのは彼の流儀ではなかった（ジーンに結婚を申し込んだ時だけは例外だったが）。彼は私に、「伝道者たちは、人々を説得によって信仰に導こうとするからうまくいかない。むしろ、自分自身の発見の輝きを示すべきだ」と言った。実際、キャンベルは学ぶこと、生きることの大きな喜びをどれほど端的に明かしてくれたことか！マシュー・アーノルドは、最高の批評は「世界中で最善のものと認められ、考えられている物事を知り、それをまた他者に知らせることによって、真実の、また新鮮な思潮を創造することである」と信じていた。これこそまさしくキャンベルのしたことであった。彼の話に耳を傾けながら——まじめに聞きながら——私自身のなかに新鮮な生命が生まれ、私自身の想像力が沸き起こってくるのを自覚しないことなど、全くあり得なかった。

キャンベルは彼の仕事の指導理念について、それは「世界の神話に共通した要素を発見し、人間心理の奥底には絶えず中心に近づきたい、つまり、深い原理に近づきたいという要求があることを指摘することだ」と言っていた。

「人生の意味の探究が必要だということですね」と私はたずねた。

「そうじゃない。生きているという経験を求めることだ」

私は「神話とは、経験の旅をした人々が描いた内面的経験のロードマップではないでしょうか」と言った。だが、たぶんキャンベルはジャーナリストの散文的な定義には満足しなかっただろう。彼にとって神話は「宇宙の歌」であり、「天球の音楽」であった——曲名は知らずとも、われわれがそれに合わせて踊る音楽。われわれは「高みに立って、コンゴの魔術師の不可解なマンボー・ジャンボーを面白がって聞くときも、教養人らしい歓喜の念をもって老子の詩の翻訳を読むときも、時たまアクィナスの教説という堅い実の殻を破るときも、あるいはエスキモーの奇怪なおとぎ話の輝かしい意味を突然悟るときも」その音楽のリフレインを聞いているわけだ。

ジョーゼフ・キャンベルは、この壮大で不協和音の多いコーラスが始まったのは、原始時代に住んでいたわれわれの祖先が、食べるために殺す動物たちについて、あるいはその動物たちが死んだあと行くと思われる超自然世界について、仲間どうしで語り合った時だろうと想像していた。「向こうのどこかに」——目に見える存在次元のかなたに——「人間に対して生と死の力を行使する〈支配的な動物〉がいる。もしその支配者がいけにえになるけものを送り返してくれなかったら、狩猟者とその家族は飢え死にしてしまう。こうして古代社会は、『生命体の本質は、それが他のものを殺して食べることにある。それこそ神話が扱うべき偉大な神秘だ』ということを学んだ」狩猟はいけにえのための儀式になり、狩猟者は肉体を去る動物たちの霊に対する償いと和解の儀式を行なうことによって、その霊をなだめ、ふたたび犠牲になってくれることを祈ったのである。けものたちはそういう別世界からの使いと見なされた。そしてキャンベルは、猟をするものとされるものとのあいだに「すばらしい魔術的な和合」が生じたのだろうと推察していた——まるで、両者が協力して、死と埋葬と再生との「神秘的で時間を超越した」サイクルを形成しているかのように。この時代の人々の芸術である洞窟画や口承文学は、今日われわれが宗教と呼んでいる衝動に形を与えたのである。

こういう原始時代の人々が狩猟から農耕生活に移ったとき、生活の神秘を解釈するために彼らが語っていた物語もまた変化した。いまや種子が無限のサイクルの魔術的な象徴になった。植物は死に、土に埋められ、その種がまた生まれる。キャンベルは、世界の偉大な諸宗教が永遠の真理――死から生が生ずる、あるいはキャンベルの言葉を借りると「犠牲から至福が生まれる」という真理――の象徴として、その種がどうとらえられているかに強い興味を抱いていた。

「イエスの目はさすがだったね」とキャンベルは言った。「彼はからし種のなかにさえ、なんとすばらしい真実を見たことか」。彼は「ヨハネによる福音書」からよくイエスの言葉、「はっきり言っておく。一粒の麦は、地に落ちて死ななければ、一粒のままである。だが、死ねば、多くの実を結ぶ」を引用し、すぐあとでコーランの「おまえたちは、おまえたちよりも先にこの世を去った者らが受けたのと同じ裁きを受けぬまま〈至福の園〉に入れると思うのか」を引用した。彼は霊魂や精神についての膨大な文献のあいだを渡り歩き、サンスクリットで書かれたヒンズーの聖典を翻訳することさえあり、古代人の知恵の宝庫に加えるべく、近代や現代の物語をも収集し続けた。特に彼が好んだ物語のひとつは、悩みをかかえてインドの聖者であり賢者でもあったラーマクリシュナを訪れた一婦人に関するものだった。その婦人はラーマクリシュナにたずねた。「ああ、先生、私はどうしても神を愛することができないのです」するとラーマクリシュナは「はて、あなたには愛するものがなにもないのかな」と反問した。婦人が「かわいい甥がおります」と答えると、ラーマクリシュナは、「そこにあなたの神に対する愛と奉仕がある――その子に対する愛と奉仕のなかに」と言った。

「そしてそこに」とキャンベルは言った。「宗教の崇高なメッセージがある――『あなたが最も幼いひとりの子供のためにしたことこそ……』」

精神に生きる人であったキャンベルは、多くの信仰の書のなかに、人間精神に共通の原理を見いだした。しかし、それらは部族的な占有権から解放されなければならない。そうしないと、世界の宗教は――今日の中東や北アイルランドのように――侮蔑や攻撃の源という性格を脱し切れないからだ。彼は**神**のイメージは多様だ、それらは〈栄光の顔〉を覆うこともあれば見せることもある〈永遠性の仮面〉だと言った。彼は、**神**がいろいろと違った社会でいろいろと違った仮面をかぶっていながら、そういう多様な伝統のなかに似たような神話が――創造、処女降誕、人間の形での顕現、死と復活、再来、最後の審判の日などの物語が――見いだされることに、いったいどういう意味があるのかを知りたがっていた。彼はインドの聖典のなかの洞察に富む言葉、「真理はひとつである。賢者はこれを多くの名前で呼ぶ」を好んでいた。**神**に対してわれわれが与える名前とイメージのすべては、当然のことながら、言語と芸術を超越した究極的実在を暗示する仮面だ、とキャンベルは言った。神話も**神**の仮面、つまり、目に見える世界のかげにあるもののメタファーである。神話的な伝統がたがいにどう違っていようとも、それらは、生きることとそれ自体をより深く意識させる手だてだという意味では共通している、とキャンベルは言った。キャンベルの書物が指摘する許し難い罪は、怠慢の罪、油断の罪、十分に目覚めていないという罪である。

キャンベルほどうまく物語を語った人には、これまで出会ったことがない。彼が古代社会のことを語っているのを聞いているあいだ、私は天空の巨大なドームの下の広い原野に導かれ、あるいは深い森の樹木の天蓋の下に連れ込まれ、神々の声が風や雷から語られるのを、そして神の霊があらゆる山の渓流となって流れるのを、さらに、全地が聖なる場所として開花するのを理解し始めた。要するに、神秘的な創造の世界というものを理解し始めたのだ。

そして私は質問した。現代人がこの地上からその神秘をはぎ取ってしまったいま――ソール・ベローの言葉を借りれば「信仰を大掃除して」しまったいま――われわれの想像力はどうしたら養われるのでしょう？　ハリウッドやテレビ映画に頼るしかないのでしょうか？

キャンベルは悲観主義者ではなかった。彼は幻滅と真理との葛藤のかなたに「知恵の働く地点」があり、そのおかげで生命体はふたたび生気を取り戻すことができると信じていた。それを見つけるのが〈現代の最も重要な課題〉だと彼は言った。彼は最後の数年間、科学と精神との新しい統合の道を求めて努力した。「地球中心の世界観から太陽中心の世界観への転換は」とキャンベルは書いている。「人間を中心から遠くに離したし、その中心こそ非常に重要であった、と思われていた。しかし、精神的な見地からすると、中心とはものを見る目の存在するところだ。高いところに立って地平線を眺める。月の上に立って全地球が昇るのを見る――居間のテレビを通してだってかまわない」。その結果、前に経験しなかったほど視界が広がる。それは現代において、古代の神話が古代人に対して役立ったのと同じように、認識のドアを大きく開いて、「自分自身と宇宙との、恐ろしくもあり、魅力的でもある驚異を」見せるのに役立つだろう、というのだ。彼は「人間を矮小化したり、神聖なるものから切り離した元凶は、科学ではない」と主張する。それどころか、新しい科学的発見のかずかずは、この宇宙全体のなかに「われわれ自身の最も内面的な性格の反映」を拡大して見せてくれるという意味で、われわれを「ふたたび古代人に結びつけてくれる」というのだ。したがって「現代人もまた、宇宙の耳、宇宙の目、その思考、その発言にほかならない。神学的な用語を用いるならば、現代人もまた神の耳、神の目、神の思考、神の言葉なのである」私はジョーゼフ・キャンベルと最後に会ったとき、「あなたはかつて『私たちはいまこの時、人間精神の最も偉大な成長のひとつである知識への飛躍、それも単なる外的世界に関する知識ではなく、私たち自身の深い内面的な神秘に関する知識への飛躍を試みている最中である』と書いていますが、いまでもそう信じてますか」とたずねた。

キャンベルは一瞬考えてから答えた、「なによりも偉大な成長だろうね」

私はジョーゼフ・キャンベルの訃報に接したとき、彼から贈られた『千の顔を持つ英雄』をしばらく読みふけった。そして、私が神秘的な英雄の世界をはじめて発見した時のことを思い出した。私は故郷の町にあった小さな公共図書館にぶらっと入り込んで、軽い気持ちであれこれ本をあさっていたが、棚から引き出した一冊の本がたまたま驚異の世界を開いて見せてくれた。人類のために神々から火を盗んだプロメテウス、勇敢にも竜に挑んで金の羊毛を手に入れたイアーソーン、聖杯を探求する円卓の騎士。しかし、私はジョーゼフ・キャンベルと会うまで、土曜日の午後見る西部劇がそういう古代物語からふんだんに材料を借りていることには気づかなかった。そして、日曜学校でわれわれが習った物語も、魂の高い冒険の意義を認めるとか、人間が神の真実を把握しようと努力し続けるという点において、他の文化社会の物語と共通しているという事実にも気づかなかった。彼は私を助けてその関係を見せ、多くの部分がいかに共通のパターンに合致しているかを理解させ、彼が「壮大な多元的文化の未来」と呼ぶものが、あまり不安なものでないどころか、むしろ歓迎すべきものであることを納得させてくれた。

もちろん彼は、神話の心理学的解釈にこだわりすぎるとか、神話が現代のイデオロギーや心理的治療といった面で果たす機能だけを説いているなどといって批判されている。私はそういう議論に加わる能力はないので、専門家に任せるほかはないけれども、キャンベル自身はその種の批判に動じる色はさらさらなかった。彼はただ教え続け、他人がそれぞれ新しい角度でものを見る可能性を推進し続けたのである。

そして、なんと言っても、われわれを教化してくれるのは彼が営んだ誠実な人生そのものだ。キャンベルが、「神話はわれわれの精神的潜在力を開くかぎである、それは喜びに、光明に、いや恍惚境にさえ人を導いてくれる」と言ったとき、彼はもはやその場所にいて他人を招いていたのである。

なにが私を彼に引きつけたのか？

知恵だ。そう、彼は並み外れた知恵の持ち主だった。

そして学識。彼はまさしく、「他にほとんど例を見ないほど、人類のパノラマ的な過去をすみからすみまで知っている人」であった。

だがそれだけではない。

キャンベルは千もの物語を語ることのできる人だった。それは彼の特技のひとつだった。ある国際的な宗教会議のために日本を訪れたキャンベルは、別のアメリカ代表であるニューヨーク州出身の社会哲学者が神道の司祭にこう言っているのを立ち聞きした――「私たちはたくさんの儀式に参加したし、あなたがたの神殿もずいぶん見せていただいたが、そのイデオロギーがどうもわからない。あなたがたがどういう神学を持っておられるのか、理解できないのです」すると相手の日本人は、考えにふけるかのように長い間を置き、ゆっくりと首を左右に振ってからようやく言った。「イデオロギーなどないと思います。私どもに神学はありません。私たちは踊るのです」

ジョーゼフ・キャンベルも同じだった――彼は天球の音楽に合わせて舞い踊っていたのだ。

ビル・モイヤーズ

第一章　神話と現代の世界

人々はよく、われわれは生きることの意味を探っていると言いますが、人間がほんとうに探求しているのは、たぶん生命の意味ではありません。人間がほんとうに求めているのは、〈いま生きているという経験〉だと思います。純粋に物理的な次元における生活体験が、自己の最も内面的な存在ないし実体に共鳴をもたらすことによって、生きている無上の喜びを実感する。それを求めているのです。

モイヤーズ　なぜ神話を、という疑問から始めましょう。いまどき、なぜ神話のことなど考える必要があるんでしょう。神話は私生活とどう関わっているのでしょうか。

キャンベル　答えとしてはまず、「どうぞそのままあなたの生活をお続けなさい。それは立派な人生です。あなたに神話の知識などいりません」と言いたいですね。どんなことでも、他人が重要だと言ってるから興味を向けるなんて、賢明なこととは思えません。ただ、どういう形であろうと、その問題のほうから私をとらえて放さない場合には、まともに受け止めるべきでしょう。あなたの場合も、適当な予備知識さえあれば、神話のほうからあなたをとらえることに気づくはずです。そこで、神話がほんとうに心をとらえたとき、それはあなたのためになにをしてくれるのでしょう。

現代の問題のひとつは、人々が精神ないし霊魂について書いたものにあまりよく通じてないことです。私たちはきょうのニュースに、いまこの時間の問題に興味を持ちます。昔の大学は一種の閉鎖された脱俗社会でして、そこでは同時代のニュースが教授や学生の内面的生活に対する精神の集中を妨げることはなかった。またそんなニュースが、私たちの偉大な伝統のなかに受け継がれているすばらしい人類の遺産——つまり、私たちの生活の枠組に関わる永遠の価値について語ってきたプラトン、孔子、ブッダ、ゲーテなどなど——への強い関心を侵害することもありませんでした。私たちが年をとり、目先の諸問題は全部だれかが引き受けてくれるというので、ようやく内面生活に目を向けようとするそのとき、内なる生はどこにあるのか、どんなものか、わからないとすればみじめでしょうね。

ギリシャ、ラテンの古典や聖書のたぐいは、かつて日常的な教育の一部でした。こういうものが捨てられてしまったいま、西洋の神話知識の伝統もまるごと失われてしまいました。神話的な物語はだれの心にも宿っていたのに。そういう物語が心のなかにある限り、それが自分の生活の内面と関連していることもわかるはずです。それは、いま起こっていることにひとつの見通しを与えてくれます。それがなくなったとき、私たちは大きなものを失ったことなる。それに代わるべき適切な文学なり文献なりが見つからないのですから。古代からのこういう断片的な情報のかずかずは、人間生活を支えてきたいろいろなテーマと関わっていますし、文明を築いてきましたし、ここ数千年の多くの宗教に生命を吹き込んできました。それらの情報は深い内面的な問題、内面的な神秘、内面的な通路に関わっています。そして、もし人生の途中でなにが案内標識の役をしているか、それがわからなければ、自分でそれを作り上げるしかありません。ところが、もし神話というテーマが自分をとらえた場合には、こうした伝統のあれこれのおかげで、言い換えれば、人生を豊かにし、活性化してくれるような深みのある情報のおかげで、もうそれを手放したくないと思うものです。

モイヤーズ　すると、人々は世界とうまく折り合いをつけるために、自分の人生を現実と調和させるために、物語を作ったり、語ったりするのでしょうか。

キャンベル　そう思いますね、ええ。小説は、偉大な小説は、すばらしい教育的な意味を持つことがあります。二十代や三十代、いや四十代に入ってまでも、ジェイムズ・ジョイスとトーマス・マンは私の教師でした。私は彼らの書いたものを残らず読みました。二人とも〈神話的伝統〉と呼べるようなもののなかで作品を書いていました。例えば、トーマス・マンの『トニオ・クレーゲル』のなかのトニオの物語を見てください。トニオの父親はれっきとした大商人です。故郷の町の名士です。ところが、息子のトニオは芸術家肌なので、ミュンヘンに飛び出して文士仲間に入る。その連中はただの金もうけや家族生活というものを見下しています。

ここでトニオは二つの極の中間にいるわけです。一方は父親。これは善良な父親で、責任感やなんかに富んでいるけれども、自分の人生のなかで思い通りのことを一度もしたことがない。もう一方が、故郷を逃れて、そういう生活を批判している人間です。けれどもトニオは、そういった故郷の人々を心から愛している自分に気づきます。ですから彼は、インテリとしてはそういう故郷の人々よりも少し優位に立って、辛辣な言葉で彼らのことを批判するくせに、心のなかでは彼らに同情しているのです。

しかし、いざ故郷を捨ててボヘミアンどもの仲間入りをしてみると、この連中があまりにも人生を軽蔑しきっているので、彼らともつきあっていけない。結局そこも出て、もとの仲間のひとりにこういう手紙を書きます――「ぼくは、偉大であり、デモーニッシュでもある美という小道であえて冒険を試みながら〈人類〉を軽蔑している人々に敬意を表します。が、彼らをうらやましいとは思いません。というのも、もしなにかに文学的な素質のある人間を詩人にする力があるとすれば、そのなにかは、人間らしいものに対する、生きている平凡なものに対する、ぼくの故郷(いなか)がはぐくんでくれた愛にほかならないからです。あらゆる温かさは、そしてあらゆる親切心も、あらゆるユーモアも、この愛から出てくるのです。実際ぼくにとってこの愛は、『たとえ、人々の異言、天使たちの異言を語ろうとも、愛がなければ、私たちは騒がしいドラ、やかましいシンバル』と記されている、その愛そのものなのです」

そしてトーマス・マンは、「作家は真理に対して忠実でなければならない」と言っています。だが、それは一種の殺し屋になることを意味します。なぜなら、ある人間を忠実に描く唯一の方法は、その人の欠点を並べ立てることだからです。完璧な人間なんて面白くありません。俗世間から離れてしまったブッダみたいなものです。生身の生活のいろいろな欠点こそ愛すべきものです。ですから、作家が真実の言葉という矢を放つとき、人は傷つきます。でもその矢は愛情をもって放たれるのです。トーマス・マンが「エロス的なアイロニー」と呼んだものの意味はそこにあります。それは、自分が冷酷で分析的な言葉によって殺す相手に対する愛情という意味です。

モイヤーズ　私もそのイメージを大事にしています。ぼくの故郷（いなか）がはぐくんでくれた愛。どれほど長いことそこから離れていようと、たとえそこに二度と帰る機会がないとしても、その町なり村なりに寄せる感情。そこではじめて人間というものを見いだしたわけですから。

それにしても、欠点があるからこそ人間を愛せるとおっしゃるのはなぜでしょう。

キャンベル　子供たちが可愛いのは、しょっちゅう転ぶから、それに小さな体に似合わない大きな頭を持ってるからではありませんか。ウォルト・ディズニーはそういうことをすっかり心得たうえであの七人の小人を描いたんじゃないでしょうか。それに、人々が飼っているおかしな小型犬、あれだって、とても不完全だからこそ可愛いんでしょう。

モイヤーズ　完璧な人間なんて、もしいても、退屈な人間だろうと？

キャンベル　そうなるほかないでしょう。人間らしくありませんから。人間のへそのように中心的な要素、つまり人間性があってこそ、人間は――超自然的ではなく、不死不滅でもない――人間らしい存在になれるのです。そこが愛すべき点です。だから、一部の人たちはどうしても神を愛せない。神は完全無欠だからです。畏怖を感じることはあっても、それをほんとうの愛とは呼べないでしょう。十字架にかけられたキリストですよ、愛の対象になるのは。

モイヤーズ　というと？

キャンベル　苦難です。苦難は不完全さではないでしょうか。

モイヤーズ　人間が苦しみ、戦い、生きていく物語……

キャンベル　……そして、若者がさまざまな経験をかいくぐって、ようやく自己についての知識に到達する物語。

モイヤーズ　私は先生のご本――例えば『神の仮面』や『千の顔を持つ英雄』――を読むことで、神話は人間が共通に持っているものを明らかにしてくれるという事実を理解するようになりました。神話は、われわれがどんな時代にあっても、真理を、意味を、重要な価値を探し求めている、その物語です。みんなが、われわれの物語を語り、またそれを理解しなくてはなりません。われわれはみな死というものを理解し、死に対処しなければなりません。そしてだれもが、誕生からおとなへの、それからまた死への過程において助けを必要としています。みんな、生命の意義を知り、永遠なる存在に触れ、神秘的なものを理解し、自分が何者であるかを発見する必要があります。

キャンベル　人々はよく、われわれみんなが探し求めているのは生きることの意味だ、と言いますね。でも、ほんとうに求めているのはそれではないでしょう。人間がほんとうに求めているのは〈いま生きているという経験〉だと私は思います。純粋に物理的な次元における生命経験が自己の最も内面的な存在ないし実体に共鳴をもたらすことによって、生きている無上の喜びを実感する。それを求めているのです。結局そこがいちばん肝心なところです。私たち自身のうちにそういう喜びを見いだす助けとしてこれらのかぎがあるのです。

モイヤーズ　神話はなにかを解くかぎだとおっしゃる？

キャンベル　神話は、人間生活の精神的な可能性を探るかぎです。

モイヤーズ　自己の内面において知ったり、経験したりできることの？

キャンベル　そうです。

モイヤーズ　先生は神話の定義を意味の探究から意味の経験にお変えになったわけですね。

キャンベル　生きているという経験です。意味は知性に関わるものです。ひとつの花がある、その意味とはなんでしょう。禅にはブッダの教えについてのこんな話があります。ブッダはただけ、弟子たちの前にただ黙ってひとつの花を持ち上げて見せた。すると、弟子たちのなかにひとりだけ、ブッダがなにを言おうとしたかわかったことを目で示した人がいたそうです。さて、ブッダその人が「こうして来た人〔如来〕」と呼ばれています。意味なんてありません。宇宙の意味とはなんでしょう。ノミ一匹の意味とはなんでしょう。それはただそこにある、あるいはいる。それだけです。そしてあなた自身の意味とは、あなたがそこにいるということです。私たちは外にある目的を達成するためにあれこれやることに慣れ過ぎているものだから、内面的な価値を忘れているのです。〈いま生きている〉という実感と結びついた無上の喜びを忘れている。それこそ人生で最も大切なものなのに。

モイヤーズ そういう経験はどうしたら得られるのでしょう。

キャンベル 神話を読むことです。神話はあなたに、自己の内面に向かうことができるのだ、と教えてくれます。そのおかげであなたは象徴のメッセージを受け始めるのです。自分の宗教の神話ではなく、よその神話を読んでください。というのも、自分の宗教はすべて事実を語っていると解釈する傾向がだれにもありますからね。でも、他の神話を読むとき、神話のメッセージがはじめてわかってくるのです。神話のおかげでようやく、いま生きているという経験と関わることができる。それがどんな経験かを、神話は語ってくれます。例えば、結婚。結婚とはなんでしょう。神話はそれを教えてくれます。それは分離されていた二者の再統一です。もともとあなたがたは一体だった、いまこの現世で人は二つに分かれているけれども、精神的にはやはり一体だと認識することが結婚の本質でしょう。それは情事とは違う。そんなものとはなんの関係もありません。結婚はまるで別の神話的次元に属する経験です。もしもある男女が肉体関係を長年続けられるからというので結婚したとすれば、まもなく離婚するしかないでしょう。なぜなら、あらゆる情事は絶望に終わるほかないからです。それに対して、結婚は精神的一体性の認識です。もし私たちがまともな生活を営んでいるならば、もし私たちの心が異性に関して正しい思考を働かせているならば、めいめい自分にふさわしい異性の伴侶を見つけることができるでしょう。ところが、私たちがある種の官能的な興味に夢中になっていたとすれば、間違った相手と結婚をしてしまう。私たちはまともな相手と結婚することによって、人間の姿を取った神のイメージを再構成する。それですよ、結婚のいちばん大事なところは。

モイヤーズ　まともな人間？　どうしたらその〈まともな人間〉を選ぶことができるんでしょう？

キャンベル　あなたの心が教えてくれる。そうしてくれるはずです。

モイヤーズ　自己の内面的な存在が。

キャンベル　そこが神秘的なところです。

モイヤーズ　もうひとりの自己を認めるわけですね？

キャンベル　さあ、よくはわかりませんが、なにか閃（ひらめ）くものがあって、内なるなにかがそれだと教えてくれるんです。

モイヤーズ　もし結婚が、男性的な基盤を持った自己と、女性的な基盤を持った自己との再統一であるとしたら、現代社会のなかで結婚生活がこれほどあやふやなものになっているのはなぜでしょう？

キャンベル　実は結婚と見なされてないからです。もしも結婚生活が自分の人生のなかで最優先課題でないとしたら、ほんとうに結婚しているとは言えないのです。結婚とはひとつになり切った二者を意味します。二者がひとつの肉体になるのです。もし結婚生活を十分長く続け、個人的な気まぐれではなくて、夫婦一体の生活に絶えず従う気持ちが生まれれば、いま言ったこと――つまり、二者がほんとうに一体化しているということ――が真実であることを認識するはずです。

モイヤーズ　生物的だけでなく、精神的にも一体だと……？

キャンベル　主として精神的にです。生物的側面は人を迷わせて、誤った自己認識へと導く恐れがあります。

モイヤーズ　すると、一般には不可欠と思われている結婚の機能、つまり、子供を生むことによって私たち自身を不滅のものにしていくという願いは、結婚の主要な機能ではないというわけですか。

キャンベル　ええ。実を言うと、それは結婚の初歩的な面に過ぎません。結婚生活には二つの完全に異なった段階があるのです。その第一は、子供を作るために自然が与えてくれる衝動――両性の生物学的な相互作用をもたらす、あのすばらしい衝動――に従う若さに満ちた結婚生活です。しかし、やがて子供が家族から卒業して、夫婦が残されるという時期が来る。私の友達のなかに、四十代とか五十代になって夫婦別れをする人々があまり多いのでびっくりしています。みんな子供といっしょのときには完全にまともな生活をしていたんです。ただ、そういう夫婦は自分たちの一体性というものを、子供との関係においてのみとらえていた。相手に対する自分自身の個人的な関係において一体だとは解釈してなかったのです。

結婚とはひとつの関係です。結婚において犠牲を払うとすれば、おたがいに相手に対して自分を犠牲にするのではなく、関係の一体性に対して犠牲を払うのです。中国のあの道(タオ)には暗闇と光とが相互に働きかけているイメージがありますね。あれが陽と陰の関係、男と女の関係です。結婚も同じです。結婚した人々はああなっているのです。あなたはもはやただひとりの人間ではない。あなたの真の存在は相互関係のなかにある。結婚は単なる肉体関係ではない。それはひとつの試練です。そしてその試練とは、二者が一体になるという関係においてエゴを犠牲にすることを意味しています。

モイヤーズ　すると、結婚は自分自身のためになにかをするという観念とは全然両立しない。

キャンベル　ただ自分だけのことではないんです。ある意味では自分のことをするのですが、その自分というのは、自分ひとりという意味ではなく、もはや一体になっている自分たち二人を指しているわけです。それこそ、超越的な善のために目に見える実体を犠牲にしていることを象徴する、純粋に神話的なイメージです。二人が一体になったことを経験している結婚生活の第二段階で――それを私は錬金術的な段階と呼んでいるのですが、そこで――この神話的イメージが美しく実現されるのです。もし夫婦が結婚初期の段階と同じ生活を相変わらず続けていたならば、彼らは子供たちが家を去るとほとんど同時に離れてしまうでしょう。パパはどこかのかわいいグラマーガールと恋に陥って家を出てしまい、空っぽの家とむなしい心だけが残ったママは、頼る人もなく、自分なりのやり方で後始末をつけるしかない。

モイヤーズ　いまおっしゃった結婚生活の二つのレベルを理解していないから?

キャンベル　ほんとうの責任を果たしてないんです。

モイヤーズ　そのつもりにはなっている。よかれ悪しかれ、なにか責任を果たしていると思い込んでいる。

キャンベル　だが、それはなにかの儀式の名残りに過ぎない。

モイヤーズ　そして、その儀式は本来の力を失っている。かつて内面的な真実を運んでいた儀式が、いまは単なる形式に堕しています。そのことは社会のさまざまな儀式についても、結婚や宗教の個人的な儀式についても言えますね。

キャンベル　結婚がなにを意味するかについて、あらかじめ精神的な教えを受ける人がいったいどれだけいるでしょう。ただ裁判官の前に立てば、たった十分間で結婚は成立してしまう。インドの結婚式は三日間続くのです。夫婦は固くのりづけされますよ。

モイヤーズ　結婚は単なる社会的な取り決めではなくて、精神的な営みだとおっしゃる?

キャンベル　結婚は第一義的には精神的な営みです。そして社会は、私たちがそのことを自覚するよう働きかける責任を負っています。人間が社会に奉仕するのでなく、社会が人間に奉仕すべきです。人間が社会に奉仕すると、怪物的な巨大国家が生まれてしまう。いま、現時点で全世界を脅かしているのはまさにそれです。

モイヤーズ　社会がもはや強力な神話を持つことをやめてしまったとすると、どんなことになるでしょう。

キャンベル　いま私たちが手にしているものです。一切の儀式を失った社会がなにを意味するか知りたければ、〈ニューヨーク・タイムズ〉を読むんですな。

モイヤーズ　そこに見つかるのは?

キャンベル　その日その日のニュースです――文明社会でどう振る舞えばいいか知らない若

者たちによる破壊行為や暴力ざたなども含んだ。

モイヤーズ　社会は、そういう若者が、部族やコミュニティーのメンバーになるために必要な儀式を与えてこなかったんですね。あらゆる子供は生まれ変わる必要がある。幼さを捨てて、現在の社会において理性的に各人の役割を果たすべきことを学ぶ必要がある。「コリントの信徒への第一の手紙」のなかの例の一節を思い出します――「幼子だったとき、わたしは幼子のように話し、幼子のように理解し、幼子のように考えていた。おとなになった今、幼いものごとを捨ててしまった」

キャンベル　まさしくそれです。原始社会では、それこそ幼年離脱のために行なわれてきた儀式の意味なのです。乳歯を抜く、皮膚を傷つけて紋様を描く、割礼を施すなど、いろいろな儀式が行なわれてきましたね。こうして人はもはや子供の体を持たない、なにか全く別のものになるのです。

私が子供のころはみんな、ひざまでしかない半ズボンをはいていました。やがて、長ズボンをはくというすごい時期が来たものです。いまの男の子はそういうことを経験しません。五歳の少年だって長いズボンをはいて歩き回っています。ああいう子供たちは、もうおとなになったのだから子供っぽいものは捨てなければならないと、いつ悟るのかな？

モイヤーズ　都会では、例えばブロードウェーの一二五丁目では、子供はどこで育つんでしょう。いま、ああいう子供たちはどこで神話を得るのでしょう。

キャンベル　自分たちで作るんです。だから市内の至るところに落書きがあるんです。ああいう子供たちは独自のギャング集団を結成し、独自のイニシエーション儀礼を発明し、独自の道徳を持ち、彼らなりに最善を尽くしている。しかし、彼らは危険な存在です。彼ら独自の掟は都市の掟とは違うからです。彼らは私たちの社会へのイニシエーションを受けていないのです。

モイヤーズ　ロロ・メイ（アメリカの精神分析学者。一九〇九～一九九四年）は、今日アメリカ社会にこれほど暴力がはびこっているのは、若い男女が世界と関わりを持つことを、あるいは、彼らが世界の目に見えない部分まで理解することを、助けてくれるような偉大な神話がもはやないからだ、と言ってます。

キャンベル　そのとおりです。ただ、アメリカで暴力がむやみに多発するもうひとつの理由は、アメリカにエトスが欠けていることです。

モイヤーズ　説明してください。

キャンベル　例えば、アメリカン・フットボールではルールが非常に厳しくて複雑です。ところが、イギリスに行ってごらんなさい。ラグビーのルールはそんなに厳しくありませんよ。昔の話になりますが、私が一九二〇年代に学生だったころ、すばらしいフォワードパスをやってのける二人組がいましてね、二人とも奨学金をもらってオックスフォード大学に入り、ラグビー・チームに加入しました。で、ある日、彼らはフォワードパスをやって見せたんです。ところがイギリスの選手たちいわく――「ねえ、ぼくらはそれについてのルールを持っていないんだ。だから、そいつはやめてくれないか。ぼくらはそんなふうにはプレーしないんだ」

かなり長いあいだ同一の民族によって構成されていた文化社会では、人々が生活のよりどころとしている多数の不文律、黙認されているルールがあるんです。そこにはあるエトスが、ある生活様式が、「私たちはそんなふうにはやらない」という共通の理解が、あるのです。

モイヤーズ　一種の神話が？

キャンベル　語られざる神話、と言っていいかもしれません。フォークとナイフはこんな具合に使う、人々にはこんなふうに対応する、などといったことは、全部本に書いてあるわけじゃありません。ところが、アメリカには非常に多様な背景を持った人々がいて、それがひとつの群れをなしていっしょに暮らしている。だからこの国では法律がきわめて重要なものになっているのです。法律家と法とが私たちをひとつにまとめているのです。エトスはありません。これでわかりましたか？

モイヤーズ　ええ。ド・トクヴィル（一八〇五～五九。フランスの政治家。政府によって刑罰制度の研究のためアメリカに派遣され、帰国後『アメリカのデモクラシー』を書いた）が百六十年前、はじめてアメリカに来て、「無秩序の喧騒」の見聞を書いたときも同じことを言ってますね。

キャンベル　いま私たちが見ているのは脱神話化された世界です。その結果、私が出会う学生たちは神話に大変な興味を示します。神話は彼らにメッセージをもたらすからです。神話研究がいまの若い人々にどんなメッセージを与えているのか、それはわかりません。私がかつてなにを得たかは覚えてますが。ただ、彼らも神話からなにかを得ているのです。どんな大学に講義に行っても、教室は私の話を聞くために集まった学生であふれています。教授会はたいがい、私の講義のために小さめの教室しか用意してくれません。狭すぎるんです。先生方は、神話の勉強に学生たちがどれほど熱烈な興味を示すか予測できないんですよ。

モイヤーズ　そこでうかがいますが、神話は――先生がお話しになる物語は――学生諸君になにをもたらすとお考えですか。

キャンベル　それはみな生活の知恵の物語です。ほんとうにそうです。私たちが学校で学んでいるのは生活の知恵ではありません。私たちはテクノロジーを学んでいます。情報を得ています。奇妙なことに、学者たちは彼らの主題にどれだけ生活面での価値があるかを明らかにしたがらない。現代の科学――それは文化人類学、言語学、宗教研究なども含んでいますが――そこには専門分化の傾向があります。有能なスペシャリストになるために各専門分野の学者がどれだけ多くのことを知らなければならないかを知ったならば、その傾向も無理ないと思えてきます。例えば仏教を研究するためには、東洋についての研究に用いられたあらゆる言語、特にフランス語、ドイツ語、英語、およびイタリア語をマスターするだけでなく、サンスクリット、中国語、日本語、チベット語、その他いくつかの言語を学ぶ必要があります。いやはや、それは大変な仕事です。そういうスペシャリストは、イロクォイ語とアルゴンキン語との相違についても関心を持つなどという余裕がなくなります。

専門分化は、スペシャリストが関心を持つ問題の分野を限定する傾向があります。それに対して、私自身がそうですが、スペシャリストではなくて学際的な研究をするジェネラリストは、こちらではあるスペシャリストから学んでものを見るし、あちらでは別のスペシャリストから学んで同じものを見る。ところが、どちらのスペシャリストも、なぜ同じものがこちらでもあちらでも起こっているかという問題を考えようともしない。そこでジェネラリストは――ついでですが、「ジェネラリスト」というのは学問の世界では軽蔑をこめて使う言葉でしてね――特定の文化領域に属するというよりも、もっと純粋に人間的と言えそうな問題、他人が専門としている諸問題に首を突っ込むのです。

モイヤーズ　そこで、自分では理解できない物事でも説明してよろしい、という免許証をもらったジャーナリストが登場するわけですか。

キャンベル　単に許されているだけでなく、その責任を負わされているんです。ジャーナリストやジェネラリストは一般大衆の目の前で自己教育をする義務がある。そういえば、若いころハインリッヒ・ツィマー（一八九〇～一九四三。ドイツのインド哲学研究者で、晩年はキャンベルの母校コロンビア大学で講義した）の講演を聞きに行ったのを思い出しました。神話は、ただ学者が面白がってもてあそぶだけのものではなく、人生にとって価値のあるものだという話を聞いたのはそれが初めてでした。そしてそれは、私が子供のころからずっと持っていた感想の正しさを裏書きしてくれました。

モイヤーズ　神話を最初に見つけたときのことを覚えておいでですか。そういう物語がはじめて生命を吹き込んでくれたときのことを？

キャンベル　私はカトリック教徒として育てられました。カトリック教徒として育てられることの大きな利点のひとつは、神話を真剣に受け止め、自分の生活のなかに神話を働かせ、

バッファロー・ビル（右側の馬上の人）と彼のワイルド・ウエスト・ショー

そういう神話のモチーフに従って生きるように教えられることです。私はキリストの降誕、地上での教え、死、復活、昇天というサイクルと季節との関係を保ちながら生きるように仕向けられました。年間に儀式や行事がたくさんあるおかげで、時間のなかで生起するあらゆる変化の底にある永遠の核というものを常に意識しないではいられませんでした。罪とは、要するに、そういう調和（ハーモニー）の状態から離れてしまうことを言うのでしょう。

その後、私はアメリカ・インディアンに惚れ込んでしまった。というのも、バッファロー・ビルがあの勇壮極まりないワイルド・ウエスト・ショーを引き連れて毎年マディソン・スクエアーガーデンに来ていたからです。私はインディアンのことをもっと知りたいと思った。父も母も非常に理解のある親でしてね、当時インディアンを扱った少年向きの本をいろいろと見つけてくれました。そのおかげでアメリカ・インディアンの神話を読み始めたのですが、まもなく、アメリカ・インディアンの物語のなかにも、学校で修道女（シスター）たちが教えているものと同じモチーフがあることに気づいたのです。

モイヤーズ　創造……

キャンベル　……創造、死と復活、昇天、処女降誕――なんだかわからないけれども、その言葉は覚えていたのです。次から次へと出てきました。

モイヤーズ　その結果？

キャンベル　興奮しました。それが比較神話学に対する私の興味の第一歩でした。

モイヤーズ　「聖書がああ言っているのに、ここではどうしてこう言ってるのだろう」という疑問から始まったのですか？

キャンベル　いや、比較分析を始めたのははるか後年のことです。

モイヤーズ　インディアンの物語のどういうところに惹かれたのでしょう。

キャンベル　当時はまだアメリカ・インディアンの伝説があちこちで語られていました。インディアンがまだ身近にいたのです。いまの私は世界の至るところから神話を集めて調べていますが、そういう現在でさえ、アメリカ・インディアンの民話伝説は非常に豊かだし、非常によく発達したものだと思います。

やがて、両親が森林地帯の土地を手に入れたのですが、そこは昔デラウェア・インディアンが住んでいて、北からやって来たイロクォイ・インディアンによって打ち負かされたところなんです。岩棚を掘るとインディアンの矢じりなんかが見つかるし、インディアンの物語で大事な役割を演じている動物たちが森のなかに、私のそばにいたんです。それはインディアン神話へのすばらしい序章でした。

モイヤーズ　そういう物語はカトリックの信仰と衝突し始めましたか。

キャンベル　いいえ、衝突はありませんでした。私の宗教との衝突はずっとのちに、科学の研究とか、そういったこととの関係で起こりましたが。後年、私はヒンズー教に興味を持ち、そこでまた同じ物語を見つけたのです。それから、卒業論文を書くために中世のアーサー王伝説を調べていたら、そこでも同じ物語にぶつかりました。ですから、それらは違う物語だなんて言っても無駄です。私は生涯そういう物語とつきあってきたんですから。

モイヤーズ　それらはいろいろと違った文化の所産であるにもかかわらず、時空を超越したテーマを扱っている。

キャンベル　テーマは時空を超越しており、その影が文化に反映している。

モイヤーズ　つまり、物語は同じ普遍的なテーマを扱いながらも、それを語る人々のアクセントによって少しずつ変わってくるというわけですか?

キャンベル　まさにそのとおり。テーマの共通性に気がつかないと、まるで違った物語のように思ってしまうでしょうが、実はそうじゃないんです。

モイヤーズ　先生はセイラー・ロレンス大学で三十八年間も神話学を教えられましたが、あいう若い女性のうちに――中産階級で、オーソドックスな宗教を信じている家庭から大学へ来た女子学生のうちに――どうやって神話への興味を呼び起こしたのでしょう。

キャンベル　若い人たちはこの講義に飛びついてくるんです。神話学は文学や芸術の背後にあるものを教えてくれますし、自分自身の生活についても教えてくれます。それは実に興味深い、生命に栄養を与えてくれる、偉大な学問です。神話は幼少年期からおとなの責任の世界に入っていくときに経験する、あるいは、独身の状態から結婚生活に入るときに経験する加入儀礼など、人生のさまざまな段階と深い関係を持っています。そういう儀礼的な行事のすべてが神話的な儀式なのです。それは、あなたがこれから引き受ける役割の自覚と――言い換えれば、古い役割を捨てて新しい役割を演じる、責任のある立場を取るという過程と――深く関わっているのです。

判事が法廷に入ってくると、みんな起立しますが、それはその人に敬意を表するためではなく、その人が帯びている責任、その人が果たそうとしている役割に対して敬意を表しているのです。その人を与えられた役割にふさわしいものにしているのは、その役割に伴う原理原則の代表者としての当人の誠実さであって、その人個人が持っているさまざまな先入観や偏見ではありません。ですから、あなたが起立する相手は一種の神話的な人物なのです。おそらく国王だの女王だののなかには、そんじょそこらではお目にかかれないほど無能な、ばかげた、くだらない人間もいるんでしょうね。馬と女にしか興味を持たないような。でも、私たちは個々の人間としての彼らにではなく、彼らの神話的な役割に対応している。ある人間が裁判官に、あるいはアメリカ合衆国大統領になったとき、当人はもはやその人ではなく、恒久的な役職の代表者なのです。その人はいま自分が果たすことになった役割のために、個人的な願望を犠牲にし、さまざまな生活や生命の可能性さえも犠牲にしなければなりません。

モイヤーズ　こうして、われわれの社会でも神話的な儀式がその役割を果たしているのですね。結婚式がそう。大統領の就任式や裁判官の任命式もそう。ほかに、現代社会に必要な儀式と言いますと？

キャンベル　軍に入隊し、軍服を着ることもそうでしょう。彼らは個人的な生活を捨てて、自分がその一員である社会のために、社会が定めた方法によって奉仕する。だから、軍人が戦時中に行なった行動を一般市民の法律に照らして批判するのは見当違いだと思います。彼らは個人として行動したのではなく、彼らの上にあるもの、そのために彼らが自己を捧げている大義の代理者として行動したわけですから。彼らをあたかも個々の人間であるかのように批判することは全く不適切です。

モイヤーズ　先生は、原始的な社会が白人の文明によって乱されるとどんなことが起こるかを見てこられました。原始社会がいかに解体し、崩壊し、病害に侵されるかを。私たちの社会でも、神話が消滅しかけているために、同じことが起こっていると言えないでしょうか。

キャンベル　言えますね。まさに同じことが起こっています。

モイヤーズ　今日、保守的な宗教家たちが昔ながらの信仰に戻れと主張しているのも、そのせいでしょうか。

キャンベル　そうです。が、彼らは恐ろしい誤りを犯しています。彼らはなにか古めかしいものの名残りに向かって、もはや人生には役立たないものに向かって、戻ろうとしているのですから。

モイヤーズ　でも、昔は役に立ったのでは？

キャンベル　たしかに昔はね。

モイヤーズ　そのあこがれは理解できるんです。子供のころの私には、私なりの恒星がありました。その揺るぎない恒久性が私を慰めてくれました。それらは私にはっきりとした地平線を与えてくれました。それらは向こうに愛とやさしさと正義に満ちた父がいて、私を見下ろし、私を受け入れる用意をし、いつも私の心配事について考えていてくれる、と語っていました。ソール・ベローは科学が信仰の大掃除をしたと言っています。でも、私にとってそういうことには価値があったのです。いま私がこの私であるのは、そういう信仰のおかげです。そういう恒星を持たない、はっきりとした地平線を持っていない――あの神話を持っていない――子供たちはどうなってしまうのでしょう。

キャンベル　まあさっきも言ったとおり、新聞を読みさえすれば十分です。現実は混乱あるのみです。生活と構造とのこの直接的なレベルにおいて、神話は人生のモデルを与えてくれます。しかし、そのモデルは私たちが生きている時代にふさわしいものでなければなりません。しかも時代は急速に変化していますから、五十年前に適当であったものも今日では不適当かもしれません。過去の美徳も現代の悪徳でありうるわけです。そして、過去において悪徳と見なされていたものの多くが、今日必要不可欠のものになっています。道徳律はいまここの現実生活における道徳的必然性に追いつかなければなりません。ところが、それがなされていない。昔の宗教は別の時代、別の人々、別の人間的価値体系、別の宇宙に属するものです。現代の子供たちは、外で教えられる宗教に対する信仰を失い、内にこもっています。

モイヤーズ しばしば麻薬の助けを借りて。

キャンベル そう。そこには機械的に誘発された神秘体験だけがあるのです。私は神秘体験と心理的崩壊との相違という大きな問題を扱う数多くの心理学会に出席しました。その相違というのは、心理的にだめになった人間は神秘体験者が泳いでいる水のなかでおぼれてしまうということです。もっとも、そういう神秘体験には準備が必要です。

モイヤーズ バッファローが絶滅に瀕し、昔ながらの生活様式が失われたとき、インディアンのあいだにペヨーテ文化（ペヨーテという球形サボテンから採った幻覚剤にふけること）が起こり、それが支配的になっていった。先生がおっしゃるのはそういうことですね？

キャンベル そうです。文明国における原住民との関係の歴史を比べて見るとき、アメリカのそれは最悪です。アメリカの原住民は人間と見なされていない。統計上、アメリカ合衆国の投票人口のなかに数え入れられてさえいないんです（現在形を使っているが、むろん過去の歴史を語ったもの）。アメリカの独立後ほんのしばらくのあいだは、何人もの傑出したインディアンがアメリカの政治や社会生活に積極的に参加したのですが。ジョージ・ワシントンはインディアンをわれわれの文化社会の構成員にすべきだと主張しました。ところが、彼らは結局過去の遺物にされてしまった。十九世紀に南東部のインディアンは全員馬車に乗せられ、軍によってインディアン・テリトリーという地域に護送されました。それは永久にインディアンだけの世界とするという名目で彼らに与えられた地域なのに、わずか二年くらいのちには彼らからまた奪い返されているのです。

最近、文化人類学者たちがメキシコの北西に住む一群のインディアンを調査しました。彼らはペヨーテの広大な自生地帯から数マイル以内に住んでいます。ペヨーテは彼らの動物です。つまり、彼らにとっては鹿の同類なのです。そして彼らはペヨーテを採集して持って帰ることを、きわめて特別な使命と見なしてきたのです。

その使命とは、典型的な秘教的旅行につきものの要素をすべて備えた〈神秘の旅〉なんです。この旅に出かける者は、男であろうと女であろうと、ひとり残らず最近犯したあらゆる罪や過ちをすべて告白しなければなりません。そうしないと魔術が働かないからです。告白のあと彼らは旅に出ますが、使う言葉までが特殊でしてね、反対語を使う。例えば、「はい」の代わりに「いいえ」と言い、「行ってまいります」の代わりに「帰ってきます」というように。彼らは別の世界にいるんですよ。

やがて冒険の入り口に近づく。途中には精神的変身の各段階を象徴する特別な祠が立っている。それからペヨーテ収集の大作業が始まります。ペヨーテはまるで鹿のように、まず殺されます。彼らは抜き足差し足でペヨーテに忍び寄り、小さな矢を射てからペヨーテ採集の儀式を行ないます。

このプロセス全体が内面への旅にかかわる経験の完全な複製なのです。外界を離れて霊的存在の領域へと入っていく旅ですね。彼らはそれぞれの小さな段階を精神的変身と見なしています。彼らはずっと神聖な場所にいるわけです。

モイヤーズ　どうしてそんな手の込んだプロセスを経るんでしょう？

キャンベル　ええ、それはペヨーテが単に生物的、化学的な効果を発揮するのではなく、精神的変身をもたらすという信念と関わっています。もし精神的な変身を遂げるというのに、それだけの準備をしていなかったとしたら、自分に起こったことをどう評価してよいかわからず、人々がよくLSDについて言ったように、不快な旅（バッドトリップ）を経験するだけでしょう。自分がどこに向かっているかを知っている場合には、そういう恐ろしい気分に陥ることはありません。

モイヤーズ　だからこそ、心理的な危機なんですね。もし水におぼれたら……？

キャンベル　泳げるはずの水のなかで準備不足のためにおぼれるとすれば、そうです。とにかく、精神生活についても同じことが言えます。自己の意識を転換するというのは、これはもう恐るべき経験ですよ。

モイヤーズ　意識のことをずいぶん強調されますね。

キャンベル　ええ。

モイヤーズ　意識という言葉でなにを意味しておられるのでしょう。

キャンベル　意識をなにか頭脳特有のものと考える、頭脳が意識を生む器官であるかのように考えるのはデカルト的思考の一部ですが、それは事実に反します。頭脳は意識をある方向に向ける、あるいは一定の目的に向ける器官です。ところが、意識はこの肉体のなかにある。生きている世界の全体が意識から情報を得ているのです。

私はなぜか、意識とエネルギーとは同じものだと感じています。ほんとうに生命エネルギーの見えるところには意識がある。植物の世界には確実に意識があります。私が子供のころそうであったように、森のなかに住む人ならば、それぞれ違ったいろいろな意識が相互に関連していることを見抜くはずです。樹木の意識もあれば、動物の意識もある。そして私たちはそれらを共有している。ある種の食べ物を摂取すると、胆汁はそこに自分の働き場所があるかどうかを知る。そうした作用のすべてが意識です。それを単に機械的な作用として説明しようとしてもうまくいかないでしょう。

モイヤーズ どうすれば自分の意識を変えられるのでしょう?

キャンベル あなたがどういうことを考える人間か。問題はそこです。そして、そのためにこそ瞑想がある。人生のすべては瞑想です――その大部分は意図的でない瞑想ですが。多くの人々は人生の大半を、金はどこから来るのか、それはまたどこに行ってしまうのかという瞑想に費やします。もしあなたに養うべき家族がいれば、あなたは家族のことを思いわずらう。だれにも非常に大切な関心事があるけれども、それはたいがい肉体的な状態に関するものです。しかし、あなたが精神的な意識を自分で持たない場合、それを子や孫にどうやって伝えられるでしょう。だいいち、そんな意識をどうやって獲得するのでしょう。神話の神話たるゆえんは、それが私たちを精神的なレベルの意識にまで持ち上げてくれることにあるのです。
ちょっと例を挙げましょう。私は五番街を歩いているとき、五一丁目で聖パトリック大聖堂に入ります。とてもにぎやかな街、この地球上で最も経済的な繁栄の意欲に燃えた都会を離れて聖堂に入ると、周囲のあらゆるものが霊的な神秘について語り出します。十字架の秘跡。それはそこでどういう意味を持っているのでしょう。外部とは違う雰囲気をもたらしてくれるステンドグラスの窓。私の意識は全く別の次元に引き上げられ、より高いところに立っています。そのあと外に出ると、また街路の次元に戻る。さてそこで、私は大聖堂の意識を幾分かでも保持しつづけられるでしょうか。ある種の祈りや瞑想は、自分の意識を俗世間のレベルでいつまでも這いずり回らせるのではなく、大聖堂のレベルに保つようにできているのです。だから、あなたにとって究極的に可能なことは、自分の現在の意識はより高い意識の低いレベルに過ぎないと認めることです。そこで表現されている神秘は、例えばあなたのお金の分野においても働いています。お金はすべて凝固されたエネルギーです。それこそ、あなたの意識を変革する方法のかぎだと思いますね。

モイヤーズ　こういった神話について考えるとき、自分は他人の夢のなかでおぼれかけている、と意識なさることはありませんか？

キャンベル　私は他人の夢を聞き出すなんてことはしないので。

モイヤーズ　でも、こういう神話は他人の夢でしょう？

キャンベル　いやいや、そうじゃない。神話は世界の夢です。元型的な夢で、人間の大きな諸問題を扱っています。いまの私はそういった問題の入り口まで来ると、ピーンときますね。神話がそれについて語ってくれるのです――失望、喜び、失敗、あるいは成功というような人生の転機にあたってどう対応すべきかを。神話はいま私がどこにいるかを教えてくれるのです。

モイヤーズ　人々が伝説化するとどうなるんでしょう。例えば、ジョン・ウェインはひとつの神話になったと言えるのでしょうか？

キャンベル　ある人間が他の多くの人のお手本になったとき、その人は神話化の過程に入っているわけです。

モイヤーズ　映画俳優の場合にはしょっちゅうそれが起こっていますね。私たちは映画のなかにお手本を見つけることがとても多いのですから。

キャンベル　思い出しますね。子供のころ、ダグラス・フェアバンクスが私のお手本で、アドルフ・マンジューが弟のお手本でした。もちろん、そういう俳優は神話的人物を演技していただけですが、彼らは人生の教育者でした。

モイヤーズ　私は映画史上シェーンほど魅力的な人物を知りません。〈シェーン〉はごらんになりましたか。

キャンベル　いや、見てません。

モイヤーズ　見知らぬ人物が馬で乗り込んできて、他人のために有益なことをやってから、報酬を受け取ろうともせず、また馬で立ち去るという古典的な物語です。こうして映画が私たちに影響を及ぼすのは、いったいなぜでしょう?

キャンベル　映画にはなにか魔術的なところがあります。私がいま見ている人間が、同時にどこかほかのところにいる。それは神の特性のひとつです。映画俳優がスクリーンに出てくると、みんながその俳優に顔を向ける。彼はその場でのほんとうのヒーローです。彼は別の次元にいます。多重的な存在なのです。

私がスクリーン上に見ているのはほんとうの彼ではない。それでいて、やっぱり「彼」が来ているのです――多重的な形式を通じて。つまり、目に見えるあらゆるものの源である形式の形式（the form of forms）がそこにはあるのです。

モイヤーズ　映画はそういう大きな存在を創造しているのに、テレビはただ有名人を作り出しているだけのように見えます。テレビの人物はしょっちゅうゴシップのたねになるけれども、あまり人々のお手本にはなりませんね。

キャンベル　たぶんそれは、私たちがテレビの人物を、映画館というような特別の神殿ではなく、自宅で見ているからでしょう。

モイヤーズ　私はきのう、ハリウッドの最近の新興宗教的な人物、ランボーの写真を見ました。ランボーはベトナムからの帰還兵ですが、捕虜になった米軍兵士たちを救出するためにまたベトナムに戻り、荒々しい死と破壊を繰り返したあと、彼らを連れ戻る。聞くところによると、ベイルートではいちばん人気のある映画だそうです。私が見たのは、新しいランボー人形の写真でしてね、例のキャベツ畑人形で当てた会社が作って売ってるんです。前景にやさしくて愛敬のあるキャベツ畑人形がいて、そのうしろに野獣のように強いランボーが立っている。

キャンベル　それは二人の神話的な人物です。それでいま思い出すイメージは、ピカソの〈ミノタウロスの戦い〉のそれです。半人半牛の巨大な怪物が襲って来るところを描いたエッチングでして、おびえた哲学者が逃げようとしてはしごを登っている。闘牛場には殺された馬がおり、いけにえにされたその馬の背にはやはり殺された女性の闘牛士が描かれている。その恐ろしい怪獣に面と向かっているのは、手に花を持ったいたいけな少女です。それがいま言われた二人です。素朴で、無邪気で、子供のような人と、恐ろしい脅迫者。そこに現代の問題が見えます。

モイヤーズ　詩人イェーツは、現代人は偉大なキリスト教周期の最終段階を生きていると感じていました。彼の詩「再来」はこう言っています——「広がってやまぬ渦を描いて舞い回っている／鷹にはもはや鷹匠の声は聞こえない／万物は崩れ落ち、中心は傾き倒れる／ただ無秩序だけが世界に放たれ／血で濁った海流が押し寄せ、至るところ／無垢の祭儀がおぼれ死ぬ」。イェーツはその詩の最後に、どんな野獣が「生まれようとしてベツレヘムに忍び寄っているのか」と言っていますが、それはなんでしょう?

キャンベル　イェーツにわからなかったように、わたしにもなにがやってくるのかわかりませんが、ある時代の終わり、そして新しい時代の始まりは、途方もなく大きな苦痛と混乱の時期なのです。私たちが、いや、だれもが感じる脅威。そこで、ハルマゲドンの戦いというような考えが出てくるんですね。

モイヤーズ　「私は**死**になった、あらゆる世界の**破壊者**になった」と、オッペンハイマーは最初の原爆が炸裂するのを見たときに言いましたが、先生はそれがわれわれの終末だとはお考えにならないでしょうね。

キャンベル　それが終末ではないでしょう。地球上の生命はそれで終わるかもしれないが、宇宙がおしまいになるわけではない。それは宇宙のあらゆる太陽で続いているあらゆる爆発のうち、ひとつの小さな爆発にすぎません。宇宙は、私たちの太陽みたいな爆発する原子炉の寄せ集めです。だから、それは宇宙全体の大事業のほんのちっぽけな模倣に過ぎないのです。

モイヤーズ　どこか地球以外のところに人間とは違う生物がいて、彼らの束の間の旅に意味を——私たちの神話や偉大な物語が与えるのと同じような意味を——与えていると想像なさいますか?

キャンベル　いいえ。もし気温がいまより五十度（摂氏ならば約三十度）上がって、そのままだったとすれば、この地球上に生物は存在できないでしょうし、百度下がってそのままということになれば、やはり地球上の生物は絶滅するでしょう。それを知ったならば、つまり、そのバランスがどんなにデリケートであるか、水分の量がどれほど大事であるかを理解したならば——そう、環境のあらゆる偶然的なできごとが生命を養ってきたことを考えると、私たちが知っているような生命が、宇宙のどんな粒子の上であろうと、存在しているなんてどうして考えることができるでしょう。星々のまわりにたとえ無数の衛星があるにしても。

モイヤーズ　このかよわい生命は、いつも恐怖と絶滅の可能性とのあいだでおののいている。そして邪悪なランボーのそばに置かれたキャベツ畑人形は、私たちが神話を通して知る生命と矛盾していないわけですね？

キャンベル　ええ、そのとおりです。

モイヤーズ　現代の情報伝達手段のなかに、古い普遍的な真理を表す新しい隠喩（メタファー）を、なにか見つけておられますか？

キャンベル　新しい隠喩の可能性は認めていますが、まだそれが神話的になったとは思っていません。

モイヤーズ　機械を新しい世界に組み入れるような神話とは、どんなものだとお考えでしょう。

キャンベル　そうですね、自動車はもう神話の領域に入っています。夢のなかにも入り込んでいます。それに、飛行機も想像力を非常に刺激し、豊かにしてくれます。例えば、航空機の飛翔は大地からの解放として想像力のなかにあります。それは、ある意味で鳥類が象徴しているものと同じです。鳥は地上に束縛されている精神の解放を象徴している。ちょうど、ヘビが地上の束縛を象徴しているように。飛行機はいま鳥と同じ役割を果たしているのです。

モイヤーズ　ほかには？

キャンベル　武器ですね、もちろん。カリフォルニアとハワイのあいだを何度も行き来するたびに機内で見た映画には、例外なく拳銃を持った人々が出てきました。武器を持った死の王がいるのです。さまざまな器具や道具が、いまはもう使われない昔のイメージが担っていた役割を肩代わりしています。が、いま思いつくのはそれだけです。

モイヤーズ　やはり、新しい神話が古い物語の役割を果たしているわけですね。私は〈スター・ウォーズ〉を見たとき、使徒パウロの「私は法則と力に対して戦いを挑む」という言葉を思い出しました。それは二千年前に言われたことです。そして、石器時代初期にハンターたちが潜んでいた洞窟のなかには、法則と力に対する戦いの情景が描かれています。現代の科学技術神話のなかでも、私たちはまだ戦っているんですね。

キャンベル　人間は外部からの力に屈してはならず、それを支配すべきです。問題はそれをどう行なうかです。

モイヤーズ　わが家の末息子が〈スター・ウォーズ〉を、十二回目か十三回目でしたが、見て帰ったあと、私が「なんでそんなに何度も見に行くんだい」とたずねると、彼は「お父さんが年じゅう旧約聖書を読むのと同じだよ」と答えました。彼は新しい神話の世界に入っていたんです。

キャンベル　たしかに〈スター・ウォーズ〉には納得のいく神話的な視野があります。それは国家をひとつの機械として示し、「この機械ははたして人間性を粉砕するのか、それとも人間に仕えるのか」という問いを出します。人間性は機械からではなく、心から生まれるのです。私が〈スター・ウォーズ〉のなかに見るのは、『ファウスト』が私たちに投げかけるのと同じ問題です。機械人間であるメフィストフェレスはわれわれにあらゆる手段を提供するので、生の目標さえ決定しそうに見える。だが、もちろんファウストは、持ち前の特性のおかげで救われる。その特性とは、機械が求めるのとは違う目標を探し求めていたことです。

さて、ルーク・スカイウォーカーが父親の仮面をはがすとき、彼は父親が演じてきた機械の役割を取り去るわけです。父親は制服でした。それは力であり、国家の役割です。

モイヤーズ　われわれは自己のイメージに従って世界を改造したい、われわれがそうあるべきだと思ったとおりに作り直したい、という願望を持っており、機械はそれを実現するのに役立っている。

キャンベル　そうです。ところが、そのうちに機械が人間に指図を与える時期がやってきます。例えば、私は例のすばらしい機械、コンピュータを買いました。いま私は神々に関する一権威者といったところです。コンピュータをそんなふうに見てるんですよ。旧約聖書に出てくる、たくさんの掟を持つ情けを知らぬ神みたいなものだと。

モイヤーズ　アイゼンハウアー大統領と最初のコンピュータについての面白い話がありますね。

キャンベル　そうそう。アイゼンハウアーがコンピュータでいっぱいの部屋に入り、並んでいる機械に向かって「神は存在するかね」と質問した。するとあらゆる機械が動き出し、ライトが点滅し、歯車が回り始め、しばらくすると声が聞こえた――"*Now* there is."〔いまいる〕と。

エジプト第一王朝以前の，鳥の姿をした神像

モイヤーズ　しかし、あらゆるものは神について語っていると言ったこの大統領と同じ態度を、コンピュータに対してとることも可能ではないでしょうか。特別な、赦免特権を伴う啓示ではないにしても、神は至るところに――つまり、コンピュータを含むあらゆる御業のなかに――存在すると言えないでしょうか。

キャンベル　まさしくそうです。コンピュータの画面で起こることは奇跡です。ああいう機械の内部を見たことがありますか？

モイヤーズ　いいえ。そのつもりもありませんが。

キャンベル　信じられないでしょうな。あらゆる階級の天使が並んでいますよ。ごく小さな板切れに。そしてあの細いチューブ。あれは奇跡です。

私は自分のコンピュータから神話についての啓示を得ました。あるソフトウェアを買うと、そこに自分の目標を達成するために必要なすべての記号がセットされているのです。別のシステムのソフトウェアに属する記号をいろいろ操ったところで、なんの役にも立たない。

神話においても同様です。重要な神秘の隠喩が父親的な神話を持っているとしますね。すると、いつか別の信号体系にぶつかる。それは世界の知恵や神秘の隠喩が母親的な神話から出てきた信号体系です。それらは二つの申し分なくすぐれた隠喩です。どちらか一方だけが事実ではない。隠喩とはそういうものです。この宇宙はまるで父親だ。この宇宙はまるで母親だ。イエスは、「私を通らなければ、だれも父のもとに行くことができない」と言っておられる。イエスが語っておられるのは聖書的な父親です。私たちはイエスを通らないでは父のもとに行けないのかもしれません。反面、母親を通って行くことを想像してみてください。その場合、あなたは、カーリ神や、女神への賛歌などをより好むかもしれません。要するにそれはあなたの生命の神秘に至るもうひとつの道なのです。それぞれの宗教は独自の、そして有効な信号体系を持った一種のソフトウェアであることを理解したいものです。

ある人がほんとうにある宗教にのめり込み、それを基盤にして自分の人生を築こうとするのなら、その人は自分が得たソフトウェアだけを用い続けたほうがいい。でも、この私みたいに、あれこれのソフトウェアをもてあそびたい人間は、たぶん聖者に近い経験を持つことは永久にないでしょうな。

モイヤーズ　しかし、最も偉大な聖者のうち幾人かは、可能ならばどこからでも借りてきたんじゃないでしょうか。こちらからも借り、あちらからも借りして、新しいソフトウェアを作り上げてきたのでは？

キャンベル　それが宗教の発達と呼ばれるものです。聖書のなかにもそれが見られます。最初、**神**はただ単に多くの神々のなかでいちばん強い神、一地方の部族の神であるに過ぎません。その後、紀元六世紀ですが、ユダヤ人がバビロンで流刑生活を送っているあいだに、救い主がやって来るという思想が生まれ、聖書の**神**は新しい次元に入るのです。

古い伝統を守るには、必ずそれを現代社会の状況や条件に合わせて革新していかなければなりません。旧約聖書の時代には、世界は小さな三層のケーキに過ぎませんでした。中近東の中心部、周囲三、四百キロというのがその世界の全部だったのです。アステカ族のことなど、いや中国人のことでさえ、だれも聞いたことがなかった。世界が変わると、宗教も変わらざるをえないのです。

モイヤーズ　げんに私たち自身がそうしていると思いますが？

キャンベル　実際そうあるべきです。しかし、ほんとうに恐ろしい状況は、いまベイルートに見られるとおりだと思います。あそこには西洋の三つの偉大な宗教があります——ユダヤ教、キリスト教、イスラム教。そして、その三つが同じ聖書の神に三つの違った名前を与えているために、仲よくやっていけない。彼らは自分たちの隠喩のおかげで行き詰まっており、その隠喩がなにを意味するかを理解していないのです。彼らは自分たちを取り巻く円環が開くのを許してこなかった。それは閉じた円環です。それぞれのグループが、「われわれは選民だ。われわれには**神**がついている」と言っています。

アイルランドを見てごらんなさい。十七世紀にプロテスタント信者の一群がクロムウェルによってアイルランドに移されましたが、彼らは多数を占めるカトリック教徒に対して決して心を開きませんでした。カトリックとプロテスタントは二つの完全に異なる社会システム、二つの異なった理想を代表しています。

モイヤーズ　それぞれが新しい神話を必要としている。

キャンベル　それぞれが絶えずそれ自身の神話を必要としています。あなたの敵を愛しなさい。心を開け。裁くなかれ。すべてブッダの教えにあります。神話のなかにあります。すでにあるんです。

モイヤーズ　先生からうかがった話のなかにこんなのがありましたね。昔どこかのジャングルに住んでいる原住民が宣教師に向かって、「あんたの神さまはまるで年とって体が弱ってるみたいに、家のなかにこもりっきりだね。わしらの神さまは雨さえ降れば林のなかにも、野にも山にもいるけどな」と言ったという。きっとそれは真実なんでしょう。

キャンベル　そうです。実を言うと、それは列王紀やサムエル記に出てくる問題なんです。ヘブライのいろいろな王が山の頂きでいけにえを捧げていましたが、彼らはヤハウェの目から見ると間違いを犯していた。ヤハウェの祭儀（山頂などの高いところではなく、ダビデの家やエルサレム神殿で行なわれていた礼拝）はヘブライ民族独特の運動であって、結局はそれが勝つわけです。それは至るところで行なわれていた自然崇拝の祭儀に対して、神殿に縛られたひとりの神を力ずくで押しつけることでした。

　そして、ある内集団（イン・グループ）の文化を有無を言わせず押しつける態度は、西洋ではいまも続けられています。しかし、いまこそ本質的なものに対して門戸を開くべきです。もし開くことができれば、あらゆる可能性がそこに現れるでしょう。

モイヤーズ　言うまでもなく、私たち現代人は世界から自然の啓示を、自然そのものをはぎ取っています。小さな男の子が森で美しく鳴いている小鳥を見つけて捕まえ、自分の家に持って帰ったというピグミーの伝説を思い出します。

キャンベル　その子は父親に、小鳥にえさをあげてと頼むけれども、父親はたかが小鳥なんかに食べ物をやれるかと言って、その鳥を殺してしまう。で、その伝説によると、その男は鳥を殺し、鳥といっしょに歌を殺し、歌といっしょに自分も殺した。男は死んで倒れた。すっかり死んでいた。永久に死んだ。

モイヤーズ　それは人間が環境を破壊したらどうなるかについての物語ではないでしょうか。世界を破壊したら。自然や自然の啓示を破壊したら……

キャンベル　……人間は自分の本性まで破壊してしまう。歌を殺してしまう。

モイヤーズ　で、神話はその歌の物語ではないでしょうか？

キャンベル　神話は歌です。それは肉体のエネルギーによって生気を吹き込まれた想像力の歌です。昔、ある禅僧が弟子たちの前に立って法話を始めようとした。いま口を開こうとする瞬間、小鳥が鳴いた。すると僧は「法話は終わった」と言った。

モイヤーズ　私はついいましがた、われわれは新しい神話を作っている最中だと言いかけたんですが、先生は、そうではなく、われわれがいま語る神話のすべてはどこか過去の経験に根ざしているとおっしゃる。

キャンベル　神話の主要なモチーフはみな同じだし、昔から同じだったのです。あなた自身の神話を見つけようと思ったら、どういう社会に属しているかを知ることが肝心です。あらゆる神話は限界領域内の特定の社会で育ってきました。それからそれは他の神話と衝突し、相互関係を持ち、やがて合体して、より複雑な神話になるのです。

でも、現代は境界線がありません。今日価値を持つ唯一の神話は地球というこの惑星の神話ですが、私たちはまだそういう神話を持っていない。私の知るかぎり、全地球的神話にいちばん近いのは仏教でして、これは、万物には仏性があると見ています。重要な唯一の問題はそれを認識することです。まず行動を、というのでは決してありません。大事なのはただ、在るものを在るがままに知ること。そのあとで万民万物の友愛にふさわしい行動をすることです。

モイヤーズ　友愛？

キャンベル　そうです。ただ、私が知っている神話の友愛は、たいがいある限界領域内の社会に限られています。境界線に囲まれた社会では、攻撃性は外に向けられます。

例えば、十戒では「殺してはならない」と言っているのに、すぐあとの章ではカナンの地に攻め入って彼らを皆殺しにせよと言っています（正しくは、カナン人を含む七つの民を「必ず滅ぼし尽くさねばならない」とある）。それが限界領域というものです。参加と愛の神話は内集団（イン・グループ）だけに関わるもので、外集団（アウト・グループ）はまるで無関係。それが「異邦人（gentile）」という語の意味です。異邦人は同じ人間仲間ではないのです。

モイヤーズ　そして、私と同じ服装をしていなければ同類とは見なさない。

キャンベル　そう。そこで、あらためて神話とはなにかと問うてみましょう。辞書の定義によれば、神話とは神についての物語です。そこで次の疑問が出てくる。神とはなにか。神とは、人間の生命の営みのなかでも、また宇宙内でも機能している動因としての力、ないし価値体系の擬人化です。あなた自身の肉体のさまざまな力と、自然のさまざまな力との擬人化です。神話は人間の内に潜んでいる精神的な可能性の隠喩です。そして、私たちの生命に活気を注いでいる力と全く同じものが世界の生命にも活気を与えているのです。ただし、特定の社会や、その社会の守護神だけに関わる神話もあります。言い換えれば、全く種類の異なる二つの神話があるというわけです。一方に、私たちを本来の人間性と自然世界とに――私たちがその一部である自然世界とに――結びつける神話がある。他方には、厳密な意味で社会的な神話が在り、これは私たちをある特定の社会に結びつけます。私たちは単なる自然人ではなく、ある特定の集団の一員です。ヨーロッパの神話の歴史をたどると、これら二つの体系の相互作用が見えてきます。一般に特定社会を重視する神話体系は、絶えず移動している遊牧民族のものであり、それだけに人々は自分たちのグループの中心がその神話にあることを学ぶのです。自然を重視する神話はたぶん農耕民族のものでしょう。

さて、聖書の伝統は社会的な方向性を持った神話体系です。自然は悪しきものとして呪われています。十九世紀の学者たちは、神話と儀式とを自然を支配するための試みと見なしました。しかし、自然を支配しようとするのは魔術であって、神話や宗教ではありません。自然宗教は自然を支配する試みではなく、人々が自然と調和して生きていくことを助ける試みです。ところが、自然を悪と見なしたとき、人は自然と調和を保つことができず、自然を支配する、あるいは支配しようと試みる。おかげで緊張と不安が生まれ、森林の大量伐採や、原住民絶滅といった結果が生じる。つまり、そういうものの言い方が私たちを自然から分離させるのです。

モイヤーズ　私たちがいとも簡単に自然を征服したり従属させたりするのは、そのせいですか。自然を軽蔑してきたから、自然をただ人間に仕えるものと見なしてきたからですか？

キャンベル　そのとおりです。私は日本を訪れたときの経験を決して忘れないでしょう。原罪による堕落も、エデンの園もまるで聞いたことのない国です。神道の聖典のひとつに、自然の営みが悪しきものであるはずはない、と書いてあるのです。あらゆる自然な衝動は矯正するのではなく、昇華すべきである、美化すべきである。自然の美と、自然との協力とに対するすばらしい関心がありますから、日本の庭園のいくつかでは、どこで自然が終わって人工が始まっているのかわからない。これはすごい経験でしたよ。

モイヤーズ　しかし、現在の東京はその理想をひどく鼻もちならぬ形で裏切っているじゃありませんか。東京は——少数の人々がまだ大事に保っている小さな庭園内を除けば——実質的に自然が消滅してしまった都市ですよ。

キャンベル　日本には「波に乗る」という言いまわしがあります。私たちがボクシングで「パンチを受け流せ」と言うようなものです。ペリーが日本の開港を強制してからまだ百二十五年しかたっていません。そのあいだに彼らは途方もなく大量の機械的物質を同化しました。ところが、私が日本で見いだしたのは、日本人がそれに埋没することなく、しっかり頭をもたげてこの機械世界を同化していったという事実です。ビルのなかに入ると、やはり日本に戻るんです。ニューヨークみたいに見えるのは外面だけですよ。

モイヤーズ　「しっかり頭をもたげて」というのは面白いですね。彼らの周りに都会がにょきにょき現れるけれども、内面的な人間が住んでいる魂のなかにおいて、彼らはいまだに——先生が言われるとおり——自然と調和している。

キャンベル　ところが、聖書のなかでは永遠が引き退いて、自然が腐っている。自然が堕落しきっている。聖書の思考に従えば、私たちは異境で流刑生活を送っているのです。

モイヤーズ　こうやって話しているあいだにも、ベイルートでの自動車爆破のニュースがつぎつぎに聞こえてきます。イスラム教徒がキリスト教徒をねらい、キリスト教徒がイスラム教徒を、キリスト教徒がキリスト教徒をねらう。マーシャル・マクルーハンはテレビがこの世界をひとつの全地球的な村にしたと言いましたが、その限りにおいては彼の言ったとおりじゃないかと思います。ただし、その全地球的な村がベイルートであろうとは、さすがのマクルーハンにも見抜けなかった。この事実は先生になにを告げていますか。

キャンベル　それが私に告げるのは、彼らはその宗教的な理想を現代生活に、また、自分らの社会だけでなく人類一般に、どう生かしたらいいかを知らないということです。これは現代の世界に対して宗教の働きかけが失敗した恐ろしい実例です。三つの神話体系が徹底的に争い合っている。彼らは未来に対処する自分たちの能力をみずから否定しているのです。

モイヤーズ　私たちにはどういう種類の新しい神話が必要なのでしょう。

キャンベル　個々人を地域グループと同一化するのではなく、この惑星全体と同一化するような神話が必要です。そういう神話のひな形はアメリカ合衆国です。ここでは十三の異なった小さな植民国家が、どの一国の利益をも無視すまいと努力しながらも、共同の利益のために協力して活動しようと決心していたのです。

モイヤーズ　合衆国の国章（Great Seal）にはそれを示すものがありそうですね。

合衆国の国章に描かれているピラミッド

キャンベル　そのためにこそ国章が存在しているのです。私はポケットに国章のコピーを持っています。一ドル札ですが。そのなかに合衆国の形成を可能にした理想が表明されています。ほら、これが合衆国の国章です。左側のピラミッドを見てください。ピラミッドは四つの稜線を持っています。これは磁石の四方向です。ある方向にだれかがいる、別の方向にもだれかがいる。またこの方向にもだれかがいる。このピラミッドの低いレベルにいるかぎり、あなたはこっち側にいるかあっち側にいるかのどちらかですが、頂上まで登れば、四つの面も稜線も一点に会し、そこに神の目が開きます。

モイヤーズ　で、彼らにとって、それは理性の神であった。

キャンベル　そうです。アメリカは、単なる戦争ではなく、理性を基礎として築かれた世界で最初の国家です。築いた人々は十八世紀の理神論者でした。この上に“In God We Trust”(われらは神を信じる)の文字が見えますね。しかし、これは聖書の神ではありません。建国者たちは人類の堕落という考えを信じてはいませんでした。彼らは人間の知性が神から切り離されるとは思っていませんでした。二次的な関心事というか、現世のはかない関心事を洗い流してしまった人間の知性ならば、清められた鏡のような明るさで、合理的な神の知性の反映を見られるはずだ。理性が神とのふれ合いを可能にしてくれる。というわけで、こういう紳士たちにとっては、どこにも特別啓示（特定の信者もしくは集団だけに神が自己を顕すこと）などありはしない。実際、なにひとつない。というのも、誤謬性から解放された人間の知性は、神についての知識を十分に得られるからだ。こうして世界のあらゆる人間はそういう能力を持つことができる。なぜなら、世界のあらゆる人間は理性を持つことができるからだ。

人間ならばだれでも理性を持てるはずだ。この考えが民主主義の基本原理です。あらゆる人間の知性が真の知識を持つことができるからこそ、だれも特別な権威を持つ必要はない。あるいは、物事はこうあるべきだと教えてくれるような特別啓示も無用だというわけです。

モイヤーズ　それでいて、こういう象徴は神話から出ている。

キャンベル　たしかに。ただ、それはある種の特質を持った神話から出ています。それは特別啓示の神話ではありません。例えば、ヒンズー教徒たちは神々の特別啓示というものを信じてはいません。彼らは耳が宇宙の歌に向かって開く状態について語ります。そこでは目が神の知性の輝きに対して開いています。そして、それこそ理神論者の基本理念です。いったんエデンの園における人間の堕落という観念を拒絶した人間は、その源泉から断ち切られないのです。

さて国章の話に戻りましょう。ピラミッドの層を数えると十三あることがわかります。そのいちばん下にローマ数字が刻んであります。もちろん一七七六年を表しています。で、その一、七、七、六を足すと二十一になるけれども、それは理性の年齢を示しているのではないでしょうか。十三の邦（くに）が独立を宣言したのは一七七六年のことです。十三という数字は変身と再生の数字です。最後の晩餐に連なったのは十二人の使徒とキリストで、そのキリストはいったん死んで、また生き返ることになりました。十三という数字は十二という限界範囲から脱出して超越界に入ることを示す数字です。黄道には十二宮があり、そして太陽がありますね。この人たちは十三という数字を復活、再生、新生の数字として強く意識したので、ここでも徹底的にそれを強調しています。

モイヤーズ　しかし、げんに十三の邦が存在していた。

キャンベル　ええ。でもやっぱりそれは象徴的ではなかったでしょうか。ただの偶然ではないと思いますよ。自分たちの在りようを象徴したものとしての十三邦なのです。

モイヤーズ　そこでこの下の*"Novus Ordo Seclorum."*というもうひとつの標語の説明がつくわけですね。

キャンベル　「世界の新秩序」。これこそが世界の新しい秩序の表れなのだ。そして、上の標語の*"Annuit Coeptis"*は「彼はわれわれの成し遂げたこと、あるいは活動に微笑を向けられた」という意味です。

モイヤーズ　彼？

キャンベル　彼は目。目で表されているもの、つまり理性です。ラテン語では「彼」と言う必要はなく、「それ」でも「彼女」でも「彼」でもいいのでしょうが。とにかく、神聖な力が私たちの行為を是認して微笑を向けた。だから、この新世界は神の最初の創造と同じ意味を持って作られたことになる。そして、神の最初の創造が理性を通して反映しているからこそ、この新世界ができたというわけです。

ピラミッドのうしろを見ると砂漠が広がっています。手前を見ると植物が生えています。砂漠、ヨーロッパの無秩序、戦争につづく戦争——われわれはそこから抜け出して、権力の名においてではなく、理性の名において一国家を創造した。そしてその意志のなかから新生活の花々が咲き始めた。ピラミッドの前面はそれを意味しているのです。

1ドル紙幣に印刷されているワシ

今度は一ドル札の右側を見ましょう。ゼウスの鳥であるワシがいますね。ワシは時間の領域に下りてきた神です。ワシは神性が人の形をとって現れる肉化の象徴です。これはアメリカン・イーグル、ハクトウワシです。最高の神ゼウスのワシのアメリカ版ということになります。

このワシは対立物の組み合わせであるこの世界に、この活動の場に、降り立っている。ひとつの活動様式は戦争であり、もうひとつは平和です。だからこのワシは一方の脚に十三本の矢を持っている。それは戦争の原理です。もう一方の脚には十三枚の葉がついた月桂樹の枝を持っている。平和的な対話の原理です。ワシは月桂樹のほうを向いています。私たちの祖国を築いた理想主義者たちは、私たちにもそちらを向いてほしいと望んだんでしょうね。外交関係やなにかを大事にする方向です。しかし、ありがたいことに、それがうまく働かないときに備えて、ワシは他方の脚に矢を持っているのです。

ところで、このワシはなにを表しているのでしょう。彼の頭上の輝かしい印が示すものを表象しているのです。わたしはかつてワシントンの外務職員研修所でヒンズーの神話、社会、政治について講義をしていました。ヒンズーの政治の本に、「統治者は一方の手に武器を、太いこん棒を、もう一方の手に協力の歌の平和な調べを持つべきだ」という言いならわしが書いてあるのです。で、私はその話をしながら、二本の手をこういう具合に上げて立ってましたが、みんなが指さし始めた。部屋じゅうの受講生が笑うんです。こっちはキツネにつままれたようだったんですが、みんなが指さし始めた。なんだろうと思って振り返ると、すぐうしろの上のほうにこれと同じワシの絵が掲げられ、私と同じポーズをとっていたんですよ。でも、それを見たとき、ワシの頭の上にこの印があるのに気づいたんです。ワシの尾に九本の羽があることにも。九というのは神の力が地上に降りることを示す数です。アンジェラスの鐘ですが、あれは九回鳴ります。

さて、ワシの頭上には十三の星がダビデの星の形に配置されています。

モイヤーズ それはもとソロモン王の封印だった。

キャンベル そう。なぜソロモンの封印と呼ばれるか知っていますか。

モイヤーズ いいえ。

キャンベル ソロモンは怪物や巨人など、いろんなものを壺に封じ込めたんです。『アラビアンナイト』で、壺を開けるとジンという魔物が出てくるのを覚えているでしょう。私はそこに十三の星から成るソロモンの封印があるのに気がつきました。そして、それぞれの三角

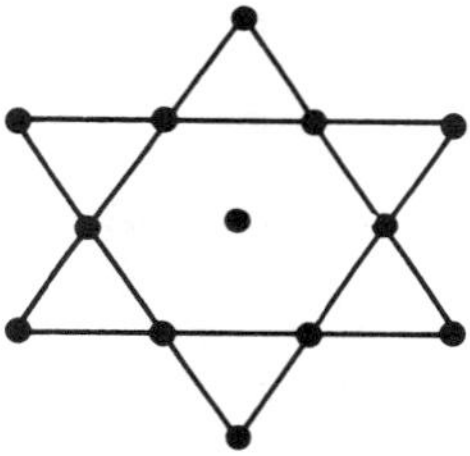

ソロモンの封印

形がピュタゴラスのテトラキスであることにも気づいたのです。

モイヤーズ　テトラキスというと？

キャンベル　それは十の点から成る三角形です。ひとつの点は真ん中にあり、各辺に四つの点があり、その点を足すと九つになる。ひとつ、二つ、三つ、四つ／五つ、六つ、七つ／八つ、九つ。これはピュタゴラス哲学の基本的な象徴でして、いくつもの神話的、宇宙論的、心理学的、社会学的な解釈が可能です。そのひとつは、頂上の点は宇宙とその万物がそこから生まれた創造の中心を表す、といった解釈です。

モイヤーズ　つまり、エネルギーの中心というわけですか？

キャンベル　ええ。そこから全世界が投げ出された原初の声、ビッグバンです。キリスト教でなら、「創造の言（ことば）」と呼ぶでしょう。時間の場に注入され、そこで拡張した超絶的なエネルギーです。それは時間の場に入るやいなや、分裂して多くの対立物のペアーになります。一者が二者になるのです。対立する二者があると、両者が関係し合うには三つの方法しかありません。まず、こちらがあちらを支配する。次は、あちらがこちらを支配する。もうひとつは、両者がバランスを取って調和することです。で結局、空間の四方、つまり宇宙のあらゆるものはこういう三様の関係から発生するのです。

老子の『道徳経』には、道（タオ）から――つまり超絶者から――一者が生じる、という意味のことが書いてあります。一から二が生じる。二から三が生じる。そして、三から万物が生じる。

そういうわけで、私はアメリカ合衆国の国章のなかにこういう象徴的な二つの三角形が組み合わさっているのを見たとき、突然気がついたのです。ここには最初の十三州を表す十三の点があるだけでなく、六つの頂点があると。ひとつは上、ひとつは下、そして、いわば東西南北の四方にひとつずつ。それは、上からも、下からも、羅針盤のどの点からも、創造的な**言葉**を聞くことができるという意味ではないかと思いました。これこそデモクラシーの偉大な原理です。どんな人間の理性も真理から切り離されてはいないのだから、どこに住むだれであろうと発言できる。真実を語ることができる。それがデモクラシーの考えです。必要なのはただ、情念から抜け出して語ること、それだけです。

そこで、私たちがこの一ドル札に見るものは、超絶者がこの世界に自己を顕示する様態のすばらしいイメージを象徴するワシです。そこにアメリカ合衆国の基礎があるのです。正しい政治をするためには、ピラミッドの上で光る世界の目という意味での、三角形の頂点からの統治が必要です。

ところで、私が子供のころ、ジョージ・ワシントンの退任演説を与えられて、全体を要約するように、それぞれのステートメントを他のすべてのステートメントと関連させて要約するように言われました。だから完全に覚えているんです。ワシントンは、「われわれは革命を起こした結果、混沌たるヨーロッパ情勢への関わりから脱することができた」と言いました。彼の最後の言葉は、われわれアメリカ人は外国と同盟関係を結んではならない、ということでした。そう、アメリカは第一次世界大戦まで彼の言葉を守りました。そのあと、私たちは独立宣言をキャンセルして、イギリスによる地球征服に加担したのです。だからいま、私たちはピラミッドの片側にいます。一から二へと移動したのです。アメリカはいま、政治的にも、歴史的にも、議論の一方の側にだけくみしています。頂点の目のあの原理を代表してはいないのです。そして私たちの関心のすべては経済や政治に関することであって、理性の声や響きに関することではない。

モイヤーズ　理性の声。それこそ、こういう神話的象徴によって暗示されている哲学的な生き方というわけですか。

キャンベル　そのとおりです。紀元前五〇〇年ごろにその点で重要な転機がありました。それはブッダとピュタゴラスと、孔子と老子の時代でした。まあ老子という人がほんとにいたとしたならば、の話ですが。これは人間の理性が目覚めた時代です。人間はもはや、動物的なパワーによって教えられたり支配されたりしなくなりました。人間はもはや、草木の生えた大地との類推によって、あるいは惑星の運行によって導かれることはなく、理性によって導かれるようになったのです。

モイヤーズ　道が開かれた。

キャンベル　人間の道が。そしてもちろん、理性を破壊するのは情念です。政治における主要な情念は貪欲です。それが人間を引きずり下ろす。そのせいで私たちはピラミッドの頂点ではなく、こっち側にいるのです。

モイヤーズ　だから、この国の建国者たちは宗教的な不寛容さに反対した。

キャンベル　その点は徹底してました。また、それだからこそ、彼らは人間の堕落という観念を拒絶したのです。あらゆる人間には神の意志を知る能力が備わっている。だれか特定の人だけに与えられる啓示はありえない。

モイヤーズ　先生は長年学問を積まれ、こういう神話的な象徴を深く研究されたので、国章をそういうふうに解釈されるのもわかります。でも、先生がおっしゃるように理神論者であった建国者たちの大部分は、いまもし生きていて、「彼らが新国家を築いたときは、そういう神話的な意味を込めて努力したんだ」なんて言われたとしたら、びっくりするんじゃないでしょうか。

キャンベル　では、なぜ彼らはそういう象徴を使ったんでしょう？

モイヤーズ　その多くはフリーメーソンのシンボルじゃありませんか。

キャンベル　フリーメーソンの標識です。そして、ピュタゴラスのテトラキスの意味も何世紀にわたって知られていました。そういう知識はトマス・ジェファソンの書斎で見つけることができたでしょう。なんと言っても、彼らは高度の知識人でしたから。十八世紀啓蒙主義は学識に富んだ紳士たちの世界でした。政治においてそれだけの人材が揃ったことは歴史上あまり例がありません。そういう紳士の一団が当時力を持ち、万事に影響を行使する地位にいてくれたことは、わが国にとってたいへんな幸運でした。

モイヤーズ　こういう象徴とフリーメーソンとの関係、さらに、建国の父祖たちの非常に多くがフリーメーソンに属していたという事実は、どう説明されるんでしょう。フリーメーソン団はいわば神話的思考の表現だったんでしょうか。

キャンベル　ええ、そうだと思います。それは、精神的な啓示を受けるために必要なイニシエーション儀礼の結社を再建する、という学者的な試みだったのでしょう。フリーメーソンであった建国の父祖たちは、実際、エジプトの伝説をできるだけ勉強しました。エジプトではピラミッドは原初の小丘を表しています。ナイル川の毎年の洪水が引き始めるとき、最初に姿を見せる丘が生まれ変わった世界を象徴するのです。この国章が意味しているのもそれです。

モイヤーズ　ときどき私は、先生の信条のシステムの底にあると思われる矛盾のおかげで混乱させられるんです。先生は一方で、理性の時代を鼓吹したり築いたりした人々をたたえる。その反面、〈スター・ウォーズ〉でルーク・スカイウォーカーが「コンピュータのスイッチを切って、自分の感情を信じたまえ」と言ったことを賞賛なさる。理性の働きにほかならぬ科学の役割と、宗教としての信仰の役割とを、先生はどう調和させるのですか？

キャンベル　いやいや、理性と思考とは区別しなければ。

モイヤーズ　理性と思考とを区別する？　ものを考えるのは、とりもなおさず、理性を働かせることではありませんか。

キャンベル　ええ、理性の働きは思考の一種です。しかし、物事を考え出すのは必ずしもその意味での理性の働きとは限りません。壁をどう突き破るかを考え出すのは理性ではありま

〈スター・ウォーズ〉のルーク・スカイウォーカー（マーク・ハミル）

せん。壁に鼻先をぶつけて、きっと向こうに抜けて出られるだろうと思うネズミは、私たちと同じように推測を働かせているわけですが、それは理性ではない。理性は、存在の基盤や、宇宙秩序の基礎構造を発見することに関わっています。

モイヤーズ　すると、こういう人たちが理性としての神の目について語るとき、こう言っていたわけですね。ひとつの社会としての、文化としての、民族としてのわれわれの存在の基盤は、宇宙の根本的な性格を帯びたものだ、と。

キャンベル　この最初のピラミッドはそう言ってます。これは世界で最初のピラミッドだ、これはわれわれの社会のピラミッドだ、そしてその二つは同一のものだ。これは神の創造物であり、同時にわれわれの社会なのだ。

モイヤーズ　私たちは多くの動物的な力（アニマル・パワー）の働きについても神話を持っています。種をまかれた土についての神話がある――肥沃さ、創造、母なる女神。天上の光とか天空についての神話もあります。しかし、現在、私たちはアニマル・パワーでは及ばないところまで、自然や種をまかれた土の先にまで、進んでしまったので、星はもう私たちには興味のないものになってしまった――エキゾチックな好奇心の対象とか、宇宙旅行の目的地として以外には。人間の道に役立つ神話という点で、いまの私たちはどこにいるんでしょう?

キャンベル　これから長い長いあいだ、私たちは神話を持つことができません。物事は神話化されるにはあまりにも早く変化しすぎているので。

モイヤーズ　では、私たちは神話なしでどう生きるのでしょう?

キャンベル　各個人が自分の生活に関わりのある神話的な様相を見つけていく必要があります。基本的に見て、神話は四つの機能を果たします。第一に神秘的な役割――いま私が話してきたようなことで、宇宙がどんなにすばらしいものか、自分がどんなに不思議なものかを自覚し、この神秘の前で畏怖の念を抱くことです。神話は世界の目を神秘の次元に向かって開き、あらゆる物象の底にある神秘の認識へと人々を導きます。その認識を失った人は神話を持つことができません。もし万物に潜む神秘を自覚したならば、宇宙はいわば聖画になります。あなたは現実生活の諸条件のなかで、絶えず超越的な神秘に向かって語りかけるのです。

第二は宇宙論的な次元、科学が関わる次元でして、神話は宇宙がどんな形であるかを示します。といっても、やはりその神秘が表れるような形で示すのですが。今日、私たちは科学者たちがすべての答えを持っているかのように考えがちですが、偉大な科学者たちは言います。「いや、われわれは全部の答えを握っているわけではない。われわれはそれがどう働いているかは説明するけれども、〈それ〉とはいったいなんだろう」。マッチをする。火が出る。火とはなにか。酸化について話す人はいるかもしれないが、それは私になにひとつ教えてはくれない。

第三は社会学的な機能です。ある種の社会秩序を支え、それに妥当性を与えるという機能。この点で、神話は地域ごとに大いに異なっています。一夫多妻の神話がどっさりあるかと思うと、一夫一婦の神話もどっさりある。どちらも結構。要はあなたがどこに住んでいるかです。神話のこの社会的機能は私たちの世界で広く受け入れられました。いまでは時代遅れですが。

モイヤーズ　というと？

キャンベル　倫理的な規則です。よき社会におけるあるべき生活の規則を与えていたのです。紀元前の最初の千年間、ヤハウェの本のどのページもどのページも、どういう服装をすべきか、おたがいにどういう振る舞いをすべきかなどが、えんえんと書き連ねてありました。

　しかし、神話にはもうひとつの機能があります。現在もあらゆる人がそこから離れてはならないと私は思うのですが。それは教育的な機能、いかなる状況のもとでも生涯人間らしく生きるにはどうすべきかを教えてくれる機能です。神話はそれを教えることができます。

モイヤーズ　ところが、何世代にもわたって語り継がれ、親しまれてきたあの古い物語はもはや機能していない。さりとて新しい物語もまだ見つからない。

キャンベル　私たちが欧米で持っている物語は、聖書に基づくものである限り、紀元前の最初の千年間の宇宙観に根ざしていますから、私たちの宇宙観や人間の尊厳についての観念とは合致しません。まるで別のものです。

　私たちは今日、自然の知恵と元どおり和解することを学ばなくてはなりませんし、動物と、そして水や海とも、兄弟であることをもう一度自覚すべきです。神性が世界と万物のなかにみなぎっているという考えは、汎神論として批判されます。しかし、汎神論（*pantheism*）というのは誤解を招く用語です。それは個性を持った神が世界に住むという思想を暗示していますが、それが本来の理念では全くないのです。本来の理念は神学を超えたものです。それはひとつの力として考えられる、定義しようのない、認識もできないもの、つまり、あらゆる生命と存在との源泉であり、終末であり、それらを支える基盤なのです。

モイヤーズ　現代のアメリカ人は、自然に対する自分たちの支配権を妨げられたくないというので、自然は神性を持つという考えを拒絶しているんじゃないでしょうか。木々を切り倒し、土地を裸にし、川までも不動産に変えてしまうなんてことは、神を殺すことなしには不可能でしょう?

キャンベル　そうです。が、それはなにも現代アメリカ人の特徴ではありません。それはアメリカ人が自分たちの宗教を通じて受け継いだ、聖書に基づく自然断罪の観念です。彼らはそれを主としてイングランドからアメリカに持ち込んだのです。神は自然から分離されている。自然は神によって呪われている。ほら、「創世記」にも書いてありますよ。われわれ人間が世界の支配者にならなければならない、と。

しかし、もし人間が自分自身を、どこか別のところから地上に投げ込まれたのではなく、この大地からやって来たものと考えるならば、私たちは大地であり、大地の意識であるということを理解できるはずです。これらは大地の目。これは大地の声。

モイヤーズ　科学者たちはかなり大っぴらにガイア原理（ジェイムズ・ラブロック〔一九一七～〕が提唱した説で、地球とその全生物をひとつの生命体の活動と見なす）について語り出しましたね。

キャンベル　おっしゃるとおり。この惑星全体がひとつの生命組織である。

モイヤーズ　母なる大地。このイメージから新しい神話が生まれるでしょうか。

キャンベル　さあ、なにか生まれるかもしれませんが、今夜どんな夢を見るか予測できないのと同じように、神話がどんなものになるかは予測できません。神話と夢とは同じところから出てきます。それらはある種の知覚から出ており、象徴的な形での表現を求めてやまないのです。そして、ごく近い将来、考えるに足る唯一の神話はこの惑星について語ったものです。都市ではなく、そこに住む人々でもなく、地球という惑星とその上のあらゆる人間について語ったもの。未来の神話がこうなるだろうということについて、私が主として考えているのはそれです。

　そして、その神話が扱うであろうことは、あらゆる神話がこれまで扱ってきたものと全く同じです。個人の成長——依存から脱して、成人になり、成熟の域を通って出口に達する。そしてこの社会との関わり方、また、この社会の自然界や宇宙（コスモス）との関わり方。それをすべての神話は語ってきたし、この新しい神話もそれを語らなくてはなりません。しかし、それが語るであろう社会は、この惑星の社会です。そういうものが始まるまで、私たちは無一物というわけです。

モイヤーズ　つまり、そこから現代の新しい神話が生まれるとおっしゃりたいのですね。

キャンベル　そうです。それがあるべき神話の基礎なんです。それはすでにここにあるんですよ。私の国籍ではなくて、理性の目。私の宗教集団ではなくて、理性の目。私の言語社会ではなくて、理性の目。わかりますか？　そしてそれは、このグループでもあのグループでも、また別のグループのためでもなく、この惑星のための哲学になるでしょう。

月からこの地球を眺めると、国と国を隔てる境界線などなにも見えません。それは新しく生まれる神話の象徴かもしれません。それは私たちが祝福するであろう国。実際、それこそ私たちが一体になれる人々です。

モイヤーズ　先生がお集めになった文書のなかで、チーフ・シアトル（一七八六？～一八六六。今のワシントン州あたりで初期の植民者に協力的であったインディアン部族の首長）のものほどその倫理を明確に体現したものはない、と私には思えますが。

キャンベル　シアトル首長は旧石器時代の道徳律を伝える最後のスポークスマンのひとりでした。一八五二年ごろ、合衆国政府は新しい移民たちのために先住民部族の土地を購入するという話を持ちかけましたが、シアトル首長は実に見事な返事を書きました。実際、その手紙はいま話している問題すべてのモラルを表してます。

「ワシントンの大統領は土地を買いたいという言葉を送ってきた。しかし、あなたはどうして空を売ったり買ったりできるだろう。あるいは土地を。その考えはわれわれにとって奇妙なものだ。もしわれわれが大気の新鮮さを持たないからといって、あるいは水のきらめきを持たないからといって、それを金で買えるものだろうか？

この大地のどの一部分も私の部族にとっては神聖なものだ。きらきら光る松葉のどの一本も、どの砂浜も、暗い森のどの霧も、どの牧草地も、羽音をうならせているどの虫も。あらゆるものが私の部族の思い出と経験のなかでは尊いものだ。

われわれは血管に血が流れているのを知っているように、木々のなかに樹液が流れているのを知っている。われわれは大地の一部であり、大地はわれわれの一部だ。香り高い花々はわれわれの姉妹だ。クマ、シカ、偉大なワシ、彼らはわれわれの兄弟だ。岩山の頂き、草原の露、ポニーの体温、そして人間、みな同じ家族なのだ。

せせらぎや川を流れる輝かしい水は、ただの水ではなく、われわれの祖先の血だ。もしわれわれが自分たちの土地を売るとしたら、あなたがたはそのことをよく覚えておかなくてはならない。湖の水面に映るどんなぼんやりとした影も、私の部族のできごとや思い出を語っているのだ。かすかな水の音は私の父の父の声なのだ。

川はどれも私の兄弟だ。それらは私ののどの乾きを癒してくれる。それらはわれわれのカヌーを運び、われわれの子供に糧を与えてくれる。だからあなたがたは川に、あらゆる兄弟に与えるような親切を施さなくてはならない。

われわれが自分の土地を売るとしても、大気はわれわれにとって貴重なものであることを、大気はそれが支えるあらゆる生命とその霊を共有していることを、忘れないでほしい。われわれの祖父にその最初の息を与えた風は、また彼の最後の息を受け取る。風はまたわれわれの子供たちにいのちの霊を与える。だから、われわれが自分たちの土地を売るとしたら、あなたがたはそれを特別なところ、神聖なところにしなくてはならない。人間がそこへ行って、草原の花々によってかぐわしいものになった風を味わえる場所に。

あなたがたは、われわれが自分の子供たちに教えたのと同じことを、あなたがたの子供たちに教えるだろうか。大地がわれわれの母だということを？　大地に降りかかることは大地の息子たちみんなに降りかかることを。

　われわれはこのことを知っている。大地は人間のものではなく、人間が大地のものだということを。あらゆる物事は、われわれすべてを結びつけている血と同じように、つながり合っている。人間は生命を自分で織ったわけではない。人間はそのなかでただ一本のより糸であるに過ぎない。人間が織り物に対してなにをしようと、それは自分自身への働きかけにほかならない。

　よくわかっていることがひとつある。われわれの神はあなたがたの神だ。大地はその神にとって大事なものであり、大地を傷つければ、その造り主に対する侮辱を重ねることになる。

　あなたがたの目的はわれわれにとってなぞだ。バッファローが全部殺されたらどういうことになるのか？　野生の馬をみな飼い慣らしたら？　森の深い深い奥が大勢の人間の匂いでいっぱいになり、緑豊かな丘の景色が電話線で乱されたら、どうなると思うのか。茂みはどうなってしまうのか。消えてしまう！　ワシはどこに住むのか。消えてしまうだろう！　そして脚の速いポニーや狩りにさよならを告げるのはどういう気持ちか。命の終わりと生き残りの始まり。

　最後のひとりになったレッドマンが未開の原野といっしょにこの世から消え去り、彼の思い出といえば、大平原を渡る雲の影だけになってしまったとき、これらの海岸や森林はまだここにあるだろうか。私の同族の霊が少しでもここに残っているだろうか。

われわれはこの大地を愛する――生まれたばかりの赤ん坊が母親の乳房を愛するように。だから、われわれが自分たちの土地を売ったなら、われわれが愛してきたのと同じようにそれを愛してほしい。われわれがその面倒を見たのと同じように、面倒を見てほしい。あなたがたの心のなかに土地の思い出を、受け取ったときと同じまま保ってほしい。あらゆる子供たちのために、その土地を保護し、愛してほしい――神がわれわれすべてを愛するように。

われわれが土地の一部であるように、あなたがたも土地の一部なのだ。大地はわれわれにとって貴重なものだ。それはまたあなたがたのためにも大事なものだ。われわれはひとつのことを知っている。神はひとりしかいない。どんな人間も、レッドマンであろうとホワイトマンであろうと、おたがいに切り離すことはできない。なんといっても、われわれはみな確かに兄弟なのだ」

第二章　内面への旅

神話に出てくるもののひとつは、深淵の底から救いの声が聞こえてくるという考えです。暗黒の時、それは大きな変化が可能であるという真実のメッセージがいまにも来るという時です。最も暗い時にこそ光がやってくるのです。

モイヤーズ　ある人から、「なんでそんな神話に心を惹かれるのか。ジョーゼフ・キャンベルが話すことにどんな意味を認めているのか」と聞かれましてね。「こういう神話が私の心に語りかけるのは、私がすでに内面では真実だと認めていることを表現しているからですよ」と答えたのです。でも、なぜでしょう。心のなかでほんとうだとわかっていることを語っているように思われるのは、いったいなぜでしょう。それは私の存在の基礎であるあの無意識、つまり、自分に先立つあらゆる人間から受け継いだ無意識から来ているのでしょうか。

キャンベル　そのとおりです。人はだれでも三万年前にクロマニョン人が持っていたのと同じ器官やエネルギーを備えた、同じ肉体を持っています。ニューヨーク市で生活を送ろうと、洞窟のなかで生活を送ろうと、同じ幼少年期の諸段階を過ごし、性的な成熟期を迎え、少年期の依存から大人の責任への変身を経て、結婚し、肉体的な変調を来たし、体力がしだいに衰え、死に至る。同じ肉体を持ち、同じ肉体的な経験をしますから、同じイメージに同じような反応を示すのです。例えば、しょっちゅう出てくるイメージに、ワシとヘビとの戦いがあります。ヘビは土地に縛りつけられているが、ワシは精神的な飛翔である。こういう葛藤は私たちみんなが経験するのではないでしょうか。そして、その二つが合体したとき、すばらしいドラゴンが生まれます。翼を持ったヘビです。世界中で人々はこういういろいろなイメージを認めます。ポリネシアの神話、イロクォイの神話、あるいはエジプトの神話を読んでみても、出てくるイメージは同じで、みな同じ問題について語っています。

モイヤーズ　違った時代に現れると、違った衣装をまとっているというだけのことですか。

キャンベル　そうです。同じ芝居をあちこちに持っていくようなものでしてね。行く先々で、その土地の人々が地元の衣装をつけて同じ昔ながらの芝居を演じるわけです。

モイヤーズ　それで、そういう神話的イメージはほとんど無意識のうちに世代から世代へと受け継がれる。

キャンベル　それがなんとも魅力的なところですね。そういうイメージは、われわれ自身やその他すべてのものの深い秘密を語っているのですから。それは途方もなく恐ろしく、なおかつ魅力的な神秘（*mysterium tremendum et fascinans*）です。恐ろしいのは、それらが物事についての固定観念をすべてぶち壊すからであり、それでいてすごく魅力的なのは、それが私自身の性質と存在とのイメージだからです。もしあなたがこうしたことについて考え始め

ホルスに祈願する竪琴弾きを描いたエジプトの石碑

たならば、内面的な神秘、内面的な生活、永遠の生命などについて考え始めたならば、あなたが使えるイメージはそう多くないはずです。あなたは自分の努力で、なにかほかの思想体系のなかですでに使用されているイメージを探して、それらを使い始めるわけです。

モイヤーズ　中世には世界を読むという考えがありましたね。あたかも世界には自分に向けられたメッセージがあるかのように。

キャンベル　あたかもどころか、確かにありますよ。神話はそういうメッセージを読むとき、助けになってくれます。神話は典型的な蓋然性を告げてくれます。

モイヤーズ　例を挙げてください。

キャンベル　例えば、神話に出てくるもののひとつは、深淵の底から救いの声が聞こえてくるという考えです。暗黒の時、それは大きな変化が可能であるという真実のメッセージがいまにも来るという時です。最も暗い時にこそ光がやってくるのです。

モイヤーズ　シオドー・レトケの詩、「暗い時に目は見え始める」に似た考えですね。あなたは神話がそういう意識をもたらしてくれたとおっしゃる。

キャンベル　私はそういう神話を生きており、神話はいつでもそのことを告げてくれます。自分の内なるキリストと一体になるという隠喩的な理解が生まれるのも、それがあるからです。自分の内面にあるキリストは死にません。内なるキリストは死に打ち勝って復活します。あるいはシヴァとの同一化でもいい。私はシヴァだ――というのが、ヒマラヤの行者(ヨギ)たちの偉大な瞑想です。

モイヤーズ　そして、たいがいの人にとって望ましい目標である天国も、われわれの内にある。

キャンベル　天国も地獄も私たちの内にありますし、あらゆる神々も私たちの内に生きています。これは紀元前九世紀のインドの『ウパニシャッド（奥義書）』が達成した偉大な覚知です。あらゆる神、あらゆる天国、あらゆる世界はわれわれの内面にある。それらは拡大された夢であり、夢は葛藤しているさまざまな肉体エネルギーがイメージの形で表れたものだ。それが神話の正体です。神話というのは、肉体器官のたがいに衝突しあっているエネルギーが象徴的イメージ、隠喩的イメージの形で顕現したものです。この器官はこれを求め、あの器官はあれを求めている。大脳もそういう器官のひとつです。

モイヤーズ　すると、私たちは夢を見るとき巨大な神話の海で魚を捕ろうとして……

キャンベル　……どんどん、どんどん深いところに潜り込む。あげくの果てにさまざまなコンプレックスに、まあそういうものに、巻き込まれるのですが、実はそのとき、ポリネシアの言いならわしにあるとおり、「雑魚（ざこ）をあさりながら、実は鯨の背の上に乗っている」のです。われわれは鯨の背の上に乗っている。存在の基礎は自分の存在の基礎でして、ただ外を見れば、あっちにもこっちにも小さな問題がうようよ見えます。しかし、内面に目を向ければ、自分こそあらゆるものの源であることが見えてくるのです。

モイヤーズ　神話はいま夢の時間に存在していると、よく言っておられますが、夢の時間とはなんでしょう。

キャンベル　眠って夢を見る時間ですが、その夢は自分自身の精神の永遠的な状況を、たったいまの生活の一時的な状況と結びつけて語るのです。

モイヤーズ　説明してください。

キャンベル　例えば、試験に通るかどうか心配しているとします。すると、なにかで失敗をした夢を見る。そして、その失敗が自分の人生におけるほかの多くの失敗に絡んでくるだろうと思う。それらはいっしょくたになって山積みされるのです。フロイトは、最も明快に説明されるような夢でも、実は明快に説明されるわけではない、と言っています。夢は自分の精神状態についての汲めども尽きない情報源です。

　さて、「今度の試験に通るだろうか」とか「あの女と結婚すべきだろうか」という夢のレベル、それは純粋に個人的なものです。しかし、別のレベルでは、試験に合格するか否かは単に個人的な問題ではありません。だれもがある種の障害を乗り越えなければなりません。これは元型的な行為です。こういうわけで、個人的な夢でも、そこに基本的な神話のテーマがあるのです。これら二つのレベル――個人的な様相と、個人の問題はその派生的な例に過ぎない一般的な大問題と――はあらゆる文化、社会で見られます。例えば、だれもが死に直面するという問題を持っています。これは標準的な神秘です。

モイヤーズ　夢からなにを学べるのでしょう。

キャンベル　自分自身のことです。

モイヤーズ　どういうふうにして夢に注意を払えばいいのでしょう。

キャンベル　まず自分の夢を覚えておいて、それを書き留めることです。それから夢の小さな一部、ひとつかふたつのイメージとかアイデアを取り出して、連想をしてみるのです。それをまずなにを思い浮かべたかを書いてみる。つぎになにを思い浮かべたかを書いてみる。それを繰り返すのです。すると、夢はあなたの生活にとってなにか意味のある、それでいて自分では影響をこうむったとは自覚していなかった一群の体験に基づいていたことがわかるでしょう。やがて、つぎの夢を見る。そうすると、あなたの解釈はもっと進みます。

モイヤーズ　ある人から、勤めを辞めるまで夢を見た覚えなどない、と言われたことがあります。退職してエネルギーを集中する場所を失ったあと、突然何度も、何度も夢を見るようになったそうです。この現代社会では、夢の意味を見過ごす傾向があるのでしょうか。

キャンベル　フロイトの『夢判断』が出版されて以来、夢の重要性は認識されてきていると思います。いやその前でさえ、夢の解釈は在りました。人々は夢に関して迷信的でした。「夢のお告げがあったから、きっとなにかが起こる」というように。

モイヤーズ　なぜ神話は夢と違うのでしょう。

キャンベル　ああ、それはね、夢は私たちの生活を支えている、あの深くて暗い基礎についての個人的な経験であるのに対して、神話は社会の夢だからです。神話は公衆の夢であり、夢は個人の神話です。あなたの個人的な神話である夢が、たまたま社会の神話と合致しているとしたら、あなたは自分の社会集団とよく調和しているのです。もしそうでないとしたら、あなたは行く手にある暗い森のなかで冒険をしなくてはなりません。

モイヤーズ　つまり、もし私の個人的な夢が社会の神話と共通しているならば、わたしがその社会で健康な生き方をする可能性が大きい。けれども、もし個人的な夢が社会的な神話から外れていたら……

キャンベル　……たぶん厄介なことになる。そういう体制のなかで生きることを強いられたら、ノイローゼになってしまうでしょう。

モイヤーズ　しかし、多くの予見者は、そして指導者や英雄たちでさえもノイローゼの縁に近づいたのではないでしょうか。

キャンベル　まさしくそのとおりです。

モイヤーズ　それをどう説明されますか。

キャンベル　彼らは自分を守ってくれるはずの社会から抜け出して、オリジナルな経験という暗い森に、炎の世界に入ったのです。オリジナルな経験というものはかつて説明されたことのないものだから、本人が独力で自分の生活を組み立てていくしかない。それに耐えられるか否か、道は二つにひとつしかない。すでに知られている道から離れると、それほど進まないうちにもう非常に困難な状況にぶつかる。そういう試練に直面する勇気、そして、ほかの人々にも経験してもらうために説明のついている経験分野に新しい可能性のかずかずを導入する勇気。それが英雄の行動です。

モイヤーズ　夢は精神から出てくるとおっしゃるのですね。

キャンベル　ほかのどこから出てくるのか思いつきません。想像力から出てくる、のではな

〈ああ，私はありえない出来事を見た〉ウィリアム・ブレイク（1757～1827）画

いでしょうか？　想像力は肉体器官のエネルギーを基礎としていますが、そういう器官はあらゆる人間に共通しています。想像はひとつの生物的な基礎から出ていますから、ある一定のテーマを持たないではいられません。夢はやはり夢なので、だれが見た夢であろうと、数え上げることのできる一連の特徴を持っています。

モイヤーズ　私は、夢は非常に個人的なもので、神話はなにか社会的なものだと思うのですが。

キャンベル　あるレベルでは、個人的な夢がほんとうの意味で神話的なテーマのなかに入り込みますから、その場合には神話との類推を働かせないかぎり解釈できません。ユングはふたつの種類の夢について語っています。個人的な夢と元型的な夢です。後者は神話的な次元の夢ですね。あなたは個人的な夢なら連想によって解釈できます。自分の人生についてなにを語っているか、自分の個人的な問題に関してなにを語っているか、探り出すことが可能です。けれども、ときどき純粋に神話と言えるような夢を見ることがあります。神話的なテーマを持った夢、あるいは、例えば内なるキリストから出ているといえるような夢です。

モイヤーズ　内なる元型的な人間のおかげで、私たちは元型的な自我を持つことができる。

キャンベル　そうです。ここに夢の時間の――時間ならざる時間の、ただ存在の持続状態に過ぎないものの――もうひとつの、そしてより深い意味があります。インドネシアには、神話の時代とその終焉についての重要な神話があります。この物語によれば、最初、人類の祖先たちには性別がなかった。誕生もなければ死もなかった。そのうちにみんなで盛大なダンスの儀式を行なったところが、参加者のひとりがダンスをしているあいだに踏み倒されて死に、五体ばらばらになって、それぞれの部分が土に埋められた。その人が殺された瞬間、性がふたつに分かれ、その結果、死は生誕によって、生誕は死によってバランスがとられるようになり、埋められた体の部分から食べ物になる植物が生えてきたというのです。時間が存在するようになり、死と生誕が生じ、生の保存のために他の生物を殺して食べるという習慣も生まれた。原初の無時間の時間は、社会集団の犯罪によって、意図的な殺戮やいけにえによって終わりを告げたのです。

さて、神話が負っている主要な課題のひとつは、あらゆる生の冷酷な前提条件と知性とに折り合いをつけることです。生きとし生けるものはすべて他の生命を殺して食べなければならない、という冷厳な事実がありますね。私は野菜だけしか食べないといって自分をごましてはいけません。野菜だって生き物なのです。だから、生命の基本は生命そのものを食べているというこの事実です！　生命は生き物を食うことによって成り立つ。そして、人間の知性や感性をそういう根本的な事実と和解させることは、主として殺戮からなる非常に野蛮な儀式の機能のひとつです。その殺戮の儀式は、私たち全部がいま住んでいるこの時間的な世界を出現させることになった、あの太古の原初的犯罪を、いわば模したものです。知性を生存の条件と和解させることは、あらゆる創造神話にとって基本的に不可欠なことです。どれもその点ではとてもよく似ています。

モイヤーズ　例えば「創世記」の創造の物語ですが、あれはほかの物語とどう似ているのでしょう？

キャンベル　そうですね。では、「創世記」の一節を読んでみてください。私もほかの文化社会で生まれた物語を読んでみます。それでわかるでしょう。

モイヤーズ　「創世記」の第一章。「初めに、神は天地を創造された。地は混沌であって、闇が深い水の表面にあった」

キャンベル　こちらは「世界の歌」という、アリゾナのピマ・インディアンの伝説です。「初めに、至るところに闇だけがあった――闇と水だけが。やがて闇がところどころで固まり、厚くなった。集まっては別れ、また集まっては別れ……」

モイヤーズ　やはり「創世記」の第一章。「神の霊が水の表面を動いていた。やがて神は言われた、『光あれ』と。すると光があった」

キャンベル　これは紀元前八世紀のインドの『ウパニシャッド』から。「初めに、大いなる自我だけがあり、それがひとりの人間の形として映っていた。映っているそれが見いだすものはそれ自身でしかなかった。そして、その最初の言葉は『これは私だ』であった」

モイヤーズ　「創世記」第一章。「神はご自分にかたどって人を創造された。神にかたどって人を造られた。人を男と女に造られた。神は彼らを祝福して言われた。『生めよ、増えよ、地に満ちよ』」

キャンベル　今度は西アフリカのバッサリ族の伝説から。「ウヌムボッテは人を造った。その名前は人であった。ウヌムボッテは次に羚羊（れいよう）を造り、レイヨウと名づけた。ウヌムボッテはヘビを造り、ヘビと名づけた……。それからウヌムボッテはそれらに向かって言った。『大地はまだ固められていない。おまえたちが座っている土を踏み固めて滑らかにしなさい』ウヌムボッテは彼らにあらゆる種類の種を与えて言った。『行ってこれらをまきなさい』」

モイヤーズ　「創世記」の第二章。「こうして天地万物は完成された。第七の日に、神はご自分の仕事を完成され……」

キャンベル　もう一度ピマ・インディアンの物語から。「私は世界を造る。すると見よ、世界は完成する。こうして私は世界を造る。すると見よ、世界は完成する」

モイヤーズ　また「創世記」の第一章に戻って。「神はお造りになったすべてのものを御覧になった。見よ、それは極めて良かった」

キャンベル　では、『ウパニシャッド』から。「そして彼は悟った――まさしく私、私こそ創造だ。なぜなら、私が自分自身からそれを注ぎ出したのだから。そのようにして彼は創造そのものになった。まことに、このことを知る者がこの創造において創造者となるのだ」

これは決定的な殺し文句ですね。あなたがそれを知ったとき、あなたは創造の原理と一体になっている。その原理はこの世界のなかで、あなたのなかで働く神の力だ、というのです。

モイヤーズ　しかし、「創世記」はこうつづけています。「『おまえは私が食べるなと命じた木の実を食べたのか』。男は答えた。『あなたがわたしと共にいるようにしてくださったあの女が、あの木の実を私にくれたので、食べました』すると主なる神は女に向かって言われた、『なんということをしたのか』女は答えた。『ヘビがだましたので、食べてしまいました』」

先生のご本にはよく責任転嫁の問題が出てきますが、それはずいぶん早くから始まってるんですね。

キャンベル　ええ。特にヘビはつらい目にあってます。さっきのバッサリの伝説のつづきでも同じです。「ある日ヘビは言った、『われわれもこの実を食べるべきだ。どうしてわれわれが空きっ腹をがまんしなければならないのだ』レイヨウが言った、『しかし、われわれはこの実についてなにも知らない』そのあと、人とその妻がその実を取って食べた。ウヌムボッテが天から下りてきて『だれが食べたのか』とたずねた。すると彼らは『私たちです』と答えた。ウヌムボッテは、『だれがあの実を食べてよいと言ったのか』とたずねた。すると彼らは答えた。『ヘビが言いました』」。とてもよく似た話です。

モイヤーズ　なにが肝心な点でしょう。この二つの物語において、主役がいずれも堕落のきっかけをだれかほかの者のせいだとしていることですか？

キャンベル　ええ。どちらもヘビだということになってますが。両方の物語で、ヘビは過去を捨てて生きつづける生命のシンボルになっています。

モイヤーズ　なぜでしょう。

キャンベル　ヘビは生命力のせいで脱皮をします——ちょうど月がその影を捨てるように。

ヘビが脱皮をするのは生まれ変わるためです。月が影を捨てるのも生まれ変わるためです。ヘビと月は同じ意味を持ったシンボルです。ときどきヘビは自分自身の尻尾に食いついている円環として表現されます。それは生命のイメージです。生命は一世代、また一世代と、脱皮を繰り返して生まれ変わっていく。ヘビは時間の場で働いている不滅のエネルギーと意識とを代表するものであり、絶えず死を投げ捨てては生まれ変わっているのです。そういうふうに見ると、生命にはなにか途方もなく恐ろしいものがある。そこで、ヘビには生命の魅力と脅威との両方の意味がこもっているのです。

さらに、ヘビは生命の基本的な機能を代表しています。主として食べることです。生命は他の被造物を食べることから成り立っています。おいしそうな食事を作っているときにはあまりそのことを考えませんが、実際私たちは、つい最近まで生きていたものを食べているのです。美しい自然を眺めると、鳥たちがあちこちつついているのが見えますが、彼らもなにかを食べているんですね。牛が口をもぐもぐさせている。やはりなにか食べている。ヘビは動き回る消化管だと言っても過言ではないでしょう。それは先天的な衝撃を私たちに与えます——最も原初的な性格を持った生命についての感覚です。この動物に関しては議論の余地などありません。生命はそれ自身を殺して食うことによって、つまり、月のように死を捨てて生まれ変わることによって生きています。それこそ、こういう象徴的でパラドキシカルな形象が示そうとする神秘のひとつです。

ところで、ヘビはたいがいの文化社会で肯定的な解釈を与えられています。インドでは最も恐ろしい毒蛇であるコブラでさえも神聖な動物であり、神話に出てくる〈ヘビの王〉はブッダに次ぐ存在だとされています。ヘビは時間の分野にかかわる、そしてまた死の分野にかかわる生命の力を代表していますが、永久に生きています。世界はその影、その抜け殻に過ぎないのです。

ヘビはまたアメリカ・インディアンの伝説のなかでも敬われています。ヘビは人間が味方につけるべき最も重要な力だと考えられているのです。たとえば南西部のプエブロ居住地を訪れて、ホピ族のスネーク・ダンスを見てごらんなさい。彼らはヘビを口にくわえてそれらと友達になり、ダンスが終わると山に放してやります。帰されるヘビは山々へのメッセージを託されます。ちょうど、来るときに山々のメッセージを人間にもたらしたように。人間と自然との交流がこういうヘビとの関係によって例証されるのです。ヘビは水のように流れるから水のように冷たいけれども、その舌は絶えず炎を吐いている。だから、ヘビのなかには一組の対立物が共存しています。

モイヤーズ　キリスト教の神話ではヘビは誘惑者ですが。

キャンベル　要するに、生命の肯定を拒絶するという意味を持っています。私たちが受け継いだ聖書的な伝統からすると、生命は腐敗しており、あらゆる生命の衝動は、割礼や洗礼を受けないかぎり罪深いものと見なされています。ヘビはこの世界に罪をもたらした。そして最初の女は人間にリンゴを手渡した者です。女と罪との同一視、ヘビと罪との同一視、ひいては生活と罪との同一視は、聖書の神話のすべてと人類堕落説とに与えられた例外的な特徴です。

モイヤーズ　女は罪人(つみびと)という観念はほかの神話にも見つかるでしょうか。

キャンベル　いや、ほかには知りません。たぶんそれにいちばん近いのはパンドラとパンドラの箱でしょうが、あれは罪ではなく、ただの不安やトラブルです。人類の堕落という聖書的な伝統の底にある理念は、われわれが知っている自然は堕落している、セックスはそれ自体が堕落している、セックスの体現者である女は腐敗堕落をもたらすというものです。アダムとエバに善悪の区別を知る知恵を神が禁じたのはなぜか。その知識がなければ、私たちはみんな赤ん坊の状態でまだエデンにいたことでしょう——人生になにひとつかかわることもなく。女はこの世界に生命をもたらします。エバはこの時間的な世界の母親です。もともと私たちはあのエデンの園に夢のようなパラダイスを持っていました。時間も、生誕も、死もない、そして生もないパラダイスを。死んで生き返る、殻を脱ぎ捨てておのれの生命を新たにする〈ヘビは、時間と永遠とがそこで合体する〈中心となる木〉の王です。彼は実際、エデンの園の主神なのです。ある日やって来るヤハウェは訪問者に過ぎません。園はもともとヘビの領域だったのです。それは古い、古い物語です。いまでも紀元前三五〇〇年頃のシュメールの印鑑が残っているんですが、それを見ると、ヘビと木と女神がいて、その女神が訪れてきた男に生命の実を与えている。古い女神の神話がまさしくそこにはあるんです。

そういえば、もうずいぶん昔のことですが、映画ですごいものを見ましたよ。ビルマのヘビの女司祭を扱った映画でしてね。その司祭は民衆のために雨をもたらす必要があるからというので山道を上り、キングコブラを巣穴から呼び出し、なんと、その鼻づらに三度もキスをしたのです。そこではコブラは生命の付与者、雨をもたらすもの、つまり、神聖で肯定的な存在であって、決して否定的な存在ではなかったのです。

モイヤーズ　しかし、そういうイメージと、「創世記」におけるヘビのイメージとの相違をどう説明されるのでしょう？

キャンベル　実は歴史的な説明があるんです。ヘブライ人がカナンにやって来てカナンの人々を隷属させた、という歴史に基づく説明です。カナン人が主として信じていたのは女神です。そして女神にはヘビが伴っていました。それが生命の神秘の象徴なのです。男性神を崇めつづけてきたグループはこれを排斥しました。言い換えると、エデンの園の物語には母なる女神を排斥するという歴史的な意味が込められているのです。

モイヤーズ　この物語はエバに人類堕落の責任を負わせることによって、女性に対してははだ迷惑を及ぼしているように思えてならないのですが？　堕落というと、どうしていつも女性に責任があると見なされるんでしょう。

キャンベル　女性は生命を代表するものです。人間は女性によることなくしては生命を与えられません。そこで、多くの対立項と苦難とでできているこの世にわれわれを投げ込むのも女性というわけです。

モイヤーズ　アダムとエバの物語は対立物の組み合わせについてなにを語ろうとしているんでしょう。あれの意味はなんですか？

キャンベル あの物語は罪から始まっていますね。つまり、楽園という神話的な夢の時間の領域――時間というものがなく、男女とも相手との違いさえ知らないでいる領域――からの追放から始まっています。もともとアダムとエバはただの被造物でした。神と人間とは実質的に同じだったのです。神はある日ひょっこりと二人のいる園にやって来ます。そのあと、二人はリンゴを――対立物についての知識を――食べる。男も女も相手との違いを知ると、自分の恥部を隠す。二人とも、それまでは自分たちが反対の者どうしだなんて気づかなかったんです。男性と女性はひとつの対立項です。もうひとつの対立項は人間と神です。善と悪もやはり対立していますが、根源的な対立は男女の両性、そして人間と神とのあいだにあります。そのあとでこの世の善と悪という観念が生まれます。こうしてアダムとエバとはもっぱら二元性の認識によって、いわば無時間の調和とでも言うべき楽園から自分たちを追い出した。そしてこの現世で生きようと思えば、どうしても対立項のなかから選択を繰り返していくしかない。

ところで、ヒンズーのイメージに三角形を示したものがあります。三角形は母なる女神で、三角形の中心にある点は、超越者が時間の領域に入っていくときのエネルギーを示します。そしてこの三角形から、あらゆる方向に向かって二つひと組の三角形がどんどんつながっている。一者から二者が生じる。これは同一性の意識が二元性への関与という意識に移っていくことを意味します。こうして私たちは時間の領域に入るのです。

モイヤーズ この物語は、われわれ人間を破滅に追い込むような出来事がエデンの園で起きる前に、生命の調和があったということを告げようとしているのでしょうか。

キャンベル　これは意識の次元の問題でして、なにかの出来事と関連づける必要はないでしょう。対立項の世界を超越したなにかと自己とが一体であることを自覚できるような、そんな意識の次元があるということです。

モイヤーズ　なにと一体なのでしょう。

キャンベル　名づけ難いもの。名づけられないもの。あらゆる名前を超越したものです。

モイヤーズ　神でしょうか？

キャンベル　私たちの言語において「神（"God"）」というのはあいまいな語です。何かすでに知られたものを指す語のように聞こえますからね。しかし超越者は知ることができず、だれにも知られてはいない。神は究極のところ、「神」という名前を含めて一切のものを超越している。神は名前や形を超えています。マイスター・エックハルトは、究極的で最高の別離は神のために神から別れること、あらゆる想念を超越したものを経験するために神についての想念を捨てることだ、と言っています。

生命の神秘はあらゆる人間の観念を超えています。私たちが知っているあらゆるものは存在と非存在、多と一、真理と誤謬といった観念用語の範囲内にあります。私たちはいつも対立した諸観念のなかでものを考える。しかし、究極者である神はあらゆる対立観念を超越している。そうだとしか言えません。

モイヤーズ　なぜ私たちは対立項のなかでものを考えるのでしょう。

キャンベル　それ以外には考えようがないからです。
モイヤーズ　それは、私たちの時間のなかでの真実の本性なんですね。
キャンベル　それは真実に関する私たちの経験の本性なのです。
モイヤーズ　男と女、生と死、善と悪……
キャンベル　……私とあなた、これとあれ、真実と虚偽――あらゆるものにその反対物がある。しかし神話は、二元的世界のかなたに一元的な世界があり、二元性はその上で演じているシャドー・ゲームに過ぎないということを暗示しています。「永遠は時間が生んだものを愛している（Eternity is in love with the productions of time.）」と詩人ブレイクは言ってます。
モイヤーズ　どういう意味でしょうか、「永遠は時間が生んだものを愛している」というのは。
キャンベル　時間内生活の源泉が永遠だということです。永遠は世界にそれ自身を注ぎ出します。それは私たちのなかで多数者となる神についての基本的な神話理念です。インドでは、私の内にある神を、肉体に「宿る者」と呼んでいます。自分自身の内面にあるこの神聖不滅な面と一体になれば、私は神性と一体になれるのです。

ところで、永遠性は思考のあらゆるカテゴリーを超越しています。東洋の偉大な宗教のすべてにおいて、これは重要なポイントです。私たちは神について考えたいと思う。神はひとつの想念である。神とは名前である。神とは観念である。しかし、この語が指し示そうとするものはあらゆる思考を超えています。存在の究極的な神秘は思考のあらゆるカテゴリーを超越しています。カントが言ったように、物そのものは物ではない。それは物の性質を超えており、思考の対象となる一切を超越している。最善のものは思考を超えているから語ることはできません。次善のものは誤解される。というのも、それらは本来考えられないものについての思考だとされているからです。その次によいものは、私たちが語ることのできるものです。そして、神話は絶対的に超越したものを指し示そうとするものなのです。

モイヤーズ　知ることも名づけることもできないものに、無力な人間がかろうじて言語の衣を着せようとしているわけですか？

キャンベル　英語で超越者を意味するぎりぎりの言葉が God です。それでも、ご存じのとおり、私たちは観念を持っています。父なる神というような考えですね。さて、神ないし創造者が母親であるような宗教において、全世界はその体であり、ほかの場所はどこにもありません。男の神の場合、たいがいこの世界の外のどこかにいるのですが。でも、男性も女性もひとつの原理の二つの相に過ぎません。生命が両性に分かれたのは後世のことです。生物学的に言うと、アメーバは雄でも雌でもありません。この原始的な細胞はただの細胞であり、無性的生殖作用によって分裂して二つになるのです。性別がどの段階で出てくるのか知りませんが、ずっとあとのことだと思いますよ。だから、神のことを男性だとか女性だとか分けて語るのはばかげたことです。神聖な力は性別より前からあったのですから。

モイヤーズ　しかし、人間がこの巨大な理念をつかもうとするとき、可能な唯一の方法は、理解できる言語でそれを表現することではないでしょうか。男性の神、女性の神……

キャンベル　そのとおりですが、男だとか女だとか考えている限り、それを理解することはできません。男とか女というのは超越者のなかに飛躍するためのスプリングボードです。そして、超越者というのは超越すること、二元性を超えていくことを意味します。時間・空間の領域のなかにあるものはすべて二元的です。肉体的顕現は男性または女性のように見えますし、私たちのひとりびとりが神の肉化です。私は私自身の本来的な形而上的二元性のうち、一方の面においてだけ生まれてきた、と言うこともできるでしょう。このことは神秘宗教において明らかにされます。そこでは各個人が内面に向かって開かれたイニシエーション儀礼を経ることによって、しだいに深く深く自己の底へと進むのですが、ある瞬間に自分はいつか死ぬ身でありながら不滅でもある、男性でもあるし女性でもある、という自覚に到達します。

モイヤーズ　先生はエデンの園のような場所があったとお考えですか？

キャンベル　もちろんありません。エデンの園というのは、時間も知らず、対立物も知らない無邪気さのメタファーです。そしてそれが根源的な中心となり、そこから働く意識が、やがて変化を自覚するようになるのです。

モイヤーズ　でも、もしエデンの理念のなかにそういう無邪気さがあるとするなら、それはどうなってしまうのでしょう。不安や恐怖によって揺るがされ、支配され、腐敗させられるというわけですか。

キャンベル　まさしくそのとおりです。神性についての、「私」と名のった自我（the

Self）についてのすばらしい物語があります。自我は、「私は」と言ったとたんに不安になってしまったというのです。

モイヤーズ　どうして？

キャンベル　いまや時間のなかでひとつの実体になったからです。そのときそれは考えました。「なんで恐れる必要があるのだ。私はいま存在している唯一のものではないか」と。そして、そう言ったとたんに孤独を感じ、もうひとりの自我がいてくれればと思い、そういう欲望を抱いた。すると、それはふくれ上がって二つに分裂し、男と女になり、世界を生んだというのです。

不安は胎児にとっての最初の経験です。スタニスラフ・グロフという、現在はカリフォルニアに住んでいるチェコ人の精神科医がいましてね、もう何年もＬＳＤを用いて患者を治療しています。この先生が発見したところによると、患者の一部は誕生の再経験をしているんです。で、誕生の再経験において、最初の段階は子宮内の胎児でして、「私」とか、存在しているという意識をなにひとつ持っていない。やがて、誕生の少し前に子宮のリズミカルな動きが始まると、とたんに恐怖が生じる！　不安こそ最初のものであり、「私」と言うのもそれです。そのあと、産み出されるという恐ろしい段階に入る。産道を通るという困難な過程。そして――なんと、光！　まあ想像してごらんなさい！　すごいじゃありませんか、神話が語っていることをそっくりそのまま経験するなんて。自我が「私は」と言ったとたんに不安を感じた。そして孤独を感じると、別の自我がほしくなって、二つになった。それが、光の世界や対立物の組み合わせのなかに飛び込むということです。

モイヤーズ　こういう神話の多くには、禁断の木の実や最初の女など、同じような要素がいろいろ出てきますが、それはわれわれが共通して持っているものについて、なにを言おうとしているのでしょう。例えば、こういう神話、こういう創造の物語には「なんじ……すべからず」が含まれていますね。男も女もこの禁令に反抗して、勝手に行動します。こういう話を長年にわたって読んできた私は、はるかに遠く離れた文化社会どうしでなぜこれほど似たものが見られるのかと、いまだに不思議でならないのです。

キャンベル　民話の標準的なモチーフに〈禁じられたひとつのもの〉というのがあるのです。自分の妻に「あの衣装戸棚は決して開けてはいけない」と言った青ひげの話を覚えてますか？　そういう言いつけにはだれでも背きたくなるものですね。旧約聖書の物語のなかでも、神は禁じられたひとつのものを指摘します。いいですか、神は人間が禁断の木の実を食べるということくらい、ちゃんと見通していたに違いないのです。しかし、人間はそうすることによってはじめて人間独自の生活を始めることができたのです。人間生活は実際、あの不服従の行為によって始まりました。

モイヤーズ　いま言ったような類似の要素についてはどう説明されるのでしょう？

キャンベル　二つの説明が可能です。ひとつの説明は、人間の精神（psyche）は基本的には世界中どこでも同じだということです。精神は人間の肉体の内面的な経験ですが、その肉体はあらゆる人類を通じて基本的には同じです。みんな同じ器官を持ち、同じ本能を持ち、同じ衝動を持ち、同じ葛藤を経験し、同じ不安や恐怖を抱くのですから。この共通の基盤からユングが元型（アーキタイプ）と呼んでいるものが出てきた。それが神話の共通理念です。

モイヤーズ　元型とはなんでしょうか。

キャンベル　基本理念、あるいは基礎理念とも呼べそうなものです。こういう理念をユングは無意識の元型として語っています。「基本理念」というと知性の働きを連想させるので、「元型」のほうが適切でしょう。無意識の元型とは、それが下からやってくることを意味しています。ユングの言う無意識の元型とフロイトの言うコンプレックスとの相違は、無意識の元型のほうが肉体器官とその力との表明だというところにあります。元型は生物学的な根拠を持っていますが、フロイトの無意識は個人の生涯における癒しがたい外傷的な経験を抑圧したものの集合です。フロイトの無意識は個人的な無意識であり、自伝的な性格を持っています。ユングの言う無意識の元型は生物学的であり、自伝的な要素は二の次です。

世界中で、人類史上のそれぞれ異なった時代に、こういう元型が、つまり基本理念が、さまざまな衣装をまとって出現しています。衣装の相違は環境および歴史的条件の反映です。文化人類学者はそういう相違に最も強い関心を向けることによって、それらを比較したり、その底にある同一性を見抜いたりするのです。

さて、もうひとつ違った立場から神話の相似を説明するものとして、伝播説があります。例えば、耕作の技術はそれが最初に発達した地域から各地に広まり、それにつれて、大地を肥沃にさせるとか、実のなる植物を植えて育てるとかいったことと関係のある神話も広まる、という考えです。先ほどから話しているような神話ですね。ある神格を持った者を殺し、それを切り刻み、その断片を土に埋めると、実のなる植物が育つといった神話。そういう神話は農耕の伝統に伴うもので、狩猟社会では見られないでしょう。ですから、神話の相似という問題には心理的な側面だけでなく、歴史的な側面もあるのです。

モイヤーズ　人間は創造神話のひとつ、あるいはそれ以上に格別の興味を示しますね。私たちがそういう神話のひとつを特に好むのは、いったいなにを求めているからでしょうか。

キャンベル　私たちが求めているのは、世界を経験するひとつの方法だと思います。つまり、世界を形づくり、またそのなかに私たち人間を形づくった超越者が見えてくるような経験。それこそ人間が求めているもの、魂が探し求めているものでしょう。

モイヤーズ　つまり、われわれは万物を形づくった神秘の力への、われわれすべてが共有しているあの巨大な沈黙の場というべきものへの接近や、それとの和合を求めているというわけですか。

キャンベル　そうですが、ただそれを見いだしたいというだけでなく、それを自分たちの環境のなかに、自分たちの世界のなかに見いだしたい、認めたい、と願っているのです。神聖な存在を経験することを可能にしてくれるような、そういう教示を得たいと思っているのです。

モイヤーズ　世界のなかで、また自分のなかで経験する。

キャンベル　インドには美しいあいさつの形があります。両手の手のひらを合わせて相手に頭を下げるのです。どういう意味があるかわかりますか？

モイヤーズ　いいえ。

キャンベル　手を合わせる。私たちもお祈りをするときにこの形をとりますね。それは、自分のなかにいる神が相手のなかにいる神を認めている、という意味のあいさつです。あの人々は万有のなかの聖なる存在を意識しています。あなたがインドの家庭を訪問すると、あなたは神性を持った客として迎え入れられます。

モイヤーズ　でも、こういう神話を語った人々、それを信じ、それをもとにして暮らしている人々は、もっと単純な疑問を呈しているんじゃないでしょうか。例えば、だれが世界を作ったのか、世界はどういうふうに作られたか、世界はなぜ作られたか、というような。創造神話が提出しようとしているのは、そういう疑問ではないのでしょうか？

キャンベル　そうじゃありません。彼らはそれに答えることによって、全世界のうちに創造主がいるということを認めているのです。おわかりでしょうか。さっき読んだ『ウパニシャッド』の物語ですが、「私がこの創造であることを、私は認める」と神は言います。神が創造そのものであり、自分が被造物であると思うとき、人は自分のなかに神がいることを認め、自分が話しかけている相手の男または女のなかにも神がいることを認めるのです。だから、ここにひとつの神性の二つの面の認識が生じます。本来、一切万物は一者であったという基本的な神話のモチーフがあって、そのあと分離が生じます――天と地、男性と女性などなど。私たち人間はどのようにして根源的な一者（the unity）と縁を切ってしまったのでしょう。

ひとつ言えるのは、その分離がだれかのせいだということです。だれかが食べてはならぬ木の実を食べ、あるいは神を汚すような言葉を吐いたので、神が怒って行ってしまった。だからいま、永遠は私たちから遠く離れており、私たちはそれとのつながりを回復するために、なんらかの方法を見つけなければならない。

別のテーマもあります。そこでは、人間は天からではなく、母なる大地の胎内から生まれてきたと考えられています。こういう神話には、しばしば人々が登るために使う大きなはしごやロープが出てきます。最後まで出たがらないのは二人のばかに大きくて太った、重たい人間です。彼らがつかまると、プツーンとロープが切れてしまいます。おかげで私たちは自分たちの根源から切り離されているのです。私たちは理知という頭の働きのおかげで、げんに切り離されているのであり、問題はそのちぎれたロープをどうやってつなぎ直すかです。

モイヤーズ　ときどき、原始人はただ楽しみのためにこんな話をしていたんじゃあるまいか、と思うこともあるんですが。

キャンベル　いや、娯楽のための物語じゃありません。楽しみのために語られるのではない証拠に、そういう物語は一年の特定の時期、特定の条件のもとでしか語ってはならないのです。

神話には二種類あります。例えば聖書の神話のような偉大な神話は、神殿の神話であり、神聖にして偉大な儀式の神話です。それらは、人々が自己と調和を保ち、他人と相互に調和を保ち、そして宇宙と調和を保って生きるために必要な儀式を説明しています。これらの神話は、寓話的なものとして理解するのが通常です。

モイヤーズ　創造の物語を最初に語った人々は、そういう物語の寓話的な性格を意識していたと、そうお考えですか？

キャンベル　そうです。彼らは、あたかもそのようであったと言ったのです。だれかが文字通り世界を作ったという考え、それは人為主義（artificialism）として知られていますが、子供っぽい考えです。テーブルができている。だからだれかがそれを作ったにちがいない。これに対して、擬人化ではなく、流出（emanation）と下降（precipitation）とを含む見解もあります。ある音が風を、それから火を、それから水と地を落とし、こうして世界が成り立った。その最初の音、その最初の振動のなかに全宇宙が含まれていたが、すべては断片と化して時間の領域のなかに落ち込んだ。この説では、外にあって「かくのごとくなれ」と言う者は存在していません。

たいがいの文化社会には、ただひとつではなく、二つか三つの創造神話があります。聖書にも二つあります——人々はそれらをひとつのものとして扱っていますが。「創世記」第二章に出ているエデンの園の物語はすぐ思い出せますね。神は自分の園の手入れをする庭師としてアダムを造り、そのアダムを楽しませる方法をあれこれと考える。それは古代シュメールから借りてきた古い古い物語です。神々は彼らの庭園を管理し、彼らに必要な食べ物を作る者がほしいというので、人間を創造した。それが「創世記」第二、第三章の神話の背景です。

ところがヤハウェの庭師は退屈している。そこで、ヤハウェは彼のためにおもちゃを発明しようとする。ヤハウェは動物を創造しますが、アダムという人間にとってできることはそれらに名前をつけることだけ。ですから、神はアダム自身の体から女の魂を抜き出すという壮大な計画を思いつく。これは「創世記」第一章とはずいぶん違います。第一章では、神は自分の姿に似せて、アダムとエバという男女を同時に造ったとあります。そこでは神自身が原初的な両性具有の存在です。第二章のほうがはるかに古い物語でして、おそらく紀元前八世紀くらいに生まれたものです。それに対して、第一章はいわゆる祭司テキスト（祭司によってまとめられたもので、「祭司法典」とも呼ばれる）で、紀元前四世紀、あるいはそれ以後のものです。不安を感じ、次に欲望を感じたあげく、二つに分裂したという**自我**についてのインドの物語のなかに、私たちは「創世記」第二章に対応するものを見いだします。「創世記」では二つに分かれるのは神ではなくて、人間なのですが。

プラトンの『饗宴』のなかでアリストパネスが語るギリシャの伝説も同類のひとつですね。アリストパネスによれば、原始には、現在ならば二人の人間に相当する生物がいました。それらは、男・女、男・男、女・女の三種類でした。やがて神々はそれらすべてを二つに切り離した。ところが切り離されたあと、各半身が考えることといえば、もとの一体性を回復するために、ふたたびおたがいに抱き合うということだけ。だからいまの私たちも、自分の半身を探して一体になることをひたすら求めながら生きつづけている、というわけです。

モイヤーズ　先生はかねがね、神話学とは人類のひとつの偉大な物語の研究だと言っておられますが、その〈ひとつの偉大な物語〉というのはなんでしょう？

キャンベル　私たちはみな、存在のひとつの基盤から生まれて、時間という場に現れているということです。時間という場は、超時間的な基盤の上で演じられる一種の影絵芝居です。そして、私たちは影の場で芝居を演じる。両極性のうち自分の側を懸命に演じるのです。けれども私たちは、例えば自分の敵といっても、自分自身として見えるものの裏側に過ぎないことを知るのです。自己と他者の真ん中の立場からものを見ることができれば、の話ですが。

モイヤーズ　すると、ひとつの偉大な物語というのは、そのドラマにおいて自分の位置を見いだそうと努力することですか？

キャンベル　この世界は雄大な交響曲だけれども、それと調和すること、私たち自身の肉体のハーモニーをその世界のハーモニーと同調させることです。

モイヤーズ　こういう物語を読んでいますと、その起源や背景にある文化がどんなものであれ、存在を理解しようと、また、自分たちのささやかな旅にこれほど超越的な可能性を与えようと模索している人々の壮大な想像力に対して、驚異の念を抱かずにはいられません。先生もそういうことを感じたことがおありですか？

キャンベル　神話というのは詩魂の故郷であり、芸術に霊感を与え、詩を鼓吹するものだと思います。人生を一編の詩と観じ、自己をその詩の参与者と見なすこと。それが私たちにとっての神話の機能です。

モイヤーズ　一編の詩？

キャンベル　言葉の形式というよりも、行動と冒険の形式としての詩です。それはいまここでの行動を超越したものを含んでいるおかげで、いつも宇宙的な存在との調和を感じることができるのです。

モイヤーズ　そういう神話を読むとき、私はただもうその神秘に恐れ入ってしまいます。想像することはできるけれども、なかに入り込めないんです。

キャンベル　それこそ肝心なところです。究極的な真理を見つけたと思う人のほうが間違っています。サンスクリットにしばしば引用される、そして中国の『道徳経』にも出てくる名言があります。「自分は知っている、と思う者は知らない。自分は知らないと思っている者は知っている。ここで言う〈知る〉とは知らぬであり、〈知らぬ〉とは知ることだからである」

モイヤーズ　神話に関する先生の著書は、私の信仰を覆すどころか、その信仰を、かつて収容されていた文化的牢獄から解放してくれました。

キャンベル　それは私の信仰も解放してくれました。そして、そのメッセージを受け取るどんな人に対しても同じことをしてくれると信じています。

モイヤーズ　こちらの神話のほうがあちらの神話よりも真理の度合いが大きいとか、より小さいとか、そんなことはあるのでしょうか？

キャンベル　どの神話もそれぞれ違った意味で真実です。どの神話も、特定の時代における特定の文化に関する生活の知恵に関わっています。それは個人個人を彼らの社会に統合し、社会を自然領域に統合します。自然領域を私の本性と合一させるのです。それは調和の力です。例えば、私たち自身の神話は二元性という観念の上に築かれていますね。善と悪、天国と地獄というような。そのために、私たちの宗教はそういう調子を保った倫理を伴っています。罪とあがない。正と邪。

モイヤーズ　対立物の緊張ですね、愛と憎、生と死。

キャンベル　ラーマクリシュナはかつて、もしあなたが自分の罪のことだけしか考えないのなら、あなたは罪人（つみびと）だといいました。それを読んだとき、自分の少年時代を思い出しました。あのころ、土曜日になると教会に告解に行っていたのですが、おかげで、その週に犯した小さな罪のことばかりくよくよ考えていたものです。いまは、人は教会に行って、「神さま、私は立派な人間でしたから、ぜひ祝福してください。これから、私が今週やったいいことをお話しします」と言うべきだと思いますね。自分についての考えを消極的なものではなくて、積極的なものにしていくことです。

　宗教とは、実は第二の子宮みたいなものです。人間という極めて複雑なものを成熟させるためにそれはあるのです。自分に正しい動機を与え、自分を行動させるために。ところが、罪の観念は人を一生涯卑屈な状態に追いやってしまいます。

モイヤーズ　でも、それは創造と堕落についてのキリスト教の教理と矛盾しますね。

キャンベル　私はかつて、禅のすばらしい老師、鈴木大拙博士の講演を聞いたことがあります。鈴木博士は両手でわき腹をゆっくりさすりながら言われました――「神が人間と対立する。人間が神と対立する。人間が自然と対立する。自然が人間と対立する。自然が神と対立する。神が自然と対立する……いやはや奇妙な宗教ですなあ」

モイヤーズ　そういえば、前からよく考えていたんですが、北米大平原の狩猟種族の一員が、もしもミケランジェロの大天井画を見上げたとしたら、どう思ったでしょう?

キャンベル　ミケランジェロの神は、もちろん他の伝統のなかで仰がれる神とは違います。よその神話のなかでは、人は善と悪とが混交した世界と調和しています。ところが、中近東の宗教体系において、人は善と一体になり、悪と戦います。ユダヤ教、キリスト教、そしてイスラムの聖典の伝統はすべて、いわゆる自然宗教を非難しながら自己を語っています。

いったん自然宗教が社会中心の宗教に移行してしまうと、自然との結びつきを回復することが難しくなります。でも実際には、こちらにそういう解釈をする準備さえあれば、それらの文化的シンボルのすべてを、真理の体系として、また宇宙論的な体系として解釈することは完全に可能なのです。

あらゆる宗教はなんらかの意味で真実です。隠喩として理解した場合には真実なのです。ところがそれ自体の隠喩にこだわりすぎて、隠喩を事実と解釈してしまうと動きが取れなくなってしまいます。

モイヤーズ　隠喩というと?

キャンベル　なにかそれ自身とは違うものを暗示するイメージです。例えば私がだれかに「おまえはうじ虫だ」と言ったとします。そのとき私は相手が文字どおりうじ虫――ハエの幼虫――だと言っているわけではありません。「うじ虫」というのはひとつの隠喩です。宗教的な伝統において隠喩が指し示そうとしているのは、文字どおりの意味では全くない、超越的なものです。もし人が隠喩を被指示物そのものだと勘違いしたならば、それはレストランに行ってメニューを持ってこさせ、そこにビーフステーキと書いてあるからといって、そのメニューをむしゃむしゃ食べ始めるみたいなものです。

例えば、イエスは昇天されたと言われています。言語の外延からすると、だれかが天空に昇ったようですね。文字面ではそう書いてあります。しかし、もしほんとうにそれがそのメッセージの意味であるならば、そんなメッセージは捨てるしかありません。なぜなら、イエスが現実に行けるそんな場所はないでしょうからね。宇宙のどこにも天国という物理的な場所はないことを私たちは知っています。イエスが仮に光の速度で昇っていったとしても、まだ銀河系のどこかにおられるはずです。天文学と物理学は文字どおり物理的な天国が存在するという可能性をきれいさっぱり排除した。しかし、「イエスは昇天された」を隠喩的内包において解釈するならば、イエスが内面に向かわれたことを理解することができます。外なるスペースではなく、内なるスペースに、あらゆる存在がそこから生じたところ、つまり万物の源泉である意識に、内なる天国に向かわれたことを。イメージは外向きですが、その反映である想念は内向きです。言わんとするところは、私たちもイエスとともに内に向かって〈昇る〉べきだということです。それはアルファでもオメガでもある源へ戻るという隠喩、肉体への執着から脱して肉体のダイナミックな源に帰るという隠喩です。

モイヤーズ　先生はオーソドックスなキリスト教の偉大な伝統的教義のひとつ——つまり、イエスの埋葬と復活がわれわれ人間の死と復活の予兆であるという教義——を突き崩しておられるのではないでしょうか？

キャンベル　それはシンボルの間違った読み方でしょう。それでは言葉を詩としてではなく、散文として読むことになる。隠喩の内包ではなく、その外延だけを読み取ることになります。

モイヤーズ　そして、詩は見えざる現実へと人を導く？

キャンベル　現実の観念をさえ超え、あらゆる思想を超越したもの。神話はいつでもそこへ人を導き、あなた自身にほかならないあの神秘への橋渡しを可能にしてくれるのです。

シェイクスピアは、芸術とは自然に向けて掲げられた鏡だといいましたが、神話もまさにそうです。ここで言う自然（nature）とはあなたの本性（nature）であり、神話のあのすばらしい詩的イメージはあなたの内のなにものかを映しているのです。もしあなたがそこにあるイメージにこだわりすぎて、それが自分自身を指していることに気づかなければ、あなたはそのイメージを読み損ねているわけです。

内面的な世界というのは、外面的な世界と結びついたあなたの諸要求、あなたのエネルギー、あなたの構造、あなたの可能性などの世界です。そして、外界はあなたの肉体的な顕現の場です。そこにあなたは存在しています。あなたはその世界を二つとも働かせなければなりません。ノヴァーリスが言ったとおり、「魂の座は内面世界と外面世界とが合致したところにある」のです。

モイヤーズ　すると、天国に召されたイエスの物語は、向こう岸に着いた人から届いた、瓶に詰めたメッセージというわけですか？

キャンベル　そうです――イエスからの。ところで、従来受け入れられてきたキリスト教の考え方からすると、私たちは自己をイエスと同一視することはできず、ただイエスを模倣すべきだということになります。もし私たちが、イエスが言われたように、「私と父とは一体である」と言ったとすれば、神への冒瀆になります。けれども、約四十年前にエジプトで発掘された「トマスによる福音書」には、イエスは「私の口から飲む者は私と同じくなり、私もその人と同じくなるであろう」と言った、とあります。これはまさしく仏教的です。私たちはみなブッダ意識の、あるいはキリスト意識の顕現でありながら、それを自覚していないだけです。ブッダとは「目覚めた者」という意味です。私たちはすべてそうしなければならない――自己の内なるキリスト意識、ブッダ意識〔仏性〕に目覚めなければなりません。これは通常のキリスト教的な思考法から見れば冒瀆ですが、「トマスによる福音書」のキリスト教的グノーシス主義においては最も根幹となる考えです。

モイヤーズ　死者の霊魂がふたたび肉体を得てよみがえるという霊魂再生も、やはり隠喩でしょうか。

キャンベル　もちろんそうです。人々から、「あなたは再生を信じますか」とたずねられたら、私はただ、「再生は、天国と同じように、ひとつの隠喩です」と答えるしかありません。

キリスト教において再生に関連する隠喩は煉獄です。現世の事物に対する執着があまり強く、自己の魂が至福のヴィジョンを見ることもできぬまま死んだ場合、人は煉獄の苦しみを経て、自己の限定性を焼き清めてもらわなければなりません。その限定性が罪と呼ばれるものです。要するに罪とは、自己の意識をせばめ、それを不適切な状態に縛りつけてしまう制限的要素のことです。

　東洋の隠喩によれば、もし人がそんな状態のまま死ぬと、その人はまた戻ってきて、そういう執着から解き放たれるまで、自己を清め、清め、清めるような経験を重ねなければなりません。再生する個体（モナド）は東洋の神話では主要な英雄たちです。モナドは一生、また一生と、さまざまな人格を帯びます。そこで、再生というのは、いまの人格を持ったあなたや私がふたたび生まれ変わるということではありません。人格とはモナドが脱ぎ捨てるものです。そのあと、モナドは別の肉体を取る。男であるか女であるかは、時間領域における執着をきれいに断ち切るために、どういう経験が必要かに応じて決定されます。

モイヤーズ　で、そういう再生の理念はなにを暗示しているのでしょう。

キャンベル　だれでも自分でそう思い込んでいる〈自分〉以上の存在だ、ということを暗示しています。自己存在には、自分についての観念には含まれない次元がある、自己実現の可能性がある、意識の可能性があるんです。あなたの生（ライフ）は、いま自分で見ているものよりも、はるかに深く、はるかに広い。いまあなたが生きているその生は、げんにあなたの内にあるもの、あなたに生命を、呼吸を、深さを与えているもののうち、ほんのわずかな影くらいに過ぎません。それでもあなたはその深みのおかげで生きられるのです。そして、もしあなたがその深みを経験できるならば、あらゆる宗教はそのことについて語っているという事実に突然目覚めるはずです。

モイヤーズ　どの時代にあってもそれが神話の主要な主題だったのでしょうか。

キャンベル　いいえ。人生はひとつの試練であり、それをくぐり抜けなければ生命の束縛から解放されないという考えは、比較的高度な宗教だけに属しています。原始的な種族の神話のなかにはそういうものが見当たりません。

モイヤーズ　その源はなんでしょう。

キャンベル　わかりません。たぶん、精神的な力と深みはありながら、存在の精神面ないし精神的な次元において望ましからぬ経験をした人々が生んだものかもしれません。

モイヤーズ　先生は、エリートたちが神話を作る、未知の国に旅して帰ってきたシャーマンや芸術家などが神話を作る、とおっしゃるのですが、一般民衆はどうなんでしょう。彼らだって、例えばポール・バニヤンの物語（米国中西部に伝わる巨大な木こりについてのホラ話）を作るんじゃありませんか？

キャンベル　ええ。でも、あれは神話ではありません。神話のレベルには達していません。預言者やインドで賢者(リシ)と呼ばれる人々は、聖典なり経典なりを聞いたと言われています。もしみんなが耳を開いたとしても、実際に聖典を聞く能力をだれもが備えているわけではないのです。

モイヤーズ　「聞く耳あるものは聞くがよい」と言われても。

キャンベル　具体的にではなく、隠喩的に聞くことができるようになるには、自分の耳を開く訓練が必要です。フロイトもユングも共に、神話は無意識のなかに根を置いていると感じていました。

創造的な本を書く人ならば、自分の心を開いて受け身になると、本が自分に語って、それ自身を作っていくことを知っています。ある程度まで自分は、ミューズと呼ばれてきたものから——あるいは聖書の言葉を借りれば、「神」から——与えられたものを運ぶ役を果たしているのです。これは空想ではなくて、事実です。霊感は無意識から来るものですし、小さな単一社会に住む人々は、無意識において共通する要素がとても多いので、シャーマンや見者がもたらすものは、あらゆる人の心に入るべく用意されていたものなのです。だから、見者の物語を聞いた人はこう言って反応する——「そうだ！　これこそ私の物語だ。これこそ私が以前から語りたかったのに、語れないでいたものだ」。見者と社会とのあいだには対話が、相互理解が必要です。地域社会の人々が聞きたくもないものを見る見者なんて、役に立ちません。そういう人は追放されることもあるでしょう。

モイヤーズ　すると、私たちが言う民話とは、神話ではなく、一般民衆が自分たちの楽しみのために語る、あるいは偉大な精神的遍歴者よりも低いレベルの存在について語る物語なんですね。

キャンベル　そうです。民話は娯楽を目的としたもの、神話は精神的な教化を目的としたものです。インドにはこれら二種類の神話、民衆の理念と本質的な理念とについてのすぐれた言葉があります。民衆的な面は「デシ」と呼ばれ、「地元の」という意味を持っておりその社会と関係しています。それは若い人々のために語られます。若者はそれを通して社会に受け入れられ、出かけていって悪魔を殺すようにと教えられます。「よし、ここに戦士の服がある。おまえさんにひと働きしてもらいたい」というわけです。しかし、もうひとつの基礎理念があります。そちらはサンスクリットで「マルガ」と呼ばれています。「道」という意味です。それは自分自身へと帰る小道です。神話は想像力から発して結局そこへ人を導きます。社会はあなたに神話がどんなものであるかを教えたあとで、あなたを自由にする。あなたが瞑想のうちにその道をたどって真の自己に立ち戻る機会を与えるのです。

文明は神話に基礎を置いています。中世の文明は堕落と楽園喪失、十字架のあがない、あがないの恩寵を聖餐の儀式によって人に伝えること、という神話に基づいています。

大聖堂は聖餐式のセンターであり、城は大聖堂防衛のセンターです。そこに二つの形の政府があります。精神の政府と物質的生活の政府です。そしてその双方ともひとつの源、すなわちキリストの十字架刑の恩寵に従っています。

モイヤーズ　しかし、それら二つの領域の中間で、庶民はいたずら妖精だの魔女だのといった小さな物語を語っていた。

キャンベル　中世における神話および民話創世とでも言いますか、それには三つのセンターがありました。ひとつは大聖堂と、僧院・修道院などに連なるものすべて。ひとつは城。そしてもうひとつは人々が住む小さな家です。聖堂、城、住宅。高度の文明を持ったどこへ行っても同じものが見られますね——寺院、宮殿、町。それらはたがいに違った生産センターですが、同じひとつの文明であるという意味では、すべて同じシンボル領域で働いているのです。

モイヤーズ　同じシンボル領域？

キャンベル　シンボル領域は、特定の時と所にある、特定の地域社会に住む人々の経験に基づいています。神話はその文化、時代、場所とあまりにも密接に関連していますから、絶えずそれらを再構築する芸術的な努力によって、シンボルないし隠喩を活性化しない限り、その生命があっさり消滅してしまうのです。

モイヤーズ　現在、隠喩によって語っているのはだれでしょう？

キャンベル　あらゆる詩人です。詩は隠喩から成る言語芸術です。

モイヤーズ　隠喩は可能性を暗示するのでしょうか？

キャンベル　そうです。それはまた目に見える光景のかげに隠れた現実（actuality）をも暗示します。隠喩は神の仮面であり、それを通して永遠というものが経験できるのです。

モイヤーズ　先生は詩人と芸術家について語っておられますが、聖職者はどうなんでしょう？

キャンベル　私の見るところでは、現代の聖職者たちは彼らの正しい使命をほんとうに果たしてはいません。彼らは隠喩の内包について語らず、善悪の倫理にこだわりすぎています。

モイヤーズ　どうして司祭たちはアメリカ社会のシャーマンにならなかったのでしょう？

キャンベル　司祭とシャーマンとの相違は、司祭が職能であるのに対して、シャーマンは体験者だということです。私たちの伝統においては、体験を求めるのは修道僧であり、司祭は社会に奉仕するために学んだ人です。

私の友人で、バンコックで開かれたローマ・カトリック黙想修道会国際会議に出席した人がいましてね。彼の言うには、カトリックの修道士は仏教の修行僧をなんの問題もなく理解できたのに、この二つの宗教の司祭や管長なんかは、おたがいに理解しあえなかったそうです。

神秘的な体験をした人ならば、それの象徴的表現はすべて不完全だということを知っています。シンボルは体験を説明するのではなく、それを暗示するのです。その体験のない人がどうしてそれを知ることができるでしょう。スキーの喜びを、雪なんかまるで見たこともない熱帯地方の人に説明してみればわかるでしょう。メッセージをつかむには経験が必要です。なにか手がかりが必要です。さもなければ、語られることを聞いていないも同然です。

モイヤーズ　体験をした人は、イメージを用いてできるだけ巧みにそれを投影することが必要ですね。現代の社会ではイメージを用いてものを考えるという術（アート）が失われてしまったように思えるのですが。

キャンベル　そうなんです。たしかに失われました。私たちの思考は、ほとんどが言語的、談話的、羅列的です。語句よりもイメージのほうがリアリティーに富んでいるのに。

モイヤーズ　法悦とか歓喜といった宗教的な経験がないからこそ、また、現代社会では超越の体験が否定されるからこそ、あまりにも多くの若者が麻薬に走るのだと、そんなふうに思われたことがあるでしょうか？

キャンベル もちろん。まさにそのとおりです。それが入り口なんです。

モイヤーズ 入り口？

キャンベル 体験への。

モイヤーズ 宗教では、芸術ではだめなんでしょうか。

キャンベル できるはずですが、現実にはそうしてない。宗教は神秘体験を与える代わりに、社会問題と倫理についてのお説教をしています。

モイヤーズ というと、宗教の偉大な使命は体験だとおっしゃる？

キャンベル カトリックの儀式のすばらしい点のひとつは、聖体拝領に参加できることです。そこであなたは、これこそ救い主の肉であり血であると教えられ、それをいただくと、あなたは内面に目を向け、自分のなかでキリストが働いていることを知るのです。それは自己の内面で働く精神を経験するために、瞑想をうながすひとつの手段です。人々が聖体拝領から戻ってくるのを見ると、彼らは心を内に向けています。ほんとうにそうなんです。

インドで、石のまわりに赤い輪があるのを見たことがあります。そうするとその石は神秘の化身と見なされるんですね。通常、人々は物事を日常的な現実の目で見ますが、どんなものでも、神秘をたたえたものとして考えることができるのです。例えばこの時計ですが、これはまた〈生成しつつあるもの〉でもあります。これを下に置き、周囲に円を描き、その次元で同じ時計を見ます。そこに聖別と呼ばれる現象が生じるのです。

モイヤーズ　どういう意味でしょう？　そこにはめておられる腕時計をなにに変えるというのですか。それがどういう神秘を明かしてくれるというのでしょう。

キャンベル　これはひとつの〈もの〉、ですね？

モイヤーズ　ええ。

キャンベル　ある〈もの〉がなんであるか、ほんとうに知っていますか？　なにがそれを支えているのでしょう。それは時間と空間のなかにある。どんなものであれ、それが〈ある〉ということの不思議さを考えてごらんなさい。この時計は瞑想にとっての中心、知覚できる存在の神秘の中心となる。その中心は至るところにあり得るのです。この時計はいま宇宙の中心です。それは回転する世界の静止点なのです。

モイヤーズ　瞑想は人をどこに運んでくれるのでしょう。

キャンベル　ああ、それは、その人がどれだけ才能に恵まれているかによって違います。

モイヤーズ　先生は〈超越者〉（the transcendent）についてよく話されます。超越者とはなんでしょう。超越者にはなにが起こるんですか。

キャンベル　〈超越者〉というのは学術語、哲学用語でして、二つの違った解釈が可能です。キリスト教神学においては、自然領域のかなた、あるいは外に、実在する神を意味します。それは超越者を唯物論的な立場で語るものです。というのも、神はどこかあちらのほうに存在している一種の霊的な事実と考えられているからです。ヘーゲルはキリスト教の神人同形的な神を〈気体性脊椎動物〉と呼びました。多くのキリスト教徒がそういう神観を持っています。また別の人々は、神はあまり愉快とはいえない気質を持った、あごひげを生やした老人だと思っています。しかし、〈超越的〉という語の正しい意味は、あらゆる観念を超えているということです。カントは、われわれの経験のすべては時間と空間によって縛られていると言います。どんな経験も空間のなかで起こり、時間の流れのなかで生じる。

時間と空間は私たちの経験を縛る感覚性を形成します。私たちの感覚能力は時間と空間の領域内に閉じ込められ、知能もまた思考のカテゴリーのなかに閉じ込められています。しかし、私たちが接近しようとしている究極的なものは──それはいかなる〈もの〉でもないのですが──そんな限定を受けてはいません。人間がそれについて考えようとすると、限定されたものになってしまうのですが。

超越者は思考のあらゆるカテゴリーを超越している。存在と非存在──それがカテゴリーです。「神」という語は本来あらゆる思考を超えたものを意味しているはずなのに、「神」という語そのものが思考の対象になってしまっている。

さて、神は非常に多くの形で擬人化されます。神はひとりか、それとも多くの神々がいるのか。それもまた思考のカテゴリーに過ぎません。あなたがそれについて語り、考えようとしているものは、そのすべてを超越しているのです。

古いキリスト教的グノーシス主義を代表する聖書資料のなかで、ヤハウェと呼ばれている神にはひとつ問題があります。ヤハウェが自分は隠喩であることを忘れているということです。彼は自分をひとつの事実だと思い込みました。そして、彼が「私が神だ」と言ったとき、

「サマエル、おまえは間違っている」という声が聞こえました。「サマエル」というのは「目の見えない神」という意味です。無限の〈光〉が見えないのです。ヤハウェ自身は歴史上の限られた時と所においてのみ、その光を顕現しているに過ぎない。これは——エホバ〔ヤハウェ〕が自分を神と考えたことは——エホバの冒瀆として知られています。

モイヤーズ　神を知ることはできない、とおっしゃる？

キャンベル　私が言っているのは、究極的なものは、それがなんであれ、存在と非存在というカテゴリーを超えているということです。〈ある〉とか〈ない〉とかいうカテゴリーを。ブッダは「それは在り、かつ無い。在るでもなく、無いでもない」と言ったと伝えられています。存在の究極的な神秘としての神は思考を超越しているのです。

『ウパニシャッド』のひとつに、インドラ神についてのすばらしい話が出ています。あるとき、巨大な怪物が地上の水を全部封じ込めてしまったので、恐ろしい日照りつづきになり、世界は最悪の状態に陥った。インドラはずいぶん日数がたってから、稲妻の箱を持っていたことを思い出し、稲妻を投げて怪物を打ち倒したら一切は片づくことに気づいた。実際やってみると、水がどんどん流れ、世界は生気を取り戻した。そこでインドラは、「おれはなんと偉大な若者だろう」と思ったのです。

「おれはなんと偉大な若者だろう」と思ったインドラは、世界の中心である巨大な山に登って、自分にふさわしい宮殿を建てようと決心する。神々のために働いている大工の棟梁がその仕事にかかり、非常に手早く、すばらしいと言っていい宮殿を作り上げるが、インドラはそれを視察に来るたびに、もっと華麗で壮大な宮殿をという大計画を思いつく。そこで棟梁は、「神さま、私どもはどちらも不老不死ですし、あなたの願望にはきりがございません。つまり、私は永遠にとらわれの身でございます」と言い、そのあげく、創造神ブラーマのところへ行って、苦情を申し立てる。

ブラーマは聖なるエネルギーと聖なる恩寵のシンボルである蓮の上に座っています。その蓮はヴィシュヌーのへそから伸び育っています。ヴィシュヌーは眠っている神であり、彼の夢が宇宙なのです。とにかく、こうして棟梁は宇宙の偉大な蓮池のほとりにやってきて、ブラーマに一部始終を訴える。ブラーマは、「よし、あとはわたしが引き受ける」と言って、棟梁を家に帰す。ブラーマは蓮の座から降り、ひざまずいて睡眠中のヴィシュヌーに話しかける。ヴィシュヌーはわずかな身ぶりと共に、「よく聞け、小僧、いまにあることが起こるぞ」というようなことを言う。

あくる日の朝、造営中の宮殿の門の前に、ひとりの青黒い肌をした美しい若者が現れる。たくさんの子供がそのまわりを取り囲んで、ただもう彼の美しさを称えている。新宮殿の門番がインドラのところに駆けつけると、インドラは「よし、そいつを連れてこい」と命じる。若者が連れてこられると、王であり神であるインドラは玉座に座って、「若いの、よく来たな。それにしても、なんでおれの宮殿を訪れる気になった?」

「それはな」と、若者は地平線にとどろく雷のような大声で答えた。「話によれば、おまえは、おまえ以前のインドラが一度も建てたことのないほどの大宮殿を建てているそうだな」

そこでインドラが言う。「おれ以前のインドラだと？　おい小僧っ子、なにを言いだすんだ」若者が言い返す。「おまえ以前のインドラさ。おれはそんな連中が来ては去り、来ては去るのを見てきた。まあ考えてみろ。ヴィシュヌーは広大無辺の海で眠っており、彼のへそから宇宙の蓮が生えている。蓮には創造者ブラーマが座っている。ブラーマが目を開けるとひとつの世界が生まれ、それをひとりのインドラが支配する。ブラーマが目を閉じると、ひとつの世界が無くなってしまう。ひとりのブラーマの命は四十三万二千年だ。彼が死ぬと、蓮はしぼみ、別の蓮が伸び、別のブラーマが生まれる。それに、考えてみろ。無辺の天空には天の川のかなたに天の川が数限りなくあり、その星のそれぞれに蓮があり、ブラーマがそれに座って目を開き、また目を閉じている。そして、インドラは？　おまえの宮廷には、世界のあらゆる大海がいくつの水滴でできているか、また、浜の砂粒がいくつあるかを数えてみせるという賢者がいるかもしれないが、ブラーマの数を数えられる、ましていわんや、インドラの数を数えられる者など、ひとりもいない」

若者が話しているあいだに、床をアリの大群が這っていった。若者がそれを見て声を立てて笑うと、インドラは髪の毛を逆立ててどなった。「なにがおかしい？」

若者は答えた。「心を傷つけられたくないのなら、たずねないほうがいい」

インドラは言った。「たずねる。教えてくれ」（ついでながら、これは東洋の望ましい考えですね。求められなければ教えない。自分のメッセージを相手ののどの奥に無理やり突っ込むようなことはしないのです）。

そこで若者はアリを指差しながら言う、「これはみんな昔のインドラだ。多くの生涯を通じて、彼らは最低の状態から最高の栄光にまでのし上がったが、そこで怪物に稲妻を投げ、『おれはなんと偉大な若者だろう』と思った。そのとたんにまた落ちぶれたのさ」

若者が話しているあいだに、年老いた奇妙なヨーガ行者が、バナナの葉を傘代わりにして宮殿に入ってくる。腰布ひとつのほかは裸で、胸毛が小さな皿の形をしているが、真ん中の毛の半分はすっかり抜け落ちている。

若者はその行者にあいさつをして、たったいまインドラが聞き出そうと思っていたことを聞く。「ご老人、お名前は？　どこから来られましたか。家族はどこに？　家はどこにあるのです？　そして、あなたの奇妙な胸毛の形にはどういう意味があるのでしょう」

「よかろう」とそのじいさんは答える。「わしの名は〈毛むくじゃら〉。家は持っておらん。家を持つほど人生は長くない。持っているのはこの傘だけよ。家族もおらん。わしはただヴィシュヌーの足下で瞑想し、永遠について、時のはかなさについて考える。のう、ひとりのインドラが死ぬたびに、ひとつの世界が消滅する。すべてあっと言う間の出来事じゃ。ひとりのインドラが死ぬたびに、円く生えておるこの胸毛の一本が抜け落ちる。もう毛の半分がなくなりおった。じきに全部抜けてしまうじゃろう。人生は短い。なんで家を建てることがあろう」

そこで二人は消えた。若者は保護神ヴィシュヌーであり、老いた行者は世界の創造者であり破壊者でもあるシヴァだった。インドラは歴史上のひとりの神に過ぎないのに、おのれは全能だとうぬぼれていたので、シヴァは教え諭しに来たのだ。

インドラは玉座に座りながらも、すっかり迷妄から覚め、すっかり打ちのめされていた。彼は棟梁を呼んで、「宮殿造りはやめた。おまえにはもう用はない」と申し渡した。こうして棟梁の思いどおりになった。彼はその仕事から解放され、それ以上家造りをする必要はなくなった。

インドラは宮廷を出てヨーガ行者になり、ヴィシュヌーの蓮の下に座ってひたすら瞑想にふけりたいと思った。しかし、彼にはインドラニという名の美しい妃がいた。インドラニは夫インドラの計画を知ると、神々の祭司のところに行って、「夫は宮廷を出て行者になるつもりです」と告げた。

「わかりました、いっしょに宮殿に入って座りましょう。うまく計らってあげますから」と祭司は言った。

こうしてふたりが玉座の前に座ると、祭司が言った。「さて、私は何年も前にあなたのために政治の術を指南する本を書きました。あなたは神々の王というお立場です。あなたはブラーマの神秘を現世において具現されているお方です。これは並みはずれて高い特権です。そのことを感謝し、名誉に思い、ご自分が本来の自分であるように振る舞ってください。それだけでなく、私はあなたのために愛の術についての本を書きます。あなたとお妃さまとに、本来一者であるお二人の驚くべき神秘のなかにブラーマも輝かしく存在する、という事実を知っていただきたいからです」

この一連の訓戒に接して、インドラは出家して行者になるという考えを捨て、この現世の生活のなかでブラーマのいわばシンボルとして、永遠なるものを代表できると悟るのです。そういうわけで、私どものひとりびとりが、それぞれの生涯におけるインドラなんですね。だれでも選択することができる。捨て身で森にこもって、瞑想三昧に暮らすもよし。現世にとどまって、政治という支配者にふさわしい責任と業績を、また、妻や家族との愛の生活を尊重しつづけるもよし。とにかく、これはとてもよい神話だと思います。

モイヤーズ　それに、その物語は現代科学が発見していることを大いに語っていますね。時間は無限だし……

キャンベル　銀河系の向こうに銀河系が、そのまた向こうにまた銀河系があること、そして、われわれの神は――われわれが擬人化している神と、その子と、その秘跡とは――この限られた小さな時間単位だけのためにあることとも。

モイヤーズ　ただ、文化は常に究極的な事柄についての私たちの思考に影響を与えてきましたね。

キャンベル　文化はまた、私たちがそういう観念を乗り越える可能性をも教えてきました。それがイニシエーションとして知られているものです。真のイニシエーションは、導師（グールー）が「サンタクロースはいない」とあなたに告げるときに起こります。サンタクロースは親子関係の隠喩です。その関係は確実に存在しますから、それを経験することができます。でも、サンタクロースはいないのです。サンタクロースはただ、子供たちが人間関係を大事にするきっかけを与えるための手段に過ぎません。

生はその本質そのものと、その性格において、恐るべき神秘です。殺して食うことによって生きるという、この生きざまのすべてが。しかし、多くの苦痛を伴った生に対して「ノー」と言うこと、「そんなものはないほうがよかった」と言うのは、子供っぽい態度です。

モイヤーズ　ゾーバ（テレビドラマ〈ベン・ケーシー〉に出てくるケーシーの先輩に当たる医師）は、「つらいって？　人生そのものがつらいんだ」と言ってます。

キャンベル　つらくないのは、死後だけです。「世界について楽観的な考えを持ってますか」とたずねられるたびに、私はこう言うんです。「ええ、世界はいまのままでも偉大なものです。修理しようなんて考えないほうがいい。前より少しでもよくした人なんて、ひとりもいないんです。いまよりよくなることなど、決してない。そういうわけですから、それを受け入れるか捨てるかのどちらかです。世界を矯正するとか、改善するなんて無理な話ですよ」

モイヤーズ　その考えを進めると、悪に対していささか消極的な態度をとることになりませんか？

キャンベル　あなた自身が悪に加担しているのです。さもなければ生きていけませんから。あなたがなにをやろうと、それはほかのだれかにとって悪なのです。これは被造物すべてにとってのアイロニーのひとつです。

モイヤーズ　神話における善悪の理念とか、人生は暗闇の力と光の力との葛藤だという考えについてはどうなんでしょう。

キャンベル　それはもともとゾロアスター教の考えで、ユダヤ教とキリスト教に入ってきたものです。他の伝統においては、善と悪とはいまあなたが置かれている立場に対して相対的です。ある人にとっての悪が、他の人にとっては善なのです。そして人は、この世界がいかに恐ろしいかを知ったあとも、そこから逃れることなく、その恐怖が単に驚異の――恐ろしくも魅力的な神秘の――前景であることを見てとって、自分の役割を果たすのです。「生きることのすべては悲苦である」とは、ブッダの最初の教えですが、まさにそのとおりですね。生きることに〈はかなさ〉が伴わぬかぎり生とは言えません。はかなさは悲しみです――喪失、喪失、喪失。あなたは生を肯定し、このままでもすばらしいものだと見るべきです。この人生は、神の意図をそのまま表したものだろうと。

モイヤーズ　本気でそう信じておられるのですか？

キャンベル　人生はこのままでも喜びに満ちています。だれかが意図して生をこういうふうにしたとは信じませんが、これは本来の姿だと思います。ジェイムズ・ジョイスは忘れ難い文章を書いています――「歴史は、そこから私が目覚めようと努力している悪夢だ」というのです。そこから目覚める方法は、恐れないこと、そして、そのすべてが、いま在るがままで、全創造の途方もなく巨大な力の顕現だと認めることです。物事の終焉は常につらく悲しいことです。しかし、悲苦はこの世に生きることの避け難い一部なのです。

モイヤーズ　でも、それを最終的な結論として受け入れてしまうと、なにか法律を作るとか、敵と戦うとか、そういった努力をしなくなりは……？

キャンベル　そんなことは言ってません。

モイヤーズ　論理的にそういうことになりませんか？　あらゆるものを在るがままに受け入れるとなれば。

キャンベル　必然的にそういう結論が出るとは限りません。「私はこの人生に参加する、軍隊にも入る、戦争にも行く」等々と言うこともできるでしょう。

モイヤーズ　「最善を尽くして生きる」とか。

キャンベル　「私はこのゲームに参加する。それはすばらしい、すばらしいオペラだ――苦痛を与える部分を別にすれば」

物事の肯定は困難です。私たちはいつも条件つきで肯定します――「サンタクロースが世界はこうあるべきだと言った、その条件でなら、私は世界を肯定する」などと言う。あるがままの世界を肯定する――それが難しい。だからこそ儀式が重要な意味を持つのです。儀式とは最もいまわしい活動、生きるための活動、すなわち、生きているほかのものを殺して食べることに集団で参加することです。私たちは協力してそうします。人生とはそういうものです。英雄とは、個人的な恨みや、失望や、復讐心に駆られてではなく、勇敢に、品位を持って、自然な形で人生に参加する人を言うのです。

英雄の行動範囲は超越的なものではなく、いま、ここ、という時間領域のなか、善と悪の領域のなか、対立物の組み合わせのなかに限られます。人は知恵の木の実を食べましたが、それは善悪だけでなく、男女、正邪、これとあれ、光と闇を知る木の実でもありました。時間領域のなかのものはすべて二元的です。過去と未来、死者と生者、存在と非存在。しかし、想像力のなかの究極的なペアーは男女です。男性は攻撃的である。女性は受動的である。男性は戦士であり、女性は夢想家である。私たちの前には、愛の領域と戦いの領域がある。フロイトの言うエロスとタナトスです。

ヘラクレイトスは、神にとってはあらゆるものが善であり、正であり、義であるが、人間にとっては、正しいものもあれば、正しくないものもある、と言っています。人間である限り、だれでも時間と決断の領域にいる。人生の問題のひとつは、その両者をわきまえて生きること、つまり、「私はなにが中心であるかを知っている。善と悪とは単に時間領域における分離逸脱に過ぎず、神の目から見れば、全く同じものであることを知っている」と言いながら生きることとです。

モイヤーズ それが『ウパニシャッド』の基本理念なんですね——「女ではなく、男でもなく、中性でもない。いかなる肉体をとろうと、その肉体を通して働く」という。

キャンベル そのとおりです。だからイエスも言っています。「裁いてはならない。裁けばあなたが裁かれるからだ」。つまり、善悪二分の考え方をする前の、楽園の立場に戻りなさい、ということです。教会の説教壇からそこまで教える聖職者はいないでしょう。しかし、人生における偉大なチャレンジのひとつは、自分から見て最も憎らしい人なり、行為なり、条件なりに対して「オーケイ」と言うことです。

モイヤーズ　最も憎いものに？

キャンベル　その種のものにはふたつの面があります。ひとつは、行動の分野におけるあなたの判断。もうひとつは、哲学的な観察者としてのあなたの判断です。だれも、毒蛇などいてはならない、と言うことはできません。生命界とはそういうものなのです。しかし、行動の分野において、あなたはだれかに嚙みつこうとしている毒蛇を見たら、それを殺します。それはヘビに対してノーと言っているのではない。その状況に対してノーと言っているのです。『リグ・ヴェーダ』にこんなすばらしい詩があります。「木の上に」――生命の木、あなた自身のいのちの木の上に――「二羽の鳥がいる。大の仲よしだ。一羽は木の実を食べ、もう一羽はなにも食べずに眺めている」。さて、木の実を食べている鳥は、実を殺しているのです。生命は生命を食うことによって成り立つ。それが生命の本質です。インドのある小さな神話は偉大な神シヴァのことを語っています。シヴァはその踊りが宇宙そのものであるという主なる神です。シヴァの妻は山の王の娘であるパルヴァティという女神です。あるとき、怪物がシヴァのところに来て、「おまえの妻をおれの女にしたい」と言いました。シヴァは憤慨し、黙ったまま第三の目を開く。すると、稲妻が大地を襲い、火と煙が上がりました。煙が晴れると、そこにもうひとりのやせた怪物がいて、その髪の毛は四方になびくライオンのたてがみそっくりでした。第一の怪物はそのやせた怪物が自分を食い殺そうとしているのを見ました。さあ、あなたがそうなったらどうします？　伝統的な知恵に従えば、ひれ伏して神の慈悲にすがるしかありません。そこで怪物は、「シヴァ神よ、おれはひれ伏してあんたの慈悲にすがる」と言いました。この神のゲームにはちゃんとルールがありましてね。だれかが慈悲にすがってきたら、慈悲を示すことになっているんです。

そこでシヴァは、「では慈悲を授けよう。やせた怪物よ、この男を食ってはならぬ」。

「はてさて」とやせた怪物が言いました。「おれはどうすりゃいいんだ。おまえさんがおれの腹を空かせて、こいつを食うように仕向けたんじゃないか」

「そうか」とシヴァは言いました。「なら、自分を食い尽くせ」

そこでやせた怪物は自分の足に食らいつき、むしゃむしゃ、むしゃむしゃと上のほうまで食べていきました。生命が生命を食べて生きるイメージです。とうとうやせた怪物には顔だけしか残りませんでした。シヴァはその顔を見て、「生命というものの本質をこれほどみごとに表したものを見たことがない。わしはおまえをキルティムッカ——栄光の顔——と名づける」そして、私たちはその仮面を、その栄光の顔を、シヴァの神殿や仏教寺院の正門によく見かけます。シヴァはその顔に言いました。「おまえに頭を下げない者はわしのところに来る資格がない」。人は、生命が自分のルールに従うことを条件にしたりせず、あるがままの生命の奇跡を肯定すべきです。さもなければ、決して形而上的な次元に到達することはできないからです。

かつて私はインドで、すぐれた導師か教師と個人的に会ってみたいと思いました。そこで、スリ・クリシュナ・メノンという有名な先生に会いに出かけたのですが、顔を合わせるとすぐ、なにか質問はあるかと聞かれました。

インドの教師はいつも疑問に答えるという伝統を持っています。相手が聞くだけの心がまえをしていないことまで話そうとはしないのです。そこで私は言いました。「はい、質問があります。ヒンズー教の思想において、宇宙のあらゆる存在は神聖者そのものの顕現ですが、だとすればこの世界のどんなものも否定できないではありませんか。残酷さ、愚劣さ、野蛮性、無思慮に対して、どうしてノーという必要があるのでしょう」

するとと彼は、「あなたにとって、私にとって――とるべき道はイエスということです」と答えました。

その後、私たちは万物の肯定という問題についてすばらしい話を交わしました。そのことは、私が以前から持っていた考え――われわれに裁く資格があるのか、という考え――を強めてくれました。そして、これはイエス・キリストの偉大な教えのひとつだとも思うのです。

モイヤーズ　古来のキリスト教の教義によれば、物質世界は軽蔑すべきものであり、生命は死後において、天国において償われる、われわれの報いは天国で与えられる。ところが先生は、嘆かわしいと思うものをもし肯定したならば、いまこの瞬間において永遠にほかならないこの世界そのものを肯定することになる、とおっしゃる。

キャンベル　そう、私が言おうとすることはまさしくそれです。永遠とは今後の時間ではない。永遠とは長い時間でさえない。永遠は、時間とは無関係です。永遠は時間領域内のあらゆる思考が切り離している〈いまここ〉の次元です。ここで永遠をとらえない限り、他のどんなところでもそれはとらえられません。天国には問題があります。あなたは天国で非常に楽しい時を過ごすので、そこでは永遠のことなど考えもしないでしょう。そこでは、神の美しいヴィジョンに果てしない喜びを感じるだけ。しかし、まさしくいまここで、善と思われるものであれ悪と見なされているものであれ、とにかく万物すべてにおいて永遠を経験すること、それが生命の機能なのです。

モイヤーズ　そこが大事なところ。

キャンベル　そこが大事なところです。

第三章　最初のストーリーテラーたち

〈見えざる力〉の使者である動物たちはもはや、原始時代のようには、人類を教え導く役割を果たしていない。熊、ライオン、象、大角ヤギ、羚羊などはわれわれが訪れる動物園のおりのなかにいる。人間はもはや未開の原野や処女林の世界にやってきた新参者ではない。われわれのすぐそばにいるのは野獣や野鳥ではなく、火の星の周囲を絶え間なく回っている惑星の上で、物と空間とを争いあっている同じ人間どもである。われわれは肉体的にも精神的にも、数十万年続いた旧石器時代の狩猟民族の世界に住んでいるわけではない。にもかかわらず、われわれの肉体の形そのものは、また、われわれの精神構造も、彼らの生活とライフスタイルとに大きく負うている。彼らの使者である動物たちの記憶は、なぜかまだわれわれの内に眠っているに相違ない。その証拠に、われわれが未開の地に足を踏み入れるとき、それらはふと目覚めて動き出す。それらは稲妻の光を見ると驚いて目を覚ます。そして、われわれが原始的な壁画のある大洞窟を訪れるときも、それらはやはり目を覚まして、太古を思い出す。そういう洞窟のシャーマンたちが恍惚境に入ったときは、内面的な暗がりのなかに陥ったことだろうが、それがどんなものであれ、同じ暗がりがわれわれ自身の内部にもあって、われわれは眠りのたびにそこを訪れているに違いない。

――ジョーゼフ・キャンベル『アニマル・パワーの道』

モイヤーズ　詩人ワーズワースは、「われらの誕生は眠りと忘却に過ぎない／われらの内に生まれる魂、われらの命の星は／存在の基盤を別に持ち／はるか遠くからやってくる」と書いていますが、それは正しいでしょうか。

キャンベル　そう思います。完全な忘却ではありませんが。私たちの肉体内の神経はある種の記憶を運んでいるからです。つまり、特定の環境条件とか、有機体の要求だとかに適応するよう私たちの神経組織を形成しているその記憶です。

モイヤーズ　私たちの魂は古代神話になにを負っているのでしょう。

キャンベル　古代神話は精神と肉体とを調和させるために作られたものです。精神は奇妙なひとり歩きを始めて、肉体が欲しないものを求めたがる。神話や儀式は精神を肉体に適合させ、生活方法を自然が定めた道に引き戻す手段です。

モイヤーズ　すると、そういう古い物語はわれわれのなかで生きている？

キャンベル　まさしくそのとおりです。人間の発達の諸段階は、現代でも古代と変わりはありません。子供のころ、人は規律の世界、服従の世界で育てられ、他人に依存して生きる。成年に達すると、そのすべてを変え、他人に依存するのではなく、自己に責任を負い、主体性を持って生きなければならない。その関門を抜けられないなら、神経症に陥る基本原因が

ラスコー洞窟に描かれたバイソン

できてしまいます。そして、自分の世界を確保したのちに、その世界を譲るという段階がやってくる。放棄や離脱の危機です。

モイヤーズ そして、最終的には死ですか？

キャンベル そして最終的には死。それが究極的な離脱です。つまり、神話は二つの目的に仕えなければなりません。ひとつは、若者を自己の世界での生活に導き入れること――それが民俗思想（folk idea）の役割です。いまひとつは、その世界から離脱させること。民俗思想は人間にとって最も基本的な理念を開示してくれ、人はそれに導かれて自分自身の内面生活のなかに入っていくのです。

モイヤーズ そして、こういう神話は私に、他人がどうやって道を築いたかを教えてくれるし、自分がどうすれば道を築けるかも教えてくれるのですね？

キャンベル そう。そして、その道の美しさはなんであるかも。私は現在――生涯の最終段階に入っているいま、という意味ですが――それを感じています。神話がそこに進む私を助けてくれていると。

モイヤーズ どういう神話でしょう。実際に先生を助けた神話の例を挙げていただけませんか。

キャンベル 例えば、インドには、ある段階から別の段階に進むごとに、服装をすべて変える、自分の名前さえ変えてしまうという伝統があります。私は教職を離れるとき、新しい生活スタイルを創造しなければならないと自覚していましたので、いまのインドの伝統にのっとって、自分の生活に対する考え方を一変させました。学問的業績の領域から抜け出して、この人生のすばらしさのすべてを、ゆったりと楽しみ、鑑賞するという心境になったのです。

モイヤーズ　そのあとに控えているのが、暗い門をくぐる最後の道でしょうか？

キャンベル　いや、それは全く問題じゃありません。肉体がその力の頂点に達して衰え始める中年期の問題は、自己を、衰えかけている肉体と同一視するのではなく、意識と同一視することです。肉体はその意識を運ぶ道具に過ぎないのですから。私は神話からそういうことを学びました。この私はなんだ？　私は光を運ぶ電球なのか、それとも、電球を単なる道具として使っている光そのものか。

老いに入るとき生じる心理的な問題のひとつは、死に対する恐怖です。人々は死への扉をどうしても避けようとする。けれども、この肉体は意識を運ぶ手段に過ぎません。そして、もし人が自分をその意識と同一視したならば、この肉体が古い車みたいにだめになっていくのを見ることができます。今度はフェンダーがいかれた、次はタイヤ、そして次は、と続きますが、そうなることは予想できるのです。やがて、その全部が徐々に解体し、意識は意識の世界に戻る。それはもはやこの特定の環境には存在しない。

モイヤーズ　すると、神話は老いることについてもなにかを語っているわけですね。というのも、神話の非常に多くが美しい若者を主人公にしているように思えますので。

キャンベル　ギリシャ神話の場合はそうですね。私たちが神話というと、ふつうギリシャ神話か聖書の神話を考えます。そのどちらの文化社会にも、神話の題材を人間化するという要素があります。人間が特別に強調される。とりわけギリシャ神話では美しい若者の人間性と栄光とが強調されるのです。

モイヤーズ　ほかの社会では？

キャンベル　若者の美しさをそこまで強調することはありません。

モイヤーズ　先生は死のイメージが神話の原点だと言っておられますね。どういう意味でしょうか。

キャンベル　神話的思考の最も初期の表れは墓と関連しています。

モイヤーズ　それは、男も女も生命を見ていながら、実は見ておらず、それゆえに生命について疑問を抱く、ということを示唆しているのでしょうか。

キャンベル　そういうことでしょうね、きっと。自分自身の経験がどんなものか、想像してみればいいと思いますよ。墓には被葬者の生命の継続を保証するために、彼らの武器やいけにえが共に葬られる。それらは、いま私たちが見ている冷たい、腐敗しつつあるむくろより前に、生きた温かい人間がいたことを確かに示しています。そこにないなにかが存在していた。それはいまどこにいるのか。

モイヤーズ　人間はいつ死を発見したとお考えですか？

キャンベル　最初の人間になったときに死を見いだしたのでしょう。彼らは死んでいったのですから。なるほど他の動物だって、仲間が死んでいくのを見るという経験は持っていますが、私たちが知っている限り、彼らはそのあとくよくよと死について考えることはありません。そして、武器と動物のいけにえとが副葬されるようになったネアンデルタール人の時代までは、人間が死について考えたというはっきりした証拠はありません。

モイヤーズ　いけにえはなにを代表していたのでしょうか。

キャンベル　それは知る由もありません。

モイヤーズ　推測でもいいのですが。

キャンベル　推測はしないように努めているんです。この問題については実に膨大な情報があるのですが、これから先は情報がなくなるという時点があるのです。書かれた資料が出てくるまで、人々がなにを考えていたかを知ることはできません。現在のものから過去を推測することは可能ですが、危険なやり方です。ただ埋葬が、見えざるところに向かって生命が継続するという理念と、また、見える次元の裏に見えざる次元が存在し、それがどういうわけか見える次元を支えているという理念とも、いつも関わっていることはちゃんとわかっています。あらゆる神話の基本的なテーマはそれだ——見える次元を支えている見えざる次元が存在していることだ——と、私は言いたいですね。

モイヤーズ　われわれの知らないものが、知っているものを支えている。

キャンベル　そう。そして、見えざる支えというこの理念は、社会とも結びついています。社会はあなたよりも前に存在していた。それはあなたが死んだあとにも存在している。そしてあなたはその一員である。あなたをあなたの社会的グループに結びつける神話、つまり種族的神話は、あなたがより大きな有機体の一器官であることを明らかにします。社会そのものがより大きな有機体の、すなわち、種族がそのなかを動き回る大地や世界の一器官なのです。儀式の主要なテーマは、個人を自分自身の肉体よりも大きな形態構造と関連させることです。

人間は殺すことによって生きており、それに関して罪悪感を抱いています。埋葬は、私の友達が死んでも、その人は生きつづけるという考えを暗示しています。私が殺した動物たちもやはり生きつづけなければならない。大昔のハンターたちは、たいがい一種の動物神信仰を持っていました。学術用語を用いるなら〈アニマル・マスター〉で、それは支配者としての動物です。そのアニマル・マスターは、殺されることを目的に動物の群れを放つのです。いいですか、基本的な狩猟神話は、動物世界と人間世界との契約といった性格を持っています。動物は、自分の命がその物理的な実体を超越し、ある復活の儀式を通じて土や母親のもとに戻るという了解のもとで、進んで自分の命を与える。その復活の儀式は、主要な狩猟動物と関連づけられています。アメリカ大平原のインディアンにとって、それはバッファローです。北米大陸の北西海岸地方では、大がかりな祭儀は回遊を終わって戻ってくるサケの群れと関係があります。南アフリカに行くとエランドという雄大な羚羊が主要な動物です。

モイヤーズ　で、主要な動物とは……

キャンベル　……主要な食物を提供してくれる動物です。

モイヤーズ　すると、初期の狩猟社会では、人間と動物とのあいだに、一方が他方によって消費されることを条件とする約束が生まれてきたのですね？

〈ロッキー山脈の麓で，狼の毛皮をまとってバッファローを狩るハンター〉
ジョージ・キャトリン（1796～1872）画

キャンベル　生命とはそういうものです。人間はハンターであり、ハンターは肉食の猛獣です。神話において、猛獣とえさになる動物とは、二つの重要な役割を演じています。それらは生命の二つの面を代表している。攻撃し、殺し、征服し、創造するという生の側面と、もの、あるいは素材（subject matter）と呼べるような側面です。

モイヤーズ　命そのものですね。ハンターと狩りをされる側との関係ですが、どんなことが起こるのでしょうか。

キャンベル　ブッシュマンの生活から、また、バッファローに対するアメリカ原住民の関係からわかるのは、それが相互重視ないし尊敬の関係だということです。例えば、アフリカのブッシュマンは砂漠の世界に住んでいます。それは非常に困難な生活であり、そういう環境での狩猟も大変な難事業です。大きくて力の強い弓を作ろうにも、適当な木はほとんどない。ブッシュマンの弓はとても小さく、その矢の射程距離も三十メートル足らずです。矢の貫通力もはなはだ弱い。動物の皮膚を破るのがせいぜいです。しかし、ブッシュマンは矢じりに途方もなく強力な毒を塗っておくので、射られた見事なエランドは一日半たつと苦しみもだえて死んでしまいます。エランドが射られてから悶死するまでのあいだ、ブッシュマンは、これをしてはならぬ、あれをしてはならぬという特定のタブーを守るのですが、それは一種の参加儀礼です。その肉が自分たちの生命になる動物の死、自分たちがもたらした動物の死に、神秘的な参加をするわけです。そこには同一化、神話的な同一化があります。動物を仕留めることは単なる虐殺ではなく、儀式的な行為です——お祈りをしてから始める食事がそうであるように。その儀式的行為は、命を捧げた動物が自発的に食べ物を与えてくれるおかげで生きていることを認める行為です。狩猟は儀式です。

モイヤーズ　そして、儀式は精神的な真実を表現している。

キャンベル　それは、その行為が、単に私自身の個人的な衝動だけではなく、自然の道に合致していることを表しています。

ブッシュマンは動物の話をするとき、それぞれ違った動物の口の形をまね、動物自身が話しているかのように発音をするそうです。彼らはそういう動物を親しく知っているので、隣人のような親近感を持っているのです。

ところが、彼らはその一部を食べ物にするために殺す。私は肉牛のほかにペットの牛を飼っている牧場主たちを知っています。ペットの牛の肉は食べようとしないのです。友達の肉を食べるというのは、一種の共食いになるからです。ところが、原始社会の人々はしょっちゅう友達の肉を食べていた。そこでなにか心理的な償いが必要になってくる。神話がその助けになってくれたのです。

モイヤーズ　どのように？

キャンベル　そういう大昔の神話は、精神が罪悪感や恐怖感なしに、必要な生活活動に参加することを助けてくれました。

モイヤーズ　だから、これらの偉大な物語は、なんらかの形で絶えずこの力学を教えてくれるわけですね――狩猟、ハンター、狩られる側、友達としての動物、神の使者としての動物。

キャンベル　そう。通常は食われる側の動物が神の使者になります。

モイヤーズ　そして、こちらは結局、その使者を殺すハンターになる。

キャンベル　神を殺すハンターに。

モイヤーズ　それは罪悪になりますか？

キャンベル　いえ、罪悪という観念は神話からは払拭されています。動物を殺すのは個人的な行為ではありません。あなたは自然の業を行なっているのです。

モイヤーズ　罪悪の観念が神話から払拭されている？

キャンベル　そうです。

モイヤーズ　でも時には、殺すために忍び寄るなんて、気が進まないこともあるはずです。ほんとうはその動物を殺したくないのだから。

キャンベル　相手の動物は父親です。フロイト派の学者がよく言ってますね。男の場合、最初の敵は父親だと。あなたが男の子であれば、あらゆる敵は潜在的、心理的に、父親のイメージと結びついています。

モイヤーズ　動物が神という父親像になったと、そう思われるのですか？

キャンベル　そうです。主要な動物に対する宗教的態度が尊重と敬意であることは事実ですが、それだけではなく、その動物の感動的な本性の前にひれ伏すという態度も含まれています。その動物は贈り物を——たばこ、神秘的なパイプなどを——もたらしてくれるのです。

モイヤーズ　それが原始人を悩ませたとはお考えになりませんか。神である、あるいは神の使者である動物を殺すなんて。

キャンベル　もちろんです。だからこそ儀式があるのです。

モイヤーズ　どういう儀式が？

キャンベル　動物をなだめ、彼らに感謝する儀式です。例えば、クマを殺したあと、その肉の一片を当のクマに食べさせるという儀式があります。それから、まるでクマがそこにいるかのように、クマの皮を台の上に飾るという小さな儀式もあります。クマはそこにおり、ディナーのために自分自身の肉をくれたのです。焚き火が燃えている。その火は女神です。そして山の神、つまりクマと、火の女神とのあいだに会話が交わされる。

モイヤーズ　なにを話し合うのでしょう。

キャンベル　知りようがありません。だれも聞いていないのですから。でも、そこに小さなおつきあいがあることは確かです。

モイヤーズ　もしもホラアナグマ（旧石器時代のヨーロッパにいた大型のクマ）をなだめる儀式がなかったら、クマは姿を現さず、原始人のハンターたちは飢え死にするほかなかった。彼らハンターたちは、なにか頼りになる力、自分たちよりも偉大な力の存在を認め始めた。そういうことですね？

キャンベル　そうです。このゲームに動物が進んで参加すること、それこそ、アニマル・マスターの力なのです。世界中の狩猟民族のあいだに、主要な食料動物に対するとても親しい、感謝に満ちた関係を見いだすことができます。現在でも、私たちは食卓について食べ物を与えてくださった神さまに感謝を捧げますね。それらの人々は動物に感謝したのです。

モイヤーズ　すると、なだめる目的で動物たちに儀式的な敬意を表するのは、スーパーマーケットで食肉売り場の店員にわいろをつかませるようなものでしょうね？

キャンベル　いやいや、わいろとはまるで違う。それは相互扶助の関係のなかで協力してくれた友達に感謝するという意味合いを持っています。もし感謝をしないと、その種の動物は腹を立てるでしょう。

動物を殺すために定められたいくつもの儀式があります。ハンターは殺しに出かける前に、丘の上でこれから殺す動物の絵を描く。それも、朝日が昇ると最初の光線がその絵を射るような場所に。日の出のとき、ハンターは儀式を行なう少人数の人々と共にそこで待っています。そして、光が動物の絵を射るとき、ハンターの矢もその光線といっしょに飛んで、同じ絵を射る。と、彼の助手としてその場にいる女が両手を挙げて叫ぶ。それからハンターは出かけて、動物を殺す。そのとき、放たれた矢は、絵の動物に当たったのと同じ位置に当たることになっています。翌朝、朝日が昇るとともに、ハンターは描いた絵を消します。こうしたことを、ハンターは個人的な意図からではなく、自然の秩序の名において行なうのです。

それとは全く性格の異なる社会、サムライ社会の話も紹介しましょう。サムライという日本の戦士たちは、自分の主君が殺されたら、復讐する義務を負っていました。彼が主君を殺した男を追いつめ、まさに刀で相手を倒そうとするとき、追いつめられた男が恐怖に駆られ、戦士の顔につばを吐きかけたとします。すると、戦士は刀をさやに納めて歩み去るのです。

モイヤーズ　それはまたなんで？

キャンベル　腹を立てたからです。もし怒りに駆られて相手を殺したとなると、個人的な殺人行為になってしまうでしょう。しかし、彼は別のこと、つまり、非個人的な復讐の行為のためにやってきたのです。

モイヤーズ　大平原のハンターの精神にも、多少はその種の非個人性が働いていたと？

キャンベル　それはもちろん。だれかを殺して、その人の肉を食べるというのは道徳的な問題ではないでしょうか。こういう人々は、私たちと違って動物を下等な動物とは見ていませんでした。動物は少なくとも人間と同等である。時には自分たちよりもすぐれている。動物は人間が持っていないいろいろな力を持っています。例えば、シャーマンはしばしば動物霊を持っています。自分の支えになり、教師にもなるある種の動物の霊魂です。

モイヤーズ　しかし、もし人間に創造の働きが可能になって、美しいものを見ることができ、動物とのそういう関係から美を作り出すことができるようになれば、人間は動物よりもすぐれた者になるんじゃありませんか？

キャンベル　さあ、彼らはすぐれているという意識よりも、対等だという意識を持っていたと思いますね。彼らは動物に忠告を求め、いかに生きるべきかのモデルを動物のなかに見いだします。その場合、動物のほうがすぐれているわけです。またときどき、動物がある儀式を与えることになります――バッファローの起源についての物語においてそうであったように。この対等性は、例えば、ブラックフット族の基本的な物語のなかに見ることができます。それは彼らのバッファロー・ダンスの儀式の起源に関する伝説的な物語です。彼らはその儀式によって、この人生におけるバッファローの協力を招き求めるのです。

モイヤーズ　どんなものでしょう？

キャンベル　この物語は、大きな部族のためにどうやって食べ物を探すかという問題から生まれています。冬用の肉を確保するひとつの手段は、バッファローの群れを岩山の崖っぷちに追い込み、バッファローたちが勢い余って崖下に転落したあと、やすやすと殺すことです。それは「バッファロー落とし」として知られています。

これはずっとずっと昔、バッファローを崖から追い落とすことができなかったブラックフットの一部族の物語です。バッファローは崖っぷちに近づくのですが、そこでぐるっと向きを変えてしまう。おかげでその部族は、冬を越すのに必要な肉が手に入らぬ心配が出てきた。

ある日、ひとりの娘が朝早く起きて家族のために水汲みに出かけ、なにげなく崖を見上げると、そこにバッファローの群れが見えたので、「ああ、もしそこから飛び降りてくれたら、あなたがたのだれかと結婚してあげるのに」と言った。

言った本人がたまげたことに、バッファローはみんな飛び降り始めた。それが第一の驚異。第二の驚異は、年老いたバッファローの一頭、つまり群れのシャーマンがやってきて、「よかろう。娘よ、いっしょに行こう」と言ったことです。

「とんでもない」と娘が言う。

「いや、それしかない」とバッファローは言う。「おまえは約束したんだ。わしらは自分らの約束を守ってきた。わしの身内を見ろ。みんな死んだ。さあ、いっしょに行くんだ」

一方、娘の家族が起き出して、あたりを見回す。ミネハハはどこに行った？ 父親は地面をあちこち調べます。インディアンのことは知ってますね。足跡でわかるんですよ。で、その父親が、「ミネハハはバッファローといっしょに行った。私が連れ戻しに行く」と言う。

父親はモカシンをはき、弓矢などをたずさえて草原に出かける。かなり歩いたところで、この辺で座って休んだほうがいい、と思う。そこで、草原に座り、次にどうしたらいいかと考えていると、そこにカササギが飛んでくる。シャーマン的な素質を持った賢い鳥です。

モイヤーズ　魔術師的な能力を持った？

キャンベル　そう。で、インディアンはそのカササギに、「ああ、美しい鳥よ。私の娘はバッファローといっしょに駆け落ちしたのでしょうか。娘を見かけませんでしたか？ あたり一帯に狩りに出かけて、どこかの草原に娘がいないかどうか、探してくれませんか」と頼む。

するとカササギは言う。「ええ。たったいま、ほんの少し先のあそこに、バッファローといっしょにいるきれいな娘さんが見えますよ」

「それなら」と男は言う。「娘のところに行って、おまえの父親はそこのバッファローの遊び場（沼地の近くで、バッファローがごろごろ転げ回るところ）にいる、と伝えてもらいたいんですが」

そこでカササギは飛んで行って、バッファローの群れのなかにいる娘を見つける。バッファローはみんな眠っており、娘は編み物かなにかをしている。カササギは近づいて言う、「お父さんはあそこの遊び場でおまえを待っているよ」

「まあ、こわい」と娘が言う。「とっても危険だわ。このバッファローたちがお父さんを食い殺してしまうから。待ってるように言って。いまに行くから。なんとか解決するように工夫してみるわ」

さて、娘の夫になったバッファローがすぐうしろにいた。彼は起き上がると、頭から角をはずして、「遊び場に行って、水を一杯汲んできてくれ」と言う。

娘が角を受け取って遊び場に行くと、そこに父親がいる。父親は娘の腕をつかんで、「さあ、来るんだ」と言う。

けれども娘は、「だめよ、だめだめ！　ほんとに危ないんだから。群れが総がかりで追ってくるわ。なにか方法を考えなくては。とにかく、いまはあそこに帰らせて」と答える。

こうして、娘は水を汲んで戻る。するとバッファローは、「うっひっひ、インディアンの血の匂いがするぞ」と、まあそんなことを言うんです。すると娘が、「いえいえ、そんなことはないわ」と言う。すると夫は、「いや、そうに違いない！」と言って、バッファロー特有のうなり声を発し、あらゆるバッファローが起き上がる。みんなで尻尾を上げて、ゆっくりしたテンポのバッファロー・ダンスを踊ったあと、出かけて、その哀れな男をさんざん踏みつけて殺したものだから、男はすっかり姿を消してしまう。こなごなに砕けたあげく、吹っ飛んでしまった。娘はさめざめと泣いている。夫のバッファローが「おまえ、泣いてるんだな」とたずねる。

「そうよ」と娘は言う。「あれは私のお父さんだったんだもの」

「そうか」とバッファローは言う。「しかし、わしらはどうだ？　あそこには、あの崖の下にはわしらの子供がおる、わしらの妻が、親たちが……。だのに、おまえは父親のために泣くのか？」。それでも、彼は同情心の深いバッファローだとみえて、「よし、もしおまえが父親を生き返らせたら、おまえを自由にしてやろう」と言った。

そのあと、娘はカササギに向かって、「お願いですから、そのあたりを探し回って、お父さんの体のほんの一部でも見つけてもらえませんか」と言う。カササギは頼まれたとおりにして、ようやく脊椎の一部、ほんの小さな骨片を見つけてくる。すると娘は、「それだけあればたくさん」と言い、その骨を地上に置き、自分の毛布をその上に掛け、よみがえりの歌を歌う。大変な力を持った魔法の歌です。するとまもなく――そう、毛布の下に男の姿が現れる。娘はそれを見て、「ほんとにお父さんだ！」と叫ぶが、男はまだ息をしていない。娘が――どんな歌か知りませんが――もう二、三節歌うと、男は立ち上がりました。

バッファローたちは感心して、「これはこれは。わしらのためにもそれをしてくれまいか。わしらはあんたにバッファロー・ダンスを教えよう。これからは、あんたがたがわしらの家族を殺したら、そのダンスを踊り、その歌を歌っておくれ。そうしたら、わしらはみんな生き返るだろう」

それが基本的な理念です。つまり、儀式によって、時間を超越した次元に到達できる。生命がそこから出てそこに戻るような次元です。

モイヤーズ 百年前、白人たちがやってきてこの尊い動物を虐殺しましたね。あのときなにが起きたのでしょう？

キャンベル あれは暴力的な神聖冒瀆でした。十九世紀初頭にジョージ・キャトリンが描いた西部大平原の絵の多くには、一面に文字通り何十万頭ものバッファローが描かれている。ところが次の半世紀のあいだに、連発銃を持った開拓者たちがバッファローの群れを皆殺しにし始めた。皮を取って売るためで、体はそのまま捨てて腐るに任せた。それは神聖冒瀆ですよ。

モイヤーズ そのために、バッファローは「あなた（thou）」から……

キャンベル ……「それ（it）」になってしまった。

モイヤーズ インディアンたちはバッファローに敬意を込めて「あなた」と呼びかけていたのに。

キャンベル インディアンは命あるあらゆるものを「あなた」と呼んでいました。木々も、石も、あらゆるものを。どんなものでも「あなた」と呼ぶことができる。そして、そう呼んだとき、自分の心に変化が生じているのを感じることができる。「あなた」を見るエゴと、

皮をとるためのバッファロー虐殺。〈ハーパーズ・ウィークリー〉1874年12月12日号

「それ」を見るエゴとは決して同じではないんですね。かりに私たちが戦争を始めたとします。そのときの新聞の問題点は、相手の人々を「それら」にしてしまうことです。

モイヤーズ　それは結婚生活でも起こるんじゃないでしょうか。子供に関しても、そういうことが起こっているんでしょうね。

キャンベル　ときどき「あなた」が「それ」になり、ほんとうの関係が見えなくなっていますね。動物に対するインディアンの関係は、動物に対する私たちの関係とは対照的です。私たちは動物を、より低い生物と見なしています。聖書には、私たち人間が支配者だと書いてあります。さっきも言ったように、狩猟民族のあいだでは、動物はいろいろな意味で人間よりもまさっています。あるポーニー・インディアンからこう言われたことがあります――「万物の始まりにおいて、知恵と知識は動物と共にあった。創造神ティラワ、つまり〈天上の一者〉は、人間に直接語りかけることはなく、ある種の動物を遣わし、『私は動物を通して自分を表す』むねを人類に告げさせた。だから、人間はそれを動物から、そして、星や太陽や月からも、学ばなくてはならない」と。

モイヤーズ　すると、われわれの知る限り、神話的な想像力、物事の驚異を認める精神が胎動し始めたのはこの時代、狩猟民族の時代ですね？

キャンベル　そうです。立派な芸術作品が、またそれに必要な神秘的想像力が十分に発揮されたという証拠が、どっと現れるのです。

モイヤーズ　先生はそういう原始的芸術作品をご覧になって、作品よりも、そこに立ってそれらを描いたり作ったりしている男女を想像することがありますか？　私はよく考えるんです。この男なり女なりはどんな人だったんだろうと。

キャンベル　昔の洞窟に入ると、ついそう考えてしまいますね。これらの像を刻んでいるとき、いったいなにを考えていたんだろう。どうやって彼らはこんなに高いところまでやってきたのだろう。だいいち、どうしてものが見えたのだろう。彼らは揺らめく小さな松明しか持っていなかっただろうに。

それに、美の問題について――この美しさは意図されたものだろうか。それとも、これは美しい精神の自然な表現に過ぎないのだろうか。それならば、小鳥の鳴き声の美しさは意図されたものだろうか。どういう意味で意図されているのか。それとも、それは鳥の表現、鳥の精神の美しさの表現と言えるのだろうか。この原始芸術についてはしょっちゅうそういうふうに考えます。描いた人、作った人の意図はどの程度まで「美的」であったのか。どの程度まで「表出的」であったのか。どの程度まで学習したからこれだけの芸術作品になったのか？

クモが美しい巣を作るとき、その美はクモの本性から来ています。それは本能的な美です。私たち自身の生活の美は、生きていること自体の美しさにどの程度までかかわっているのだろうか。それはどの程度まで意識的、意図的なんだろう。これは大きな問題です。

モイヤーズ　はじめて洞窟画をご覧になったときの思い出を聞かせてください。

キャンベル　洞窟を出たくありませんでした。大聖堂のように巨大な部屋に入ると、あたり一面に動物が描かれているんです。その暗さときたら、想像を絶しています。私たちは電灯を頼りにしていましたが、案内して回る人が二、三度明かりを消しました。すると、生まれてこのかた経験したことのない暗闇に包まれた。それは……いや、表現のしようがない、完全なノックアウト状態です。自分がどこにいるかもわからない。東西南北、どちらを向いているかもわからない。一切の方向感覚がなくなり、絶対に太陽の光の見えないところにいるんです。そして、電気をまたつけると、見事に描かれた動物の絵が見える。絹地に墨で描いた日本画のように、いきいきした絵です――ほんとにそんなふうでした。長さ六、七メートルもあろうかという雄牛。おしりが張り出した岩にうまく合うように描いてある。あらゆるものを考えたうえで描いてるんですよ。

モイヤーズ　先生はそれらを寺院洞窟と呼んでいますね。

キャンベル　はい。

モイヤーズ　なぜでしょう。

キャンベル　寺院というのは魂の風景です。大聖堂のなかに入ると、精神的イメージの世界に入っていきます。それは自分の精神生活の母体です――母なる教会です。周囲に見えるあらゆるフォルムが精神的価値を意味しています。

さて、大聖堂で見るイメージ群は擬人化されていますね。神も、イエスも、聖者たちなども、みんな人間の形をとっています。そして、洞窟のなかでは、すべてのイメージが動物の形をとっています。でも、同じことなんです、ほんとに。形は二の次でしてね。大事なのはメッセージです。

モイヤーズ　で、洞窟のメッセージとは？

キャンベル　洞窟のメッセージは、時間と永遠的な力との関係に関するものです。彼らはそういう関係を、どういういきさつでか、その場所において経験したのです。

モイヤーズ　そういう洞窟はなんのために使用されたんでしょう。

キャンベル　学者たちは、ハンターになろうとする少年たちのイニシエーションに関係があったと推測しています。少年たちは狩りの仕方だけではなく、相手の動物をどのようにして敬うべきか、どういう儀式を行なうべきか、また自分の生活において、子供からおとなになるためにはどうしたらいいかを学びます。当時の狩猟はとても危険なものでした。そういう洞窟は、原始人が儀式を行なう聖所であり、そこで少年たちはもはやお母さん子ではなく、父親の息子になったのです。

モイヤーズ　子供である私がその洞窟に入ったとします。なにが起こるんでしょう？

キャンベル　さあ。洞窟でなにをやったのかはわかりません。ただ、オーストラリアの原住民がやっていることはわかっています。そこでは、男の子がちょっと手に負えなくなると、その子のところにある日突然、男たちがやってきます。彼らは自分の血を糊代わりにして幾筋かの白い羽毛を張りつけているほかは、素っ裸です。彼らはブル・ロアラーというう なり板を鳴らしながら入ってくる。その音は精霊の声であり、男たちは精霊としてやってきたわけです。

オーストラリア原住民（アボリジニ）の割礼イニシエーション

少年は母親にかばってもらおうとします。そして、母親は息子を守ろうとするふりをしますが、男たちは子供を母親からあっさり引き離す。それ以後、母親は彼のためにならないというわけですね。おまえは〈母親〉のもとに戻るわけにはいかない。もはや別の分野に出ていくのだから。

そこで、少年たちは男たちの聖なる場所に連れて行かれ、そこで本格的な試練を受けるのです――包皮を切る割礼、陰茎下部の尿道まで切開する儀式、男たちの血を飲ませる儀式などなど。少年たちは幼いころ母親の乳を飲んでいたのと全く同様に、いま男たちの血を飲むのです。彼らはおとなになるわけです。これが行なわれているあいだに、偉大な神話のいかにも神話らしいエピソードが少年たちの目の前で演じられます。種族の神話を教えられるわけです。それが終わると、彼らは村に連れ戻される。そのときには、彼らのそれぞれの結婚相手となる娘がもう選ばれている。彼らはいまや一人前のおとなとして戻ってきたのです。彼らは子供の状態から切り離された。肉体にメスが入れられ、割礼と尿道切開とが施され、おとなの体になった。そういうショーのあとでは、少年に舞い戻るチャンスなどありえないのです。

モイヤーズ　〈母親〉のもとには戻れない？

キャンベル　ええ。しかし、私たちの生活のなかにはそんな儀礼は一切ありません。四十五歳にもなって、ようやく父親の命令に従おうと努力し始める男だっているんです。そういう男が精神分析医のところに行き、分析医が父親の役割を果たす。

モイヤーズ　さもなければ、映画館に行く。

キャンベル　この現代社会においては、それが神話の再演に相当するのかもしれませんね。ただ、イニシエーション儀礼の創造のなかで働いていたのと同じ思考が、映画製作においても働いているとはとても言えない。

モイヤーズ　なるほど。でも、イニシエーション儀礼が現代社会からほとんど消えてしまったことを認めるとしても、スクリーンに投影される想像力の世界は、たとえ欠陥はあるにしても、その儀礼について語る役目を担っているんじゃないでしょうか。

キャンベル　それはまあそうですが、現代人にとって不幸なことに、そういう物語を書いている多くの人が、まともな責任感を持っていない。そういう映画の物語は生活にいろいろな利害を与えますが、要するに映画は金もうけのために作られている。儀式を執り行なう祭司が持っているような責任感は、映画の場合、望むべくもありません。それが現代の問題のひとつですね。

モイヤーズ　現代社会には、そういった儀式はもはや存在していないのでしょうか。

キャンベル　残念ながらそうでしょう。だから若者は自分でそれを発明しようとする。ギャングだのなんだのを組織する。それが自前のイニシエーションなんです。

モイヤーズ　すると、神話は人々を儀式や部族儀礼に直接結びつける反面、神話の欠如はしばしば儀式の終焉を意味するわけですか？

キャンベル　儀式は神話の再現です。人は儀式に参加することによって、神話に参加しているのです。

モイヤーズ　そういう神話の欠如は、現代の少年たちにとってなにを意味するのでしょう？

キャンベル　そうですね、現代社会においてそういう儀式に相当するのは堅信式でしょう。カトリック信者である少年は堅信名を選び、その名前によって堅信の秘跡を受けます。しかし、司教は割礼を施したり、乳歯を無理やり抜くなどする代わりに、にこにこして少年の頰をたたくだけ。そこまで甘くなっているのです。少年にはなにも起こらない。ユダヤ教でそれに当たるのはバルミツバー（十三歳になった少年が受ける成人式）でしょうが、それが心理的な変身のためにほんとうに役立つかどうかは、個人個人によって違うだろうと思います。でも、昔はそんな問題はありませんでした。少年は違った肉体の持ち主になるのであり、なにか確かなものを経験したのですから。

モイヤーズ 女性はどうでしょう。寺院洞窟に描かれたほとんどの人物は男ですね。男性ばかりの一種の秘密結社だったのでしょうか。

キャンベル 秘密結社ではありません。要するに、男の子は儀式を経験しなければならなかったのです。その当時の女性にどんなことが起こっていたのか、もちろん正確にはわかりません。証拠が極めて乏しいので。しかし、現代の未開文化社会において、少女は初潮の経験を通じて女になります。ひとりでにそうなってしまう。自然がそういう働きをするのです。その結果、少女は変身する。では、彼女のイニシエーションはなんでしょう? 典型的な例をあげるなら、ある一定の日数だけ狭い小屋に座って、自分がなんであるかを自覚することです。

モイヤーズ どのようにして?

キャンベル 彼女はそこに座る。いま、女として。では、女とはなにか。女とは生命を運ぶものです。生命が女をとらえている。女は生命の根幹です――子供を産む、乳を与える。女はさまざまな力を持った大地の女神と一体であり、自分がそうであることを自覚しなければなりません。男の子にはそういうことは起こりませんから、だれかによっておとなにされ、自分よりも大きななにかのために進んで仕える必要があるのです。

モイヤーズ われわれの知る限り、その段階で神話的イマジネーションが機能し始めたのですね。

キャンベル　そうです。

モイヤーズ　そういう時代の神話の主要なテーマはなんだったのでしょう。死ですか？

キャンベル　死の神秘はテーマのひとつです。それは生の神秘というテーマとバランスをとっています。それは同じひとつの神秘の二つの面だとも言えます。二番目のテーマは、それと動物世界との関係です。死んで、また生き返る動物の世界との。

それから、食物を手に入れるというモチーフがあります。女と外界の性格との関係というものもあります。そして、子供からおとなへの変身という問題も見逃せません。その変身は、人々の儀式生活全般を通じて、彼らの基本的な関心事です。それは現代にもあります。自然の素朴な衝動だけを発揮する手に負えない子供を、ちゃんと社会の構成員にするという問題がありますね。それは大変なことです。昔の人々は社会のルールに従おうとしない者を容赦しませんでした。社会には彼らを養うだけの余裕がなかったのです。だから、そんな連中を殺したものです。

モイヤーズ　社会全体の健全さを脅やかしたから？

キャンベル　ええ、もちろん。そんな連中はがんみたいに肉体を滅ぼすからです。原始社会の種族たちは、いつもぎりぎりのところで生きていたのです。

モイヤーズ　そんな余裕のない、ぎりぎりの生活でありながら、根本的な問題を考え始めた。

キャンベル　そう。しかし、死に対する態度は私たちのそれとはまるで違います。超越的な世界という想念が真剣に取り入れられていましたから。

モイヤーズ　昔の儀式のひとつの重要な要素は、それが人を種族の一員、村の一員、社会の一員にすることでした。西洋社会の歴史を見ると、自我が社会からしだいに大きく隔たっていくばかりです。まず「私」が先、個人が先。

キャンベル　歴史を通じてそれが西洋社会の特徴であったとは、私なら言いません。というのも、社会からの分離は、ただ目に見える生物的な存在の分離ではないからです。ごく最近まで、いつも精神的な意味というものがありました。昔のニュース映画でアメリカ合衆国大統領の就任式を見ると、大統領はシルクハットをかぶっていますね。ウィルソン大統領も、ああいう時代だったのに、やはりシルクハットをかぶっていました。日常生活ではシルクハットなどかぶっていなかったけれども、大統領としては、その外見に儀式的な要素を持たせていたのです。ところがいまは、いかにも新米といった感じの大統領が、ゴルフからの帰りといった格好で来るなり、あなたの横に座って、われわれは原爆を持つべきかなんてことを話し始める。新しいスタイルです。儀式がうんと少なくなってきたんですね。カトリック教会でさえひどいもので、ミサの典礼文を儀式の言葉から日常的な連想の多い言葉に翻訳してしまった。ミサのラテン語は私たちを日常性の世界からきっぱり切り離してくれた。祭壇は司祭の背中が会衆に向くようしつらえてあり、私たちは司祭といっしょに外に向かったものです。ところがいま、祭壇は回れ右をしてしまって——まるでジュリア・チャイルド（一九一二～二〇〇四。テレビの料理番組の司会で長年人気を博した女性）が演じているようなもので——すっかり家庭的で温かな雰囲気です。

モイヤーズ　おまけにギターまで弾く。

キャンベル　司祭がギターを弾く。彼らは忘れているんです。儀式の役割は日常性から人を引きずり出すことであって、やさしく包んだうえで元の古巣に連れ戻すことじゃないということを。

モイヤーズ　そういえば、結婚の儀式は人を別の世界に連れ出しますね。

キャンベル　まさしくそのとおりです。しかし、かつては内面的な真実を運んだ儀式のかずかずが、いまはただ形式に堕しています。結婚の個人的な儀式だけではなく、社会の儀式全般についてそう言えるでしょう。

モイヤーズ　だからこそ宗教的な教えは、ある面で、多くの人々にとってただ古くさいものになっているんですね。

キャンベル　儀式について言えば、宗教は活性化する必要があります。現代社会の儀式のあまりにも大きな部分が死んでいます。原始社会、素朴な文化を持っていた社会についての記録を読んでみると実に面白い──彼らが環境に応じていつも自分たちの民話や神話を変化させていく様子が。人々は、例えば植物が生活の支えであったような地域から大平原へと移動する。騎馬インディアン時代にアメリカの大平原に住んでいたインディアンの大半は、もともとミシシッピ文化のうちに暮らしていたのです。ミシシッピ川流域の村に定住し、主として農業を営んでいました。

しかし、やがて彼らはスペイン人から馬を譲り受ける。そのおかげで、大平原に乗り出してバッファローの群れを相手に大掛かりな狩猟をすることが可能になった。その時期に、植物神話はバッファロー神話へと変わってきます。そういう初期の植物神話の構造は、いまでもダコタ・インディアン、ポーニー・インディアン、カイオワ・インディアンなどの神話の底流になっています。

モイヤーズ 環境が神話を作るというわけですか。

キャンベル 人々は環境に対応するものですね。ところが、いまの私たちは環境に対応しない伝統を持っている。その伝統はどこか別のところから、紀元前千年ごろ来たものです。それは現代社会の諸特性とか、これから可能な新しい事物とか、宇宙の新しい見方などを取り入れようとしないのです。

神話は生かされるべきです。それを生かすことのできる人は、なんらかの種類の芸術家です。芸術家の役割は環境と世界との神話化です。

モイヤーズ 芸術家は現代の神話作家だとおっしゃる?

キャンベル 昔の神話作家は現代の芸術家に当たるわけです。

モイヤーズ 彼らは壁に絵を描く、儀式を演じる。

キャンベル ええ。ドイツにはダス・フォルク・ディヒテット(*das Volk dichtet*)という古いロマンチックな考えがあります。伝統的な文化社会の思想や詩は民衆から出ているという考えです。でもそれは違います。それらはエリートの経験から来ている。格別の才能を与えられ、宇宙の歌に耳を開いている人々の経験からです。そういうエリートが民衆に語りかけると、民衆から応答がある。それが相互作用として受け入れられる。けれども、民衆の伝統を形成する最初の衝動は、下からではなく、上から来るのです。

モイヤーズ　先生がおっしゃるそういう原初的な文化社会において、今日の詩人に当たるのはどういう人だったのでしょう。

キャンベル　シャーマンです。シャーマンは、男であれ女であれ、少年期の終わりか青年期の初めに圧倒的な心理体験をしており、そのおかげで完全に内面に向いている人です。一種の精神分裂的な衝撃です。無意識のすべてがパックリと口を開き、シャーマンはそこに落ち込む。このシャーマン体験はずいぶん多くの人によって記録されています。それはシベリアから南北アメリカ、そして南米の南端のティエラ・デル・フエゴに至る全域で起こっています。

モイヤーズ　そしてエクスタシーがその体験の一部である。

キャンベル　そうです。

モイヤーズ　例えば、ブッシュマン社会の神がかり的なダンスですね。

キャンベル　そこには、あるもののすばらしい例が見られます。ブッシュマンは砂漠の世界に生きています。それは非常に厳しい生活、大きな、途方もなく大きな緊張を強いられる生活です。男性と女性とは厳然と区別されて生きています。両性はダンスのときだけいっしょになれる。こうやって彼らは近づきます。女たちは輪になって、あるいは小さくかたまって座り、自分たちの腿（もも）をたたき、周囲で踊っている男たちのために調子を取る。女たちは男たちが踊る輪の中心の位置を占め、歌うことと腿をたたくことによってダンスと男たちの成り

シベリアのシャーマン

行きをコントロールします。

モイヤーズ　どういう意味があるのでしょう、女性がダンスをコントロールするというのは？

キャンベル　そうですね、女は生命であり、男は生命に奉仕する者だと言いますか。それがこういうものの基本理念です。彼らは輪になってひと晩じゅう踊りつづけるのですが、そのあいだに男のひとりが突然失神する。私たちなら神がかりとでも呼ぶものを経験するのです。しかし、これは閃光だと表現されています。一種の雷光、つまり稲妻が骨盤のあたりから脊椎を抜けて頭に走るというのです。

モイヤーズ　先生の『アニマル・パワーの道』に出ていますね。ここに……

キャンベル　「人々が歌うとき、私は踊る。私は大地に入る。人々が水を飲む口に似たところから入る。私はずっと遠くまで長い旅をする」この男はいま忘我の境地に入っています。その経験がこう語られている――「出てくるとき、私はもう登っている。糸を登っている。あの南に張ってある糸を。一本登っては離れ、また一本登っては離れ、また一本登って……。やがて神のところにたどり着くと、自分を小さくする。小さくなった。小さくなって神のところに行く。そこで、しなくてはならないことをする。それからみんなのいるところに戻り、自分の顔を隠す。なんにも見ないように顔を隠す。やって来てやって来てやって来て、とうとう自分の体のなかにまた入る。あとに残っていた人々はみんな私を待っている。みんな私を恐れている。私は入る、大地に入る。それから戻って自分の肌のなかに入る……。そして

『ヒイーイー』と言う。それは自分の体のなかに戻った音だ。そのあとで歌い出す。ヌトゥムの司たちがそばにいる」。ヌトゥムというのは超自然的な力のことです。「ヌトゥムの司たちは粉をとって、私の顔めがけて吹く――プー、プーッ！　彼らは私の頭を押さえ、私の顔の両側に息を吹きかける。こうしてまた生き返ることができるのだ。友よ、彼らがそうしてくれなければ、私は死んでしまう……。ただ死んで、死んだまま。友よ、そういうことだ。私がすることはこのヌトゥム、ここで私が踊るのもこのヌトゥム」

いやはや、この男は全く別の意識領域を経験したわけです！　こういう経験を通じて、彼らはいわば空中を飛んでいるのです。

モイヤーズ　その結果シャーマンになる？

キャンベル　いや、この社会では違います。その男は恍惚ダンサーになる。そして、あらゆる男は神がかりの状態に入る可能性を持っているのです。

モイヤーズ　われわれの社会のなかにも、これと同じような日常的経験があるのでしょうか。私は特に、南部キリスト教社会での生まれ変わり(ボーン・アゲイン)体験のことを考えているのですが。

キャンベル　きっとあるでしょう。それはこの大地から神話的想像領域への、神への、力の座への、転移の経験にほかなりません。ボーン・アゲイン・クリスチャンの経験がどんなものかは知りませんが、神のヴィジョンを見て、それについての話を持ち帰った中世の見者たちの経験は、それと似ていたのでしょう。

モイヤーズ　その経験のなかには、恍惚感というものがあるのでしょうね。

キャンベル　報告されているかぎりでは、いつも恍惚境に入っているようです。

モイヤーズ　そういう儀式を実際に見たことがおありですか。そういうハプニングを？　その種の恍惚を体験したこと、あるいは観察したことがあるでしょうか。

キャンベル　いや、ありません。ただ、ハイチに長く住み、そこで勇敢にもヴードゥー教の儀式に参加した友達がいます。人々が神がかりの状態になる儀式です。それからエクスタシーの状態を模したダンスがあります。戦争では人は狂気に陥るとか、戦場に赴く戦士たちを興奮させるほうがいいとかいう古い観念がありますが、実際、彼らは戦場にいるあいだ、狂気に陥っているほかないでしょう――よく言うあの〈戦さの狂乱（バトル・フレンジー）〉に。

モイヤーズ　人はそういう方法によらないと、無意識を経験できないのでしょうか。

キャンベル　いいえ、そんなふうにものを考えてこなかった人々にも、別の通路ができます。そうなると、無意識経験があっというまに可能になるのです。

モイヤーズ　で、さっきの心理的な経験を持つ人、衝撃的な精神的外傷を受けた、あるいはエクスタシーを経験した人が、他人のために見えないものを解釈してあげるのですね。

キャンベル　そういう人が神話的生活の伝統的遺産を他人のために解釈する役割を負う。そう、そう言っていいでしょう。

モイヤーズ　なにがきっかけで、そういう役割を果たす気になるのでしょう。

キャンベル　それに答えるのに役立ちそうな例として、私の知る限り最も適切なのはブラック・エルクの経験でしょう。

ブラック・エルクがスー族の少年だった九歳のころのことです。これは、大平原の偉大な民族であったスー族と合衆国騎兵隊が敵対するよりも前の話です。この少年は病気になりました。心の病気です。彼の家族が典型的なシャーマンの物語を話して聞かすと、少年は震え出し、体が動かなくなる。家族は非常に心配して、少年時代に同じような経験をしたシャーマンを迎えに行き、少年を元の状態に戻してもらおうとします。一種の精神分析医の役割を期待したわけです。しかし、そのシャーマンは神々(deities)から少年を救い出す代わりに、彼を神々に、また神々を彼自身に適応させるのです。それは精神分析の問題とは違います。たしかニーチェだったと思いますが、「悪魔を放り出そうとして、自分のなかの最善のものを放り出さないように注意せよ」と言っています。ここで、対決の相手であった神々――力(powers)と呼んでおきましょう――との和解が図られる。関係が破られるのではなく、維持される。そして、こういう人々は自分の同族に対する精神的な助言者、精神的贈与者になるのです。

さて、この少年に起こったこと。それは、自分が属する部族の恐ろしい未来の予言的なヴィジョンを得たことでした。それは彼が部族の輪と呼んだヴィジョンです。そこでブラック・エルクは自分の部族の輪が多くの輪のひとつであることを見ます。それは私たちがまだよく理解していないことですが。彼はあらゆる輪が協力しているさまを見ます。あらゆる部族が大行進をしているのです。けれどもそれ以上に、そのヴィジョンは、ブラック・エルク自身が彼の社会独特の霊的心象の領域に入り込み、その意味を自分のなかに同化したという経

ブラック・エルク（1862？～1950）

験なのです。その結果、彼はひとつの偉大な宣告をする。それは私にとって、神話とシンボルとの理解のかぎとなる言葉です。ブラック・エルクは言います――「私は世界の中心の山に、最高の場所に立つ自分を見た。そしてひとつのヴィジョンを得た。世界の神聖さを見ていたからだ」。その聖なる中心の山というのは、サウスダコタ州のハーニー・ピークでした。でも彼はまた言っています。「しかし、中心の山は至るところにある」

それこそまぎれもなく神話的な自覚です。それはハーニー・ピークという地域的な祭式イメージと、それが持つ世界の中心であるという意味とを区別しています。世界の中心はアキシス・ムンディ、つまり中心点、万物の回転軸です。世界の中心は、静止と運動とが共存しているところです。運動は時間ですが、静止は永遠です。自分の生のこの一瞬が実は永遠の一瞬であることを自覚し、時間内で自分が行なっていることの永遠性を経験する。それが神話的な自覚です。

さて、世界の中心の山はエルサレムでしょうか。ローマでしょうか。ベナレスでしょうか。ラサでしょうか。それともメキシコ・シティでしょうか。

モイヤーズ　そのインディアンの少年は、あらゆる線がそこで交差する輝く地点があると言っていたのですね。

キャンベル　まさしくそう言っていました。

モイヤーズ　そして神には外周というものがないとも？

キャンベル　多くの哲学者が頻繁に使ってきた神の定義があります。神は知覚できる球体―

──五感ではなく、知性だけが知りうる球体──で、中心は至るところにあるけれども、外周はどこにもない。そして、ビル、中心はまさにあなたが座っているそこにあるんです。もうひとつの中心は私が座っているここにある。そして、二人のいずれもがその神秘の顕現にほかならない。それはいわば、自分がだれであり、なにであるかを意識させてくれるすばらしい神話的な自覚です。

モイヤーズ　それはひとつの隠喩であり、現実のイメージなのですね。

キャンベル　そうです。もし、中心はまたあなたと向き合っている他人のなかにもあるということを自覚しないと、いま言ったことは粗野な個人主義に堕してしまうおそれがあります。その自覚を持ってこそ、神話的な意味での個人になれる。あなたは世界の中心にある山だ。そして、中心の山は至るところにある。

第四章　犠牲と至福

もし自分の至福を追求するならば、以前からそこにあってあなたを待っていた一種の軌道に乗ることができます。そうなれば、あなたのいまの生き方そのものが、あなたのあるべき生き方になるのです。もしあなたが至福を——無上の喜びを——追いかけているのだったら、あなたは常にあのさわやかな水、あなたの内なる生命の水でのどをうるおしているわけです。

モイヤーズ　神話には環境がとても大きな影響を及ぼす、と書いておられますね。それを読んで印象深いのは、人々が——平原に生きる狩猟民や、森林に生きる農耕民たちが——自分たちの風景と深くかかわりあって生きているということです。これらの人々は彼らを取り巻く世界の一部であり、その世界のさまざまな様相は、彼らにとって聖なるものとなっているのですね。

キャンベル　地域の風景を神聖視することは、神話の根本的な機能です。この事実は、ナバホ族のうちにはっきりと見られます。ナバホ族は、北の山、南の山、東の山、西の山、そして中心の山を特定します。彼らの伝統的な住居であるホーガンの入り口は常に東を向いています。炉は中央にあり、それが宇宙の中心になります。そこからの煙は天井の穴を抜けて立ち昇る。炉でたかれた香がそのまま神々の鼻腔に届くわけです。風景も住居も、イコンに、聖なる絵になる。人々はどこにいようと、その宇宙の秩序に組み込まれている。

それから、ナバホの砂絵を見ると、まわりをぐるっと囲むようなものが必ず描いてある。蜃気楼か、虹か、それともほかのものかもしれませんが、とにかくいつも囲いが描かれていて、それには東側に切れ目がある――新たな霊がそこから入ってこられるように。ブッダも菩提樹の木の下で、東を向いて、朝日の昇る方角を向いて、座りました。

モイヤーズ　はじめてケニヤを訪れたときのことですが、ひとりで、非常に古い時代の住居跡に行ってみました。そこはかつて湖の岸辺だったのです。そして日が暮れるまでそこにいましたが、森羅万象の現存といったようなものをひしひしと感じました。あの夜空の下の、あの広漠とした場所で、自分ははるか昔の、しかしいまもたしかに生きているなにものかに所属していると感じたのです。

キャンベル　たしかキケロでしたか、大木の茂った森のなかへ入ると、人は神の存在を知る、と言っています。神聖な森というのは、至るところにあります。私も子供のころ森へ行き、樹齢を重ねた大木を見て畏敬の念にうたれたことを覚えています。「ああ、あなたはずっと昔からなにを知っているんだろう、あなたはだれなんだろう」と思いました。この、創造の現存に触れるという感覚は、人間にとって基本的なものでしょう。しかし、いまの私たちは都会に住んでいる。すべて石と岩と、人造のものばかり。小さなシマリスや大きなフクロウ

〈湖畔のアパッチ族〉エドワード・S・カーティス（1868～1952）撮影

たちのいる森のなかで育つ場合は、世界がまるで違います。そこにあるものはみな生き物として、生命の勢いや、力や、不思議な可能性――あなたのものではないにしても、生命そのものの部分であり、あなたに向かって開いているもの――の現れとしてあなたを取り巻いている。そしてあなたは、それが自分のなかでこだましているのを感じる。なぜなら、あなたは自然だからです。スー族のインディアンが平和のパイプを手にするとき、彼はまず太陽が最初の一服を吸えるように、吸い口を空へ向けて差し出します。それから必ず四方に向かってあいさつをします。このように、地平線に向かって、自分がそのなかに存在している世界に向かって呼びかけることによって、彼は世界のなかでの自分の場を与えられるのです。私たちの生き方とは違います。

モイヤーズ　先生は『神話のイメージ』のなかで、変容の中心について、時間という壁が消えて奇跡が現れる神聖な場所について、書いておられる。聖なる場所を持つとは、どういう意味でしょうか。

キャンベル　これは今日すべての人にとって必要不可欠なことです。今朝の新聞になにが載っていたか、友達はだれだれなのか、だれに借りがあり、だれに貸しがあるか、そんなことを一切忘れるような部屋、ないし一日のうちのひとときがなくてはなりません。本来の自分、自分の将来の姿を純粋に経験し、引き出すことのできる場所です。これは創造的な孵化場です。はじめはなにも起こりそうにないかもしれません。しかし、もしあなたが自分の聖なる場所を持っていて、それを使うなら、いつかなにかが起こるでしょう。

す。

モイヤーズ　この聖なる場所は、平原が狩猟民にもたらしたのと同じものを私たちにもたらす。

キャンベル　彼らにとっては世界全体が聖なる場所でした。しかし、いまの私たちの生活は、その方向性において非常に実際的、経済的なものになっています。だからみんな、ある程度の年齢になると、次から次へと目先の用事に追いまくられて、自分がいったいだれなのか、なにをしようとしていたのか、わからなくなってしまう。二六時中、しなければならない仕事に追われているのです。あなたにとって至福は、無上の喜びは、どこにあるのか。あなたはそれを見つけなくてはなりません。ほかのだれもが見向きもしない古くさい曲でもいいから、とにかく自分が大好きなレコードを聴くとか、あるいは好きな本を読むとか。聖なる場所では、あなたは、例えば平原の人々がおのれの住む世界全体に対して持っていたような、生きた「汝（thou）」の感覚を持つことができるのです。

モイヤーズ　人に対して風景が及ぼす力について話してきましたが、風景に対して人が及ぼすものはなんでしょうか。

キャンベル　人は聖地を創り出すことによって、また、動植物を神話化することによって、その土地を自分のものにします。土地に霊的な力を与えるのです。そこは一種の寺院、瞑想の場になります。たとえばナバホ族は、みごとに動物を神話化しています。ナバホの砂絵を見ると、小動物たちがそれぞれ独自の価値を持つものとして表されています。その動物たちは、ありのままの形で描かれているのではありません。様式化されています。そしてこの様

〈ヤコブの階段〉ウィリアム・ブレイク画

式化は、動物たちの単に物理的な特性ではなく、霊的な特性を示す手段です。例えば大きなハエがいます。そのハエは、あなたが砂漠を歩いているとき、ときどき飛んできては肩にとまります。ナバホの神話では、そのハエは〈大きなハエ〉とも〈小さな風〉とも呼ばれています。試練を課せられた幼い英雄の耳元で、父親の出した難問の答えをそっと教えてくれるのがこのハエです。〈大きなハエ〉は、隠れた知恵を明かしてくれる聖なる霊の声なのです。

モイヤーズ　で、それらすべての目的は？

キャンベル　土地を自分のものとすること。自分の住んでいる土地を霊的な意味の深い場所に変えることです。

モイヤーズ　では、モーセが〈約束の地〉を眺めたとき、モーセはほかの精神的指導者たちがおのれの民のためにしたのと同じことをしていたわけですね。その土地を自分たちのものにするという。

キャンベル　そうです。ヤコブの夢を覚えていますね。ヤコブが目を覚ましたとき、その場所はベテル、すなわち神の家になりました。ヤコブはその場所に霊的な意味を与えることによって、そこを自分のものにしたのです。それは神がエネルギーの種をまいた場所なのです。

モイヤーズ　現在でもこの大陸に聖なる場所がありますか。

キャンベル　メキシコ・シティがそうでした。スペイン人が破壊する前は、世界最大の都市のひとつだったんです。スペイン人が最初に目にしたメキシコ・シティ――当時はテノクティトランでしたが――は、ヨーロッパのどの都市にもまさる大都市であり、かずかずの大神殿を擁した聖地でもありました。かつて太陽の神殿があった場所に、いまはカトリックの聖堂が建っています。これはキリスト教徒が領土権を主張した一例です。つまりキリスト教徒は、以前ほかの神殿があった場所に自分たちの神殿を建てることによって、同じ風景を自分たちの風景に変えたのです。

例えば、ピルグリム・ファーザーたちも、新しい土地に、聖書からとった地名をつけました。ニューヨーク州の北のほうでは、だれか『オデュッセイア』や『イーリアス』を覚えている人がいたのでしょう――イサカ、ユーティカなど、古典から取った地名がずいぶんあります。

モイヤーズ　人々は、自分たちを強めるようなエネルギーがあると信ずる場所を、いわば聖別するのですね。ある土地と、そこに人々が建てたものとのあいだには有機的な関連がある。

キャンベル　そうです。だがそれも、大都会の出現と同時に終わってしまいました。

モイヤーズ　いまのニューヨークでは、だれがいちばん高いビルを建てるかの競争ですからね。

キャンベル　建築技術の勝利とでもいったところでしょう。それは、われわれは経済力の中心だぞ、われわれになにができるか見るがいいという、大都会の宣言です。一種の曲芸的な離れ業ですね。

モイヤーズ　現在、聖なる場所というと？

キャンベル　どこにも存在しません。人々が出かけていき、かつてそこで起こった重大な事柄について思いをめぐらすような、歴史的な場所はいくつかあります。例えば、私たちは聖地エルサレムを訪れるかもしれない。そこは私たちの信仰の発祥の地だからです。しかし、ほんとうはあらゆる土地が聖地でなくてはいけない。人は風景それ自体のなかに、そこにある生命エネルギーの象徴を見いだすべきです。古い文化的伝統に生きる人々はみなそうしています。彼らは自分たちの風景を神聖視しているのです。

例えば、八、九世紀のアイスランドで、初期の移住者として暮らしていた人たちはそうしました。彼らは自分たちのそれぞれ異なった集落を、たがいにローマ尺で四十三万二千フィートずつの間隔を置いて築きました（四十三万二千という数字は多くの社会で共通に使われている重要な神話的数字です）。アイスランドの風景はすべてそのような宇宙的関係を保って構成されています。ですから人はアイスランドじゅうどこに行こうと、（もし神話を知っていれば）いわば宇宙との調和のなかにあるというわけです。これはエジプトの神話と同じ種類のものですが、エジプトでは象徴は異なった形をとっています。というのも、エジプトでは丸くなくて、細長い形をしてますからね。エジプトでは、空の女神は二本の脚を南に、二本の脚を北に置いた聖なる雌牛です――いわば長方形の思想ですね。だが、私たち自身の文明の精神的象徴は、基本的には失われてしまいました。だからこそ、あのフランスの小さな美しい町シャルトルを訪れると、あんなにすばらしいと思えるのです。あそこでは、大聖堂がまだ町を支配している。そして、夜が明けるとき、朝から昼に移るとき、そしてもういちど夕暮れが訪れるとき、聖堂の鐘が鳴り響く。

私はシャルトルを自分の教区だと思っています。何度も何度も行きました。パリで学生だったころ、週末はずっと大聖堂のなかで、そこにある像やなんかを片っぱしから調べて過ごしたものです。あんまりしょっちゅう入りびたってるものだから、ある日のお昼どきに堂守がやってきて、「いっしょに上がって鐘をついてみるかね」と言いました。「喜んで」と私は答えました。二人は塔を登って、大きなブロンズの鐘のところへ行きました。そこにはシーソーみたいな小さな足場がある。シーソーの一端に堂守が立ち、もう一方の端に私が立つ。つかまれるように小さい横木が渡してあるんです。堂守がひとこぎする。シーソーが動き出す。さあそれから、私たちは上がったり下がったり、聖堂のてっぺんで、風が髪の毛のなかを吹き抜けて。やがて私たちの下で鐘が鳴り出しました――グヮーン、グヮーン、グヮーン。あれは一生のうちでも最もスリリングな冒険と言えるくらいです。

鐘をつき終わってから、堂守は私を下へ連れていって、「わしの部屋を見せてあげよう」と言いました。だいたい、聖堂には身廊があり、翼廊があり、後陣があります。

後陣のぐるりには聖歌隊席の仕切りがあります。堂守は私を案内して、その仕切りの真ん中にある小さなドアを抜けました。そこに彼の小さなベッドと、ランプを置いた小さな机があったのです。聖歌隊の仕切り越しにのぞいたとき、あの黒聖母の窓が見えました。それが彼の住まいでした。ここに、不断の瞑想のうちに生きている人がいる。実に感動的な、美しいたたずまいでした。それ以来シャルトルには、何度も何度も足を運んでいます。

モイヤーズ　そこでなにを見いだしたのですか。

シャルトル大聖堂

キャンベル　シャルトルは私を、精神的原理が社会を導いていた時代に連れ戻してくれます。ある社会でいちばん高い建物を見れば、その社会がなににによって動かされているかすぐわかります。中世の町を訪れてごらんなさい。いちばん高いのは聖堂です。十八世紀の町に行ってみれば、そこでいちばん高いのは政治にかかわる建物でしょう。そして現代の都市ではオフィス・ビル——経済生活の中心です。

ソルトレイク・シティへ行ってみればひと目でわかります。まずはじめに、町の真ん中に神殿が建てられました。これは適切なやり方です。神殿は、そこからあらゆるものが、あらゆる方向へと流れ出していく精神的中心ですから。つづいて、その隣に、政治的な建物、州議事堂が建てられましたが、これは神殿よりも高い。現在いちばん高いのは、神殿と政治的ビルディングの両方を管理するオフィス・ビルです。これが西欧文明の歴史です。ゴシック時代から、堂々たる十六世紀、十七世紀、十八世紀を経て、私たちがいま生きている経済の世界になった。

モイヤーズ　で、シャルトルへ行くと……

キャンベル　……私は中世に戻る。子供のころそのなかで育った、カトリックの霊的イメージの世界に帰る。とてもすばらしいことです。

モイヤーズ　先生はいつまでもノスタルジーに浸っているような方じゃありません。シャルトルで先生の心を動かすのは、単なる過去ではないと思いますが。

キャンベル　ええ、それは現在です。あの聖堂は私に世界の精神的情報を伝えてくれます。

そこは瞑想の場所です。ただ歩き回ったり、腰を下ろしたり、ただ美しいものを眺めたりする場所。

モイヤーズ 先生がそんなにも愛しておられるシャルトルの大聖堂は、宇宙に対する人間の関係をも表しているのではないでしょうか。

キャンベル そうです。あの大聖堂は、祭壇を中心にして十字架の形をとっています。象徴的な構造です。いま多くの教会は、まるで劇場みたいな形で建てられています。見てくれが大事なんです。シャルトルの聖堂では視覚的なものには全く関心が払われていません。そこで起こることの大部分は、目に見えないところで起こる。大切なのは象徴であって、ショーを見物することではありません。ショーはだれもが暗記している。六歳のときからずっと見てるんですから。

モイヤーズ それなのに、なぜそんなに聖堂を訪れるのでしょう。

キャンベル そこが神話の役目です。なぜ私たちは神話のことなど何度も話したがるのか。そうすれば、私たちの精神的生活の本質的な元型に立ち帰ることができるからです。毎日毎日儀式を繰り返すことで、人は精神的な逸脱をまぬがれる。

モイヤーズ でも、現代人はそんなことをしません。

キャンベル 私たちは、その種の関心と無縁になってしまったんですね。古代の人々は、精神的な原理を不断に意識しつつ生きることを目標にしていました。アッシリアの宮殿遺跡には、人間の頭と、ライオンの胴体と、ワシの翼と、雄牛の脚を持った合成獣が見られます。

これは黄道帯の四つの星座宮の動物を合成したもので、宮殿の門の守護者なのです。

エゼキエルの幻視においても見られたこの四つの動物は、キリスト教の伝統のなかでは四人の福音史家となります。「マタイ、マルコ、ルカ、ヨハネさま、どうぞ私が眠るベッドを祝福してください」というお祈りを覚えているでしょう。この祈りでは、あなたは真ん中、キリストの場所にいる。そしてベッドの四本の柱は、東西南北四つの方位を示しています。

このマンダラは、時空を超えた彼方からのキリストの出現を示しています。四つの動物は永遠を覆い隠す時空のヴェールであり、真ん中のキリストは突破口、再生、そして、宇宙の女神である時空の子宮から世界の主が到来することを意味しています。

モイヤーズ　先生は、シャルトルにあるような大聖堂は、法を超越した、意味の基盤となる知識を象徴していると言われます。また、その知識は、壮麗な石造建築だけでなく、その外部を取り巻き、内部を満たす偉大な沈黙のなかに存在しているとも。

キャンベル　すべての霊的なものは、究極のところ、音を超えた沈黙につながっています。あの、〈肉体となった言(ことば)〉が最初の音で、その向こうにあるのは、知られていないし知ることもできない超越です。それは、偉大な沈黙と呼んでもいいし、空(くう)と呼んでも、絶対的超越と呼んでもいいでしょう。

モイヤーズ　神話がいかに私たちを聖なる場所に結びつけるか、また風景がいかに原初の人間を宇宙に結びつけたかというお話をうかがっているうちに、超自然は、少なくとも先生が考えておられる超自然は、実は自然にすぎないんだと思えてきました。

アッシリアの翼ある雄牛

キャンベル　超自然を、なにか自然を超えて、自然の上にあるようなものと見なすのは荒廃を招く思想です。中世においては、その考えが結局は世界を荒れ野みたいなものにしてしまったんです――人々がほんとうにしたいことはなにひとつせず、いいかげんな生活を送る場所に。というのも、超自然の法則は人々に、聖職者の指示どおり生きることを要求したからです。荒れ野では、人々は自分の目的ではなくて、逃れられない掟として押しつけられた諸目的を果たすことに力を尽くします。これが荒廃を招くのです。宮廷恋愛を歌った十二世紀の吟遊詩人たちは、超自然の思想によって正当化された、真実の生の喜びに対する破壊活動に抗議しました。トリスタン伝説もそうだし、さまざまなすばらしい聖杯伝説のうちの少なくともひとつ、ヴォルフラム・フォン・エッシェンバッハのものもそうです。その活力は実に生命の花束ともいうべきものです。それは外から生命のなかに吹き込まれたなにかではなくて、生命から生まれたものです。これは母なる女神を崇める宗教のすばらしい点のひとつですね。世界は女神の体であり、それ自体に神性が宿っている、そして神とは堕落した自然の上に立ってそれを支配する者ではない、という考え方。美しい十三世紀のフランスの聖堂のすべてを生み出した中世の聖処女崇拝のなかには、このいきいきした気分がなにがしか含まれています。

　しかし、私たちが受け継いでいる楽園における堕落の物語は、自然をけがれたものと見ます。その神話は私たちの世界全体を汚すのです。自然をけがれたものと考えるのですから、自然な行動もみな罪深いもの、許せないものとなります。あなたの神話が自然を堕落したものと見るか、それとも自然それ自体が神性の顕現であり、精神は自然に本来備わっている神性の発露であると見るかによって、あなたの文明も、あなたの生き方も、全く違ったものになります。

モイヤーズ　自然に本来備わっている神性を私たちにわからせてくれるのは、現代においてはだれでしょう。われわれのシャーマンはだれですか。目に見えない物事を説明してくれる人は？

キャンベル　それは芸術家の仕事です。神話を現代に伝えるのは芸術家です。ただし、神話のことも、人間のことも、よくわかっている芸術家に限ります。あるプログラムを押しつけてくるような、ただの社会学者ではだめです。

モイヤーズ　その他大勢のふつうの人間はどうなんでしょう。詩人でも画家でもなく、超越的な無我の境地なんかとは無縁な人間は。私たちはどうやったらそういうことを知ることができるんでしょう。

キャンベル　とてもいい方法を教えましょう。部屋に座って本を読む――ひたすら読む。然るべき人たちが書いたまともな本ですよ。すると知性がその本と同じ高さまで運ばれ、あなたはそのあいだずっと、穏やかな、静かに燃える喜びを感じ続けるでしょう。こういう生命の自覚は、あなたの日常生活のなかで常に持てるはずです。あなたをほんとうにとらえて離さない作者を見つけたら、その人の全著作をお読みなさい。「だれだれがなにをしたか知りたい」などと考えずに。ベストセラーのリストなんかも、気にすることはありません。これと決めたひとりの作者があなたに与えてくれるものを読む。次には、その作者が読んだ本を読んでいくのもいい。こうするうちに、あるひとつの観点から見た世界像が見えてくるのです。ところが、いまこの作者を読んだかと思えば次はあの作者、という具合に移り気な読み方をしたら、だれがいつこれこれの詩を書いたなんてことには詳しくなるかもしれないが、どの作者もあなたになにひとつ語ってはくれません。

モイヤーズ　すると、シャーマンは原始的社会で、芸術家が今日果たしている機能を果たしていた。彼らの役割は非常に重要で……

キャンベル　私たちの社会で教会の司祭が伝統的に果たしてきた役割を果たしていたのです。

モイヤーズ　では、シャーマンは司祭ですか。

キャンベル　私の見たところ、シャーマンと司祭とのあいだにはひとつ大きな違いがあります。教会の司祭は社会的な役職です。社会がある神々をある決まったやり方で崇拝する。そして司祭はその儀式を遂行する役に任ぜられるのです。彼が仕える神は、自分が来るより前にそこにいた神です。一方シャーマンの力は、彼自身がよく知っているものによって、彼自身の個人的な体験を支配する神々によって、象徴されます。彼の権威は、社会的な任命ではなくて、心理的な体験から生じているのです。

モイヤーズ　シャーマンは私が行ったことのないところに行き、それを私に説明してくれる。

キャンベル　それからまたブラック・エルクの場合のように、シャーマンは彼のヴィジョンの一部を、自分の部族のために儀式化して見せることもあるでしょう。内的な体験を人々の外的な生活の場で示すわけです。

モイヤーズ　それが宗教の始まりであった？

キャンベル　個人的には、そうではないかと思っています。でも、ただの推測です。ほんとうのところは知りようがありません。

モイヤーズ　ひとりのイエスが荒れ野へ行き、心理的変容の体験をし、戻ってきて人々に、「わたしについてきなさい」と言う。こういうことが、いろんな原始社会で起こったのでしょうね。

キャンベル　そういう形跡があります。事実上すべての狩猟社会にシャーマン的な要素が見つかります。

モイヤーズ　なぜ特に狩猟文化だと？

キャンベル　狩猟民族は個人主義的な人々だからです。狩猟民は農耕民にはとてもまねができないほど個人主義的です。畑で汗水たらして働き、自然がこうしろああしろと時期を告げてくれるのを待つのが農耕民の生き方。それに反して狩猟は……狩りは一回ごとに前のとは違っている。ハンターは、特別な才能や手腕を必要とする個別的な技術の訓練を受ける。

モイヤーズ　で、人間が進化すると、シャーマンはどうなったのですか。

キャンベル　村での定住生活に重点が置かれるようになると、シャーマンは力を失いました。実は、アメリカ南西部のインディアンであるナバホ族とアパッチ族にすばらしい神話伝説があります。ナバホ族もアパッチ族も、元来は狩猟民だったのが、農耕が発達していた地域へ移動してきて、農耕という生活様式を採用した人々です。彼らの始まりの物語のなかに、シャーマンが恥をかき、祭司がそれに取って代わるという典型的な面白いエピソードがあります。シャーマンたちがなにか太陽を怒らせるようなことを言ったので、太陽が姿を消してしまう。シャーマンたちは「なあに、元どおり太陽を取り返してみせる」と言っていろんな秘術を尽くすのですが、これが実に皮肉に、面白おかしく描かれています。でも、シャーマンの秘術は太陽を呼び戻すことができません。それ以来、彼らはシャーマン・ソサエティという、一種の道化集団に落ちぶれます。彼らはある特別の力を持ったマジシャンではありますが、いまではその力もより大きな社会に従属させられています。

モイヤーズ　私たちは、狩猟の場である平原が神話に与える影響について話しました。円を描く地平線によって明確に区切られ、広大な空のドームをいただく空間、それが平原です。しかし、植物が密生したジャングルに住む人々はどうなんでしょうか。空のドームも、地平線も、遠近感もなくて、ただ樹木、樹木、樹木ですよね。

キャンベル　コリン・ターンブル（一九二四〜一九九四年。米国の人類学者）が、一度も森から外へ出たことのないピグミー族のひとりを山の上まで連れていったときの興味深い話をしています。一行が木々のあいだから突然丘の上に出ると、目の前にひろびろとした平原が開けていた。気の毒に、その小柄なピグミーはすっかり恐れをなしてしまった。彼は空間の広がりや距離を判断することが全くできませんでした。遠くのほうで草を食（は）んでいる動物たちを見て、すぐ近くにいる小さいアリだと思ったんです。すっかり打ちのめされて、大急ぎで森のなかに駆け戻ったそうです。

モイヤーズ　われわれの文化や宗教が形作られる際、地理的なものが大きく作用するわけですね。砂漠の神は平原の神ではなく……

キャンベル　……熱帯雨林の神でもない。いや、複数形を使って、熱帯雨林の神々でもないと言うべきですね。人々がひとつの空、ひとつの世界を持った砂漠にいたら、ただひとりの神の観念を持つかもしれません。しかし、地平線はおろか、十ヤードか十二ヤード先のものはもう見えないようなジャングルのなかでは、とうていそんな観念は持てません。

モイヤーズ　すると人々は、自分たちの神観念を世界に投射している？

キャンベル　そうですとも、もちろん。

モイヤーズ　地理的なものが、そこに住む人々の神性のイメージを形作り、そして彼らはそれを客体化して神と呼ぶ。

キャンベル　そうです。神の観念は必ず文化的に条件づけられています。必ずです。ですから宣教師が、彼が唯一神と考えるもの、つまり〈彼の神〉をほかの土地に伝えようとする場合でも、その神は、そこの土地の人々の抱く神の観念によって変形させられるのです。

　ハワイに派遣されたイギリスの宣教師についての面白い話があります。この宣教師のところに、ペレ女神の女祭司がやってきました。ペレ女神の女祭司というのは、ある意味でペレ女神自身の小さな化身でしてね。ですから宣教師は、事実上女神に話しかけていたわけです。彼は、「わたしはあなたに神(ゴッド)からのメッセージをたずさえてまいりました」と言いました。

すると女祭司は、「ああ、ゴッドってあなたの神さまね。わたしのはペレよ」と答えたというのです。

モイヤーズ　「あなたはわたしのほかに、何者をも神としてはならない」というのは、ヘブライ民族独特の考えですか？

キャンベル　ほかのどこにも見つかりませんね。

モイヤーズ　なぜ、唯一神なのでしょう。

キャンベル　それは私にもわかりません。ただ、砂漠で暮らす人々が信じる地域社会的な神の特性だということはよくわかります。砂漠で暮らす人の場合、自分の身を守ってくれる社会にすべてをゆだねます。社会は常に家父長的なものです。自然は常に母親的です。

モイヤーズ　女神信仰が現れたのは、人類が農耕時代に入り、その初期社会の農作物の植えつけや収穫に女性が主要な役割を果たしたからだとお考えですか。

キャンベル　それは疑いの余地がありません。女性はその時期に、魔術的な力を持つということから社会の最も重要なメンバーになったのです。

モイヤーズ　それまでは、狩りをする男が……

キャンベル　そう、それが女性のほうへ移ってきた。女性の魔力は大地と同じように、産み、育てることですから、それは大地の魔力を支えるものです。初期の社会において、女性は最初の農耕者でした。ふたたび男性が農耕の主導者になるのは、のちのこと、つまり高度の文化組織のなかで鋤（すき）が発明されてからです。それからは、鋤が大地を耕すということで、性交

モイヤーズ　神話へのこれらの異なったアプローチを、先生は「アニマル・パワーの道」「種子をまかれた大地の道」「天上の光の道」「人間の道」と言っておられるのですね。

キャンベル　それらの道は、それを通して各時代のノーマルな人間の条件が象徴化され、組織化され、それ自身の知識を与えられる象徴体系に関係しています。

モイヤーズ　そして、それがなにを尊重するかにも。

キャンベル　なにを価値あるものと見るかは、生活を支配する諸条件によって決まるでしょうね。例えば、ハンターは常に動物のいる外のほうを向いて暮らしている。彼の生活は、動物との関係で成り立っている。すると彼の神話も外向きのものになるでしょう。ところが農耕神話、すなわち、植物の栽培、種まき、種のいわば死、そして新たな植物の芽生えなどに関わる神話は、もっと内側を向く。ハンターの場合、神話に生気を吹き込むのは動物です。ある男が力と知識を得たいと望むとき、彼は森のなかに入って断食をし、祈る。すると動物が出てきて教えてくれるわけです。

　農耕民の場合、植物世界が教師です。植物の世界は、生命の各段階が人間のそれと一致している。だから、そこには内面的な関係があるんですよ。

モイヤーズ　人類が狩猟生活から農耕生活に移ると、神話を生み出すイマジネーションも変化したのでしょうか。

キャンベル　劇的かつ全面的な変化が起こりました。神話だけでなく精神自体が変わったと私は思います。動物は、一枚の皮に包まれた一個の完全な生命体ですね。あなたがある動物を殺せば、その動物は死にます。それがその動物の終わりです。しかし植物界には、自己充足的な個体などはありません。もしひとつの植物を切っても、また新しい芽が出てくる。剪定は植物にとっていいことです。植物の場合、その総体がひとつの継続する生命存在なのです。

熱帯のジャングルから生まれたもうひとつの理念は、生命が腐朽物から生じたというものです。私は、何十年も前に切り倒された大木の巨大な切株が散在する、すばらしいレッドウッドの森を見たことがあります。切株からは色鮮やかな若木が伸び出していましたが、それらの若木はどれも同じ植物の一部なのです。また、もしあなたがある木の枝を切れば、別の枝が生えてくる。動物の手足や尻尾を切ってごらんなさい。ある種のトカゲでないかぎり、また生えてきたりはしません。

こんなわけで、森林そして栽培文化においては、死は、なんというか、死でなく、新たな生命のために要求されるもの、と思われているのです。また、個人はまったくの個人でなく、ひとつの植物の枝であると。イエスは、「わたしはぶどうの木であり、あなたがたはその枝である」と言うとき、このイメージを使っています。あのぶどう園のイメージは、ばらばらの個体である動物のイメージとは全く違ったものです。栽培文化には、やがて食べてしまう植物を養い育てるという考えがあります。

モイヤーズ　農耕民のその経験から、どんな神話が生まれましたか。

キャンベル　自分たちの食用となる植物は、犠牲にされた神または先祖の、切り刻まれて埋められた体から生えたものだというモチーフが、至るところで見られます。特に太平洋文化圏に顕著です。

こうした植物に関する物語は、意外にも、南北アメリカの私たちがふつう狩猟地域と考えている地域にも広がっています。北アメリカの文化は狩猟文化と農耕文化とが相互に作用し合っている非常にいい例です。インディアンたちは、主として狩猟民でしたが、同時にトウモロコシの栽培もしていました。トウモロコシの起源についてのアルゴンキン族の物語では、幻視を体験したひとりの少年のことが語られています。そのヴィジョンのなかで、少年は、頭に緑の羽飾りをつけた若者を見る。若者は少年に近づいて、レスリングをしようと言います。そこでレスリングをすると、若者が勝つ。若者は何度も何度もやってきて、少年とレスリングをしてはいつも勝つ。そのうちある日、若者が少年に、「この次には、おまえは私を殺さなくてはいけない。そして死骸を土に埋め、埋めた場所によく気を配るように」と言う。少年は言われたとおり、その美しい若者を殺して土に埋めた。しばらくたって少年が行ってみると、羽飾りをつけた若者を埋めたところから――植えたところから、と言ってもいいでしょう――トウモロコシが生えていた。

さて、この少年は以前から父親のことを案じていたのです。父親はハンターでしたが、年をとっていたからです。少年は、狩猟以外に食料を得る道はないものかと考えていた。その思いが、彼に幻を見させたのです。物語の終わりで、少年は父親に言います。「これでもう、ぼくたちは狩りに行かなくてもいいんだ」と。これは、人々にとって大いなる覚醒の時だったに違いありません。

モイヤーズ　しかし、その話の芯になっているのは、植物がその死骸から生えるためには、まず、羽飾りをつけた若者が死んで埋葬されなくてはならない、ということですね。そういう話は農耕文化の神話のあれこれに含まれているんでしょうか。

キャンベル　そうです。例えばポリネシア一帯で、いまの話とそっくりの話が語られています。池で水浴びをするのが好きな娘がいた。その池には大きなウナギがいて泳ぎ回っていたが、毎日、水浴びをする娘の脚のすぐそばをかすめるようにして通る。やがてある日、ウナギは若者に姿を変え、一時だけ娘の恋人になります。それから、行ってしまう。しかしまたやってくる。行っては戻り、行っては戻りを繰り返すのですが、何度目かにやってきたとき、ちょうどアルゴンキン族の物語のなかで羽飾りをつけた若者が言ったように、娘にむかってこう言います――「この次わたしがおまえのところに来たら、おまえはわたしを殺し、首を切って頭を土に埋めなくてはいけない」と。娘は言われたとおりにした。すると若者の頭を埋めたところから、ヤシの木が生えた。ヤシの実を手にとってみると、ちょうど頭の大きさだということがわかるでしょう。頭そっくりで、目や、小さなこぶこぶまであります。もしアメリカの人類学者の大多数が言っていることを信じるなら、太平洋文化と、私たちの農耕民神話の生まれ故郷である中央アメリカの文化とのあいだには、つながりはないはずなのに。

モイヤーズ　じゃ、おたがいに無関係な文化社会に、同じ話が生まれているのですね。これはどういうことでしょう。

キャンベル　神話の驚くべき点のひとつです。私は生涯ずっと神話を調べてきましたが、ぴったり同じ話がいくつもいくつも出てくるのにはいまでも驚かされています。まるでひとつの同じ話を、そっくりそのまま違った媒体に反射させているかのようです。トウモロコシという媒体の代わりにヤシの実というふうに。

モイヤーズ　農耕社会の物語で私が驚くのは、大地の子宮から生まれたという人々が初めて登場することです。そこには、子宮が実に繰り返し繰り返し出てきますね。

キャンベル　ことにアメリカ南西部の伝説に顕著です。この地域では、最初の人々は地中から出てきたとされています。彼らは出生の穴を通って出てくる。その穴は、世界の中心軸と考えられ、聖なる場所になる。ある特定の山と関連があるんです。

物語というのはこうです。地面の下に、まだほんとうには人間ではない、自分が人間であることすら知らない者たちがいた。そのうちのひとりがタブーを破ってしまった。だれもそれがタブーだなんて知らなかったんですが、そのために洪水が起こって、水が押し寄せてきた。人々は、世界の天井の穴からロープを伝って昇らざるを得ない――そうしたら別の世界へ出ていた。また、一説では、シャーマンたちがひどく思い上がって太陽と月を侮辱したので、太陽と月が消えてしまい、そのためにみんな暗闇に閉ざされてしまった、というのです。

シャーマンたちは太陽を呼び戻してみせると言って、木々を飲み込んで腹から出してみたり、目だけ外に出して全身土のなかに埋まってみたり、ありとあらゆる秘術を尽くします。

だが全然効き目がない。太陽は戻ってこない。

　そこで祭司たちが、今度はここにいる人々にやらせたら、と言う。その人々というのは、あらゆる動物から成っていました。動物人間たちは輪になって踊りました。踊って踊って踊り続けたんです。するとこの踊りによってひとつの丘ができた。丘はぐんぐん盛り上がって山になり、世界の高い中心になった。人間たちはみんなここから出てくるんです。

　ここでひとつ面白いことがあります。旧約聖書と似た問題ですが。いまの話は全部ある特定のグループ、つまりナバホの話です。ところが、彼らが世界に出てきたとき、そこにはもうすでにプエブロ族の人々がいた。アダムの息子たちはどこで妻になる女を見つけたかという問題と同じでしょ？　ある集団の人々はこのようにして生まれた、という。で、それ以外の世界は、なぜかまた別の出来事によって存在している。

モイヤーズ　選民の思想ですね。

キャンベル　まさにそのとおりです。どの集団もみんな、自分たちは選ばれた民だと思っている。彼らが自分たちにつけた名前が、たいていは〈人間〉を意味するものだというのはちょっと面白いですね。ほかの人々には変な名前をつけてるんですよ――ひょっとこだとか鼻曲がりだとか。

モイヤーズ　アメリカ北東部の森林地帯に住んでいたインディアンには、空から落ちてきて双子を生んだ女の話がありますね。南西部のインディアンには、処女から生まれた双子の話がある。

キャンベル　ええ。空から来た女というのは、もともとは狩猟文化から出たもので、大地の女は農耕文化から出たものです。そうした双子は二つの相反する原理原則を代表しますが、聖書のなかでカインとアベルによって代表されている対立とはまるで違ったものです。イロクォイ族の物語では、双子のひとりはスプラウト〔若芽〕またはプラントボーイと呼ばれ、もうひとりはフリントと呼ばれています。フリントは、生まれるときに母親の体をひどく傷つけ、母親は死んでしまう。フリントとプラントボーイは二つの伝統を代表しています。フリントは動物を殺す刃に使われる硬い石ですから、フリントという名を持ったほうの子は狩猟の伝統を代表している。一方プラントボーイはもちろん農耕文化の原理を代表しているのです。

　聖書の伝承で言えば、プラントボーイがカインで、フリントがアベルですね。もっとも、アベルはハンターというより実際は牧者ですが。ですから、聖書のなかでは農耕民対牧畜民で、農耕民のほうが忌み嫌われる側になっています。これは、農耕文化の世界に侵入し、自分らが征服した先住民を蔑視した狩猟民ないし牧畜民の神話なのです。

モイヤーズ　なんだか、末開の大西部（ワイルド・ウエスト）のインディアン対白人の戦いみたいですね。

キャンベル　ええ。聖書の伝承では、勝利者となる善人はきまって次男です。次男というのは新しく来た者――つまりヘブライ人です。長男であるカナン人は前からそこに住んでいた。カインは農耕を基盤とした都市の立場を代表しているのです。

モイヤーズ　現代社会における対立も、こういう物語でずいぶん説明できそうですね。

キャンベル　そうですとも。侵入してきた農耕社会、あるいは狩猟または牧畜社会が、もとからいる農耕民とぶつかり合う。比べてみると非常に面白い。地球上のどこでも全く同じような対立が起こっているんです。二つの体制がぶつかりあい、結合する。

モイヤーズ　先生は、空から落ちてきた女はすでに妊娠していたと、また、地上で双子を生んだ女もそうだったとおっしゃった。こんなに多くの社会に、処女降誕で生まれた英雄が死んでまたよみがえるという伝説があることを、どう考えたらいいのでしょう。

キャンベル　救い主となる人物ないし神の死と再生とは、これらの伝説のすべてに共通のモチーフです。例えば、トウモロコシの起源の物語においては、少年の幻に現れた親切な若者がいます。彼は少年にトウモロコシを授けて死んだ。トウモロコシは彼の死骸から生える。生命が生ずるためにはだれかが死ななくてはならない。死が誕生をもたらし、誕生が死をもたらすという、この信じ難いようなパターンが、私にもわかりかけてきました。すべての世代は、次の世代の到来を可能にするため、死ななくてはならない。

モイヤーズ　「倒木や枯葉を基盤にして若い芽が生じる。このことから、死から生命が湧き上り、死から新たな誕生が生じる、という教えが出てくるようだ。そこから引き出される冷厳な結論は、生命を増大させる道は死を増大させることにある、というものだった。こうして、この地球上の赤道地帯全域は、犠牲——植物、動物、そして人間の犠牲——を捧げる熱狂的な儀式によって特徴づけられてきた」と、書いておられますね。

キャンベル　ニューギニアに、男性ソサエティに関連する儀式なんですが、農耕社会に特徴的な〈死〉と〈再生〉と〈食人〉の神話を実際に再現する儀式があります。聖なる広場で太鼓を叩き、歌うように呪文を唱える。ひとしきり続けたら、しばらく間を置いてまた始める。これが延々と四日か五日続くんです。だいたい儀式というものは退屈なものです。へとへとに疲れる。で、疲れ果てたところで、日常の壁を突き抜けて別の世界に出るんです。

そしてついに大いなる瞬間が来ます。あらゆる戒律を破った、めちゃくちゃな性のお祭り騒ぎが始まる。一人前の男になるためのイニシエーションを受ける少年たちは、このときはじめてセックスを体験するのです。巨大な丸太の屋根を二本の柱で支えた小屋のようなものがある。そこに女神の装いをした若い女が入ってくる。彼女は丸太の屋根の下に寝かされる。少年たちは、六人かそこらですが、そして、太鼓の音と呪文の声が続くなかで、ひとりずつその娘をはじめての性行為を体験する。そして、最後の少年が娘としっかり抱き合ったとき、屋根と支えていた柱が取り払われる。丸太が崩れ落ち、二人は死ぬ。こうして、原初に、つまり分離が起こる前にそうであったように、男と女とが一体になる。生成と死とが一体になる。両者は同じものなのです。

そのあと、幼いカップルは引き出され、火であぶり焼きにされて、その日の晩に食べられます。この儀式は、いちばん最初に起きた神殺し、そして死んだ救い主によって食物がもたらされた事件を再現しているのです。ミサで聖餐をいただくとき、それが救い主キリストの体であり血であると教えられますね。あなたがそれを受け、内面に思いを向けると、主があなたの内部で働くのです。

モイヤーズ　儀式が示している真理はなんでしょう。

キャンベル　生命の本性は、生命の行為において実現さるべきだ、ということです。狩猟文化において犠牲が捧げられる場合、それは自分たちのためになにかをしてくれる、あるいはなにかを与えてくれるよう頼んだ神に対する贈り物、またはわいろみたいなものです。しかし、農耕文化において、ある者が犠牲として捧げられるときには、犠牲それ自体が神なのです。死ぬ者は埋められて食物となる。キリストは十字架につけられ、その死骸から精神の糧が生じました。

キリストの物語には、もともと非常に強力な植物イメージだったものが昇華された形で含まれています。十字架上のイエス。イエスは聖なる十字架、つまり木の上にいる。彼はその木の果実です。イエスはエデンの園における第二の禁断の木の、永遠の生命という果実です。人間は第一の木である善悪を知る木の実を食べたとき、エデンの園から追放されました。エデンの園は、すべてのものが一体である場所です。男と女、善と悪、神と人間といった二元性はそこには存在しません。二元性の木の実を食べてしまったら、もうエデンの園にはいられない。ふたたびそこへ帰るための木、それが永遠の生命の木です。永遠の生命のなかでは、あなたは自分と神とが一体であることを知っている。

楽園への復帰は多くの宗教が目指していることです。人間を楽園から追放したヤハウェは、その門に、炎の剣をはさんで二人の智天使（ケルビム）を置きました。さて、仏教の寺院に行ってみると、永遠の生命の木の下にブッダが座しているわけですが、門のところに二人の守護神がいる。

これはケルビムです。人は彼らのあいだを通って永遠の生命の木のもとに行くのです。キリスト教の伝統では、十字架にかけられたキリストは木の上、永遠の生命の木の上にいると見なされ、その果実だとされています。十字架上のキリスト、樹下のブッダ——これらは同じイメージです。門のところにいるケルビム——これはだれでしょう。仏教寺院のケルビムのうちのひとりは口を開けており、もうひとりは口を結んでいる——恐れと欲望、相対するものの一対ですね。もしあなたが楽園の入り口まで来て、この二つの姿が生きていると思い、それに震え上がるようなら、自分の生命に恐れを抱くなら、あなたはまだ楽園のなかには入れません。しかし、あなたがもはや自我に執着せず、自我をより大きな、永遠に一体なるものの一機能だと考え、小さいものでなく、より大きいもののほうにつこうと思うなら、あなたはケルビムを恐れることなく、そのあいだを通り抜けることができるでしょう。

私たちは自分の恐怖と欲望のせいで楽園に入れずにいるんです。自分の人生の幸福だと考えているものとだけ結びついた恐怖や欲望のせいでね。

モイヤーズ どんな時代にも、人間はみな究極的実在から、至福から、喜びから、完全さから、神から、追放されているなどと感じているのでしょうか。

キャンベル そうです。が、恍惚に浸る瞬間だってあります。日常の生活と、そういう恍惚の時との違いは、楽園のなかにいるか外にいるかの違いです。恐怖と欲望を乗り越え、対立を乗り越え……

モイヤーズ 調和に至る？

マヤ族の球技（600〜800年ごろの円筒型容器より）

キャンベル　超越に至る。これはあらゆる神秘的覚醒に欠くことのできない体験です。肉体において死に、魂において生まれる。自分自身を、肉体は単にその運搬手段に過ぎないような意識と生命とに一致させる。手段においては死に、意識においては、その手段が運んだものと一体になる。神と一体になるんです。

農耕文化の伝統が私たちに示しているのは、表に現れた二元性の背後にある同一性というこの観念です。すべての現象の背後に、ただひとつの輝きがあり、その光があらゆるものを照らしている。芸術の機能は作品を通してこの輝きを表すことです。幸運にもうまく仕上がった芸術作品の美しさを前にしたとき、あなたはただ「ああ！」と言う。そのような芸術作品は、あなたの生命の内部に語りかけ、本来ならば宗教が示してくれるはずのものを覚知させてくれます。

モイヤーズ　死は生命であり、生命は死であり、二つは一致するものだ、ということを？

キャンベル　死と生命とのバランスを取るべきだ、ということを。それは同じものの二つの面です――〈在る〉と〈成る〉。

モイヤーズ　で、農耕文化の神話はみなそのことを語っているのですか？

キャンベル　はい、みんなです。死が拒絶されている物語を私はひとつも知りません。いけにえにされることに対して、古代人は私たちとは全然違う考えを持っていた。マヤ族のインディオは一種のバスケットボールみたいな競技をしたんですが、試合の最後に、勝ったほうのチームのキャプテンが、負けたほうのチームのキャプテンによってその場でいけにえにされたのです。首を切られてしまう。生命の勝利の勢いに乗ってみずからを捧げるというのが、古代社会のいけにえの考え方の本質です。

モイヤーズ　それは、特に勝ったほうがいけにえにされるというのは、われわれの世界とはずいぶん異質な考え方ですね。勝者がすべてを取るというのが今日の支配的な思想のひとつでしょう。

キャンベル　このマヤの儀式で肝心な点は、当人がいけにえの神としてふさわしい者になることです。

モイヤーズ　命を失うものは命を得る、というのは真実だとお考えですか。

キャンベル　イエスの言葉ですね。

モイヤーズ　それは真実だと信じますか？

キャンベル　信じています――なにかのために命を捨てるのならば。十七世紀にカナダ東部で伝道していたイエズス会宣教師によるこんな報告があります。敵の部族に捕われた若いイロクォイ族の勇者についての。その勇者は、死に至る拷問にかけられようとしていた。北東部のインディアンには、男性の捕虜を組織的な拷問にかける習慣があったんです。捕虜になった者はひるむことなくその苦痛に耐えるべきだと教えられていました。それは真の男らしさを試す最後の試練でした。で、このイロクォイ族の若者は、恐ろしい試練の場に連れてこられた。ところが、イエズス会士が驚いたことに、若者の様子はまるで結婚式にのぞむ花婿みたいでした。美しく飾られて、大きな声で歌を歌っている。彼を捕えたほうは、あたかも高貴な客人をもてなす主人役を務めているかのように丁重に若者を扱っている。若者は、自分が最終的になにに向かって進んでいるかちゃんと知っていて、そのうえで敵と調子を合わせているのです。この場の様子を書き残したフランス人の司祭たちは、こんなふうに人をなぶり物にするとはなんというむごいやり方だとあきれ果て、若者を捕虜にした人々を、残忍な野蛮人の同類と考えました。しかし、違います！　その人々は、若い勇者の犠牲の儀式に付き添う司祭の役を果たしているのです。これは神前に犠牲を捧げる儀式なのであって、なぞらえて言うなら、若者はイエスにあたる。フランス人の司祭たち自身、毎日ミサを執り行なっているではないですか。野蛮な十字架刑による犠牲のレプリカであるミサを。

これと同じような場面が、キリスト教の外典である「ヨハネ行伝」のなかに、イエスが十字架にかけられる直前の出来事として描かれています。キリスト教文献のなかでも、最も感動的な章節のひとつと言っていいでしょう。マタイ、マルコ、ルカ、そしてヨハネによる福音書では、ここのところはただ、最後の晩餐の終わりにイエスと弟子たちは賛美歌を歌った、と述べられているだけです。しかし「ヨハネ行伝」においては、その賛美歌を歌ったときのありさまが、いちいち細かく描かれている。最後の晩餐が終わり、出て行く前に、イエスは一同に言います。「さあ、踊ろう！」そこでみんなは手をつないで輪を作り、イエスのまわりをぐるぐる回る。イエスは歌う。「あなたに栄光あれ、父よ！」

これに呼応して、まわりのものが「アーメン」と唱える。

「み言（ことば）に栄光あれ！」

ふたたび「アーメン」

「私は生まれ、また生む！」

「アーメン」

「私は食べ、また食べられる！」

「アーメン」

「踊っているおまえたち、私のすることをよく見るがよい。これから私が受けようとしている人類の受難は、みなおまえたちのものだから！」

「アーメン」

「私は逃げ、また留まる！」

「アーメン」

「私はひとつにされ、またひとつにする！」

「アーメン」

「私は、私をノックする者にとっての扉……旅するものにとっての道」

こうして踊りが終わったとき、イエスはゲッセマネの園へ行き、逮捕され、十字架につけられた。

人がひとりの神になり、神話を知ったうえで、こうやって死におもむくなら、きっと永遠の生命に至る。だから、悲しいことなどなにもない。すばらしいことではないか――このままでも。だから祝おうではないか。

モイヤーズ　死の神は踊りの主である。

キャンベル　そして死の神は、同時にセックスの主でもある。

モイヤーズ　どういうことですか。

キャンベル　驚くべきことに、死の神であると同時に生殖の神でもある神々が、そこにもここにも見つかるのです。ハイチのヴードゥー教の死の神ギデは、セックスの神でもあります。エジプトの神オシリスは、死者の審判者であり主であると同時に、生命の増殖の主でもある。基本的なテーマなんです。死ぬものは生まれる、というのはね。生命を持つためには死を持たねばならないんです。

この思想は東南アジア、特にインドネシアの首狩りの起源です。首狩りというのは聖なる行為、神聖な殺人です。若い男が結婚して父親になるのを許可してもらうためには、まず出かけていって人を殺さなければならない。死がなければ誕生はありえない。このことの意味は、すべての世代は、次の世代の到来を可能にするために死なねばならない、ということです。子供が生まれたら、そのときからあなたは死者です。生まれた子供は新しい生命であり、あなたはその生命の単なる保護者に過ぎない。

モイヤーズ　はい、それまで、というわけですか。

キャンベル　出産と死が心理的に深くつながっているのはこのためです。

モイヤーズ　いまおっしゃったことと、親が子供のために命を捨てることとのあいだには、なにか関係がありますか。

キャンベル　ショーペンハウエルは、彼のすばらしいエッセイのなかで、次のような問いを提出しています。他者の危機あるいは苦痛を目前にしたとき、人間が即座に、すべてを忘れて、その人のために自分の命を投げ出すことができるのはなぜだろう。われわれがふつう、自然と自己保存の第一の法則と考えているものが、いったいどうして一瞬のうちに消え失せるのか。

四、五年前のことですが、ハワイで、この問題を地で行くような珍しい出来事がありました。ハワイに、パリと呼ばれる場所があります。北からの貿易風が山脈の頂きから激しく吹いてくるところです。人々は、風に髪の毛をなびかせることを求めて、そこへ登りたがる。あるいは、自殺をしに行きたがる。ゴールデンゲートから身を投げるのと同じようなものですね。

ある日、二人の警官が車でパリへの道を登っていた。そうしたら、車の転落防止のガードレールのすぐむこうに、いまにも飛び降りようとしている若い男が見えたんです。車は止まり、助手席にいた警官が飛び出して、男がまさに飛び降りた瞬間に彼をつかんだが、その警官も前のめりになり、男といっしょに落ちそうになった。間一髪のところでもうひとりの警官が駆けつけ、二人とも引っ張り上げた。

見ず知らずの若い男といっしょに自分を死の危険にさらした警官に、突然なにが起こったのかわかりますか？　彼の生におけるほかのことは一切——家族に対する義務も、仕事に対する義務も、自分の生命に対する義務も——すべて抜け落ちてしまったんです。自分の生涯のための望みや希望も全部消えてしまった。彼は死ぬところだったのです。

あとで新聞記者がその警官にたずねました。「なぜ、手を放さなかったのです？　自分の命があぶなかったのに」。警官はこう答えたそうです——「放すことはできませんでした。もしあの青年をあのまま死なせていたら、わたしは一日たりとも生き続けることはできなかったでしょう」と。なぜでしょう。

ショーペンハウエルの答えはこうです。このような心理的危機は、ある形而上学的な認識——すなわち、私と他者とは一体である、私と他者とはひとつの生命の二つの外見であって、別々に見えるのは、空間と時間の条件下でしか形を経験できないという知能の限界の反映に過ぎない、という認識——が飛び出してきた結果なのだ。人間の真の実在は、あらゆる生命との一体性と調和のなかにある。これが、危機的状況のもとで瞬時に認識されるであろう形而上学的真実です。ショーペンハウエルによれば、それこそ人間の生命の真実だからです。

英雄とは、この真実の覚知に従って自己の肉体的生命を投げ出した者のことです。あなたの隣人を愛しなさいという言葉が持っている意味は、この事実に即して生きなさいということです。だが、あなたが隣人を愛そうと愛すまいと、その覚知があなたをつかんだら、あなたは自分の命を危険にさらすかもしれない。さっき言ったハワイの警官は、自分が命がけで助けた青年がだれかも知らなかった。ショーペンハウエルは、同じことが小さな出来事として起こっているのを毎日見ることができる、と言っています。人々は常時、世界のなかで生命を運びながら、おたがいのために無私の行動をとっているのです。

モイヤーズ　ではイエスが「あなた自身を愛するように、あなたの隣人を愛しなさい」と言うとき、それは、「あなたの隣人を愛しなさい、なぜなら彼はあなた自身なのだから」と言っているわけですね。

キャンベル　東洋に伝わっている美しいイメージがあります。ボーディサトヴァ〔菩薩〕。この神の本性は限りない慈悲で、その指先からは霊妙な飲み物が地獄の底にまでしたたり落ちると言われています。

モイヤーズ　なにを意味しているのでしょう。

キャンベル　『神曲』の最後でダンテは、神の愛が全宇宙を、地獄の底の底までも満たしていることを知ります。ずいぶんよく似たイメージですね。ボーディサトヴァは、慈悲の原理、人生を耐えやすいものにする癒しの原理を体現しています。人生は苦である。しかし、それを生き続けることを可能にしてくれるのが慈悲なのです。ボーディサトヴァは不滅の正覚に達していたにもかかわらず、みずから進んでこの世の悲しみのなかに身を置いているのです。

進んでこの世に身を置くというのは、ただこの世に生まれてきたのとは全然違います。これは、パウロが「フィリピの信徒への手紙」のなかでキリストについて述べていることの主題にほかなりません。パウロはこう言っています。イエスは「神と等しい者であることに固執しようとは思わず、かえって僕の身分になり、十字架の死に至るまで従順でした」。これは、支離滅裂な現世のなかに進んで身を置くことです。

モイヤーズ　すると先生は、イエスの十字架上の死は身代金の支払いや刑罰への服従みたいなものではなく、和解（atonement）の行為、人類との一体化（at - one - ment）の行為だと言った十二世紀のアベラールに同意なさるのですね。

キャンベル　それは、なぜキリストが十字架刑を受けなければならなかったか、あるいは、なぜ彼が進んで十字架刑を受けたか、という問題に対する最も深みのある解釈です。それ以前の解釈は、エデンの園での罪のために人間は悪魔の手に陥ってしまったので、神は人間をその質屋の主人である悪魔から質受けしなくてはならない。そこで神は、ご自身の息子であるイエスを、質受け料として差し出した、というものでした。キリストは、悪魔をひっかけるための釣り餌であるというこの解釈は、教皇グレゴリウスが提出したものです。これが〈あがない〉説。もうひとつは、神はエデンの園における不服従に激しく憤慨し、人間を神のあわれみの場から追い出した。そこで、人間を神と和解させることのできる唯一のものは、犯した罪の重大さに匹敵するだけの犠牲しかない。ただの人間ではだめだというので、神の子ご自身が借りを返すために人間になった、というものです。

しかし、アベラールは、キリストがはりつけになるために来られたのは、人間の心のなかに人生の苦しみに対する思いやりの情を植えつけるためであり、それによって人間の心を現世の利益への無批判な執着から解放するためである、と考えました。キリストの苦しみを思いやり、共に苦しむことによって、私たちの心はキリストのほうへ向く。だから、この傷ついた方が私たちの救い主になる。

これは中世の傷ついた王、不治の傷に苦しむ聖杯王という考え方にも反映しています。ここでも、傷ついた者が救済者になる。その苦しみが、人間の心に人間性を呼び起こすのです。

モイヤーズ だから先生は、神を求める人間と人間を求める神とが思いやりの十字架において出会うという、アベラールの考えに賛成なさるのですね？

キャンベル そうです。時間が存在すれば、苦しみが存在する。過去がなければ未来はない。もしあなたが現在に愛着を持っていても、それは、どんなものであれ、すぐ過去になってしまう。喪失、死、生誕、喪失、死……と続いていく。十字架について深く考えることは、生の神秘の象徴について深く考えることです。

モイヤーズ 真の宗教的変容や回心が、なみなみならぬ苦痛の連想を呼ぶのはそのせいなんですね。自分をなくすのは容易なことではない。

キャンベル 新約聖書は、自我において死ぬこと、現世とその価値において死の苦しみを苦しむことを、教えています。これは神秘に属する言葉です。ところで、自殺も象徴的な行為です。それは、よりよい状態を期待して、その時のあなたの心理的状態から脱出することです。なにか別の生命に至ることを願って現在の生命を捨てるんです。しかし、ユングが言うように、象徴的な状況によってがんじがらめにされるのは愚かなことです。実際に、肉体的に死んでしまう必要はありません。心のなかで死んで、より大きな生き方ができるよう生まれ変わればいいのです。

モイヤーズ　でも、いまのお話は今日われわれが持つ経験とはずいぶんかけ離れているように思えます。宗教を信じるのは容易です。コートをひょいと引っかけて映画に行くようなもので。

キャンベル　そうですね。大部分の教会は感じのいい社交の場になっています。あなたはそこにいる人たちが好きだ。みんなまともな人たちだし、昔からの友達で、家族ぐるみのつきあいも長い。

モイヤーズ　今日われわれの文化のなかで、自己を犠牲にする救い主の理念はどうなっているんでしょう。

キャンベル　ベトナム戦争中のことですが、若い兵士たちがヘリコプターでたったひとりの戦友の救助に向かうところをテレビで見ました。彼ら自身の命があぶないのに、重大な危険に陥ったその若者を是が非でも助けねばならないわけではなかった。だから、ここでもあの同じものが働いていること、ショーペンハウエルが書いた、あの、他人のために自分の命を犠牲にしようとする心が働いているのを見たのです。ときどき、生きていることがじかに体験できるから戦争は好きだ、という人がいます。毎日会社に通っているのでは、そんな体験

南ベトナムのテイ・ニンにて

はできない。しかし、戦争になると、いきなり生きてるという実感に引き戻される。人生はつらい、苦しい、怖い——けれども、まぎれもなく自分は生きている。ベトナムのこの若者たちは、仲間のために死に挑みながら真に生きていたのです。

モイヤーズ　でも、長いこと地下鉄のホームで通勤電車を待つ生活をしてきた男が私に言いましたよ——「おれは毎日そうやって少しずつ死んでいるんだが、家族のためにそうしてるってことは自覚してるんだ」ってね。それから、評価はされなくても、それにかまわず実行する小さいヒロイズムの行為もあります。たとえば、母親は家族のために孤独に耐える。

キャンベル　母親であるということは自己を犠牲にすることです。ハワイの私の家のベランダに小鳥たちが餌を食べに来ますが、毎年、そのなかには一羽か二羽、母鳥がまじっている。子供に――時には自分より大きいのが五羽もまわりをばたばたしてるんですが――うるさく餌をせがまれている母鳥を見ると、「まさにこれは母性の象徴だな。自分のものはなにもかも、残りなく子供に与えてしまうんだ」と思います。母親が〈母なる大地〉の象徴とされるのはそのせいです。大地は私たちを産み、私たちは彼女の体の上で生活し、食物を見つけるのです。

モイヤーズ　お話を聞いているうちに、『アニマル・パワーの道』に出てくる、ちょっとキリストに似たもうひとりの人物を思い出しました。ピマ族インディアンの創造説話のなかの救い主を覚えておられますか。

キャンベル　ええ。あれは示唆に富んだ物語です。彼は人間に生命を与えたが、人間は彼を八つ裂きにする。そんな古典的な救い主のイメージです。昔から言うでしょう――人の命を助ければ生涯の敵を作る、と。

モイヤーズ　世界が創られたとき、彼は大地の中心から現れ、そのあと人々を地下から導き出した。ところが人々は彼に背いて、一度といわず何度も何度も彼を殺し……。

キャンベル　……おまけに死体をばらばらにした。

モイヤーズ　それでも、彼は必ず生き返る。そして最後に、道がものすごく入り組んでいるので、だれもついていけない山奥に入ってしまう。どうでしょう、キリストに似ていませんか？

キャンベル　似てますね。それと、ここには迷路のモチーフもあります。道が込み入っているのは、わざとそうしてあるのです。しかし、人がもし迷宮(ラビリンス)の秘密を知っているなら、その迷路を抜けて、そこの住人を訪ねることができる。

モイヤーズ　信仰さえあれば、イエスについて行くことができる。

キャンベル　そうです。非常にしばしば、人が神秘主義的な宗教の信者として学ぶことのひとつは、行く手を阻む迷路が、同時に永遠の生命への道であるということです。これは神話の最も奥深い神秘ですよ——生の迷宮を、その霊的な価値が通り抜けてくるように通り抜ける方法を教えてくれるのですから。

それは、ダンテの『神曲』における問題でもあります。危機は「人生の道の半ば」に、肉体が衰え始めたときに訪れます。あなたの夢の世界にそれまでとはまるで違うテーマが群れをなして入ってくるときにです。「人生の道の半ばで、私は危険な森のなかで道に迷った」とダンテは言います。彼はそこで、高慢、欲望、恐怖を象徴する三頭のけだものによって脅される。そのあと、詩的洞察の擬人化であるウェルギリウスが現れ、彼を導いて地獄の迷宮を通り抜けるのですが、そこは欲望と恐怖に縛られて、永遠へと抜け出ることのできない者たちの場所なのです。ダンテは迷宮を通り抜けて喜ばしい神のヴィジョンへと導かれた。ピマ・インディアンのその物語のなかに、より小規模ではありますが、私たちは同じ神話的イメージを見ることができるのです。ピマ・インディアンの文化は、北米インディアン文化のなかでも最も素朴な部類に属します。その彼らがですよ、彼ら自身のやり方で、ダンテに匹敵する高度に洗練されたイメージを用いているのです。

モイヤーズ　「十字架は、かつて存在し、またこれから存在するであろうすべてのものの是認のしるしと見なされねばならない。それは、ゴルゴタの丘の歴史的な一定時点だけでなく、あらゆる時間と空間を通して、神の現存と、生きとし生けるものすべての苦しみへの神の参与とを象徴している」と、お書きになっていますね。

キャンベル　中世の神話で重大な瞬間は、思いやりの心に目覚めた瞬間です。聖杯伝説が扱っているのはすべてそのこと、傷ついた王への思いやりの心です。そしてそこから、キリストの十字架刑についてのアベラールの説明が出てきます。神の子がこの世界へ降りてきたのは、人間の心に思いやりが目覚めるよう、そしてその結果人間の精神が、この世の野蛮な生活におぼれることから、進んで苦しみを分かち合うという人間本来の価値のほうへ向くよう、みずから十字架にかけられるためだった、とアベラールは考えたのです。こうして見ると、傷ついた王、聖杯伝説に出てくる障害者の王は、ちょうどキリストに当たる存在です。彼は思いやりの心を呼び起こし、そうすることによって、死んだ荒れ地に生命をもたらす。そのためにに存在しているのです。この世における苦しみの精神的機能に関する神秘主義的な認識がここにはあります。苦しむ者はいわばキリストである。弱肉強食の人間という獣を、本来の人間らしい人間に変えるひとつのものを呼び起こすために、私たちの前に現れたキリスト。そのひとつのものが思いやり、あわれみの心です。これは、ジェイムズ・ジョイスが『ユリシーズ』において継承し、発展させたテーマです。主人公スティーヴン・ディーダラスは、レオポルド・ブルームと苦しみを分かち合うことによって精神的に目覚め、一人前の人間に成長する。彼の心が愛に目覚めたからこそ、道が開けたのです。

ジョイスの、次の偉大な作品『フィネガンズ・ウェイク』には、ある謎めいた数がたびたび出てくる。一一三二という数字です。例えば日付けとして出てくる。ひっくり返って所番地になる。32 West 11th Street というふうに。どの章にも、なんらかの形で必ず一一三二が現れる。『「フィネガンズ・ウェイク」を開く親かぎ』を書いていたとき、あらん限りの知識を動員して考えました。「いったいこの一一三二って数字はなんだ」。そのうち、『ユリシーズ』に、レオポルド・ブルームがダブリン市内の通りを散策しているとき、とある塔から正午の合図にボールが落ちてきて、ブルームが、「物体落下の加速度の法則、毎秒秒速三十二フィート（32 feet per sec per sec）」と考えるところがあるのを思い出したんです。そこで考えた。32は墜落の数に違いない。そして11は、十というまとまりがまた新たに出直すときの数じゃなかろうか。一、二、三、四、五、六、七、八、九、十ときて、次は十一だ。また出発点から始める。『ユリシーズ』のなかには、ほかにもいろいろとヒントを与えてくれる個所があり、私はこんなふうに考えたんです。「そうか、ここにあるのは失墜の数である32と、救済の11なのかもしれない。罪と赦し、死と再生なのかも」と。『フィネガンズ・ウェイク』は、フェニックス・パークというダブリンにある大きな公園で起きた出来事にまつわる話です。フェニックスは、自分から火のなかで焼け死んではまたよみがえるという鳥です。そこで、フェニックス・パークはエデンの園——堕落が起こり、アダムの頭蓋の上に十字架が立てられた場所になる。〈オー・フェリクス・クルパ〉（「おお、フェニックスの罪人！」）とジョイスは言っています。すると、ここにあるのは死とあがないだ。これはかなりいい線を行ってる、と私は思いました。だから『親かぎ』にもそう書いたんです。

ところがある晩、比較神話学の講義の準備をしているとき、パウロの「ローマの信徒への手紙」を読んでいるうちに、まるで『フィネガンズ・ウェイク』でジョイスが言ったことのすべてを要約しているかのような興味深い一節に出くわしました。パウロは、「神はすべての人を不従順の状態に閉じ込められましたが、それは、すべての人を憐れむためだったのです」と書いています。人は、神のあわれみが及ばないほどに不従順であることはできない。だから、やってごらん。ルターが言ったように、「大胆に罪を犯してみよ」――そしてどれほど大きなあわれみを神から求められるか見るがいい。極悪人であればあるほど、神は深いあわれみを抱く。この考えは、人生の倫理および価値における根本的なパラドックスです。

そのとき私は、「なるほど、そうか。これこそジョイスがほんとに言いたいことなんだ」と思いました。そして、私のジョイス・ノートに「ローマの信徒への手紙、一一章三二節」と書きました。そのときの驚きを想像できますか？　またあの同じ数字が、一一三二が、なんと聖書のなかに出てきたんです！　ジョイスは、あのキリスト教徒の信仰のパラドックスを、彼の最高傑作のモットーにしたのです。彼はそこで、まさしく罪深い歴史のなかの人間の生活や行動が、公私を問わずどんなに極悪非道なものであるかを、冷徹な筆で描いています。そこで彼はなにもかも語っている――愛情を込めて。

モイヤーズ　西洋の人間は、神学なんか問題にならぬほど神秘的な体験をものにすることができるのでしょうか。科学が人の現実認識を決定するような文化社会に生きて、そこにおける神観念に縛りつけられている人の場合、シャーマンたちが語る究極の場をどうすれば体験できるのでしょう。

キャンベル　でも、人々はげんにそれを体験しています。中世にその体験をした人々は、たいてい異端者として焼き殺されました。西洋で最大の異端のひとつは、キリストが、「私と父なる神とは一体である」と言明したことです。キリストはこう言ったために十字架にかけられました。それから九百年を経た中世において、ひとりの偉大なスーフィー（イスラム教初期の禁欲的な神秘主義）の神秘家が、「私と私の愛する方とは一体である」と言って、これまた十字架にかけられた。彼は十字架へ向かう道で祈りました、「おお主よ、もしあなたが、私に教えてくださったことをこの人々にもお教えになっていたら、この人々は私をこんな目に遭わせなかったでしょう。また、もしあなたが私にお教えにならなかったら、私の身にこのようなことは起こらなかったでしょう。主とその御業はほむべきかな」。また、別のスーフィー神秘家はこう言いました。「正統派の使命は、屈辱と死を通して、神と一体化したいという神秘家の願望を満たすことだ」と。

モイヤーズ　いま、この経験の根元を崩しているのはなんでしょう。

キャンベル　多数決のルールは政治ばかりでなく思考の領域においても有効だ、と決めつけているデモクラシーの性格ですね。言うまでもなく、思考に関しては多数派はいつも間違っています。

モイヤーズ　いつも間違って？

キャンベル　この種の事柄では、そうです。精神に関して多数派がなすべきことは、衣食住や子供や財産なんかを超越した体験をした人の言葉に耳を傾け、心を開くよう努力することなのに。

　あなたはシンクレア・ルイスの『バビット』を読みましたか？

モイヤーズ　ずいぶん昔ですが。

キャンベル　最後の一行を覚えていますか？　「私は一生のうち一度も自分のしたいことをしたことがない」というのです。自分にとっての無上の喜びを追求したことのない人間。そういえば、セイラー・ロレンス大学で教えていたころ、この耳で実際にいまの言葉を聞きましたよ。私は結婚するまで、昼食と夕食はたいてい町のレストランでとっていました。ブロンクスヴィル（ニューヨーク市の北方、セイラー・ロレンス大学のある小さな市）では、木曜日の晩は家庭のメイドさんが休みなんです。だから、多くの家族がレストランで夕食をとる。ある晩のこと、私は行きつけのレストランにいました。隣のテーブルには、父親と、母親と、十二歳くらいのやせっぽちの男の子が座っていた。「トマトジュースを飲みなさい」と、父親が男の子に言いました。「飲みたくない」と男の子が言いました。

　すると父親はもっと大きな声で、「トマトジュースを飲みなさい」と言いました。そしたら母親が、「いやだということを無理にさせないで」と言ったんです。

父親は彼女をじっと見て言いました――「この子は、好きなことだけして人生を渡るわけにはいかない。好きなことだけしてたら、死んでしまうぞ。おれを見ろ。一生のうち一度だってやりたいことをやったことはないんだ」

私は思いました。「いやはや、バビットの化身がげんにいるんだ！」

無上の喜びを追求したことのない人間。世間的には成功を収めるかもしれないが、まあ考えてごらんなさい――なんという人生でしょう？　自分のやりたいことを一度もやれない人生に、いったいどんな値打ちがあるでしょう。私はいつも学生たちに言います。きみたちの体と心とが欲するところへ行きなさいって。これはと思ったら、そこにとどまって、だれの干渉も許すんじゃないってね。

モイヤーズ　自分の幸福を追求すると、どうなるのでしょう。

キャンベル　無上の喜びに行き着く。中世のいろんなものによく出てくるイメージに運命の輪があります。中心の軸と、その回りを回転する縁からできている。例えば、もしあなたが運命の輪の縁に取りついたとすると、あなたは頂点から下がるか、底辺から上がっていくかのどちらかです。でも、もし軸に取りついたなら、常に同じ位置にいる。結婚の誓いの意味はそれですね。健やかなときも病めるときも、豊かなときも貧しいときも、つまり上昇するときも下降するときも、あなたと共にいる。あなたは私の中心であり、私にとって無上の喜びである。あなたが私にもたらすかもしれない富ではなく、社会的地位でもなく、あなた自身が至福なのだ。無上の喜びを追求するとは、こういうことです。

運命の輪（14 世紀フランス）

モイヤーズ　永遠の生命の泉、すぐそこにある至福の泉からどうやって汲めばいいか。なにかアドバイスを。

キャンベル　私たちはいつもいろいろの経験をしていますが、そのうちふっとそれを感じることがある。自分にとって無上の喜びがどこにあるかを直感する。それをつかまえることです。その先がどうなるかは、だれにもわからない。自分のことは自分で見極めるよう努力することです。

モイヤーズ　先生がご自分の至福を知ったのはいつですか。

キャンベル　そうですね、子供のときでした。私はまっしぐらに生きて、だれの干渉も受けませんでした。家族は私がほんとうにやりたいと深く望んでいることをするようにと、常に助けてくれました。私は、人生に問題があるということにさえ気づきませんでした。

モイヤーズ　私たちは親として、どうしたら子供たちが自分の至福を見つけるのを手伝えるんでしょう。

キャンベル　自分の子供をよく知ったうえで、注意深く見守ることです。手助けはできますよ。私はセイラー・ロレンスで教えていたころ、学生のひとりびとりと少なくとも二週間に一回、三十分かそこら話し合ったものです。学生が読んでいるはずの本の話などしているうちに、突然、その学生が真剣な反応を示しているものに突き当たる。すぐわかるんです。目がパッと開いて、顔つきが変わる。人生の可能性がそこに開けたわけです。私は心のなかで、「この子が途中で投げ出さなければいいが」と祈るだけです。投げ出すかもしれないし、投げ出さないかもしれない。しかし、もし投げ出さずに食いついていくなら、その子はその部屋で自分の人生を見つけたことになります。

モイヤーズ　そのためには、必ずしも詩人の素質は必要ないのですか。

キャンベル　詩人とは、自分の至福に触れることを、職業ともライフスタイルともしている人のことです。たいていの人はほかのことに気を取られている。経済的な活動や政治的な活動に没頭し、あるいは召集令状をもらって、ほんとうは関心のない戦争に参加させられたりしている。こんな状況のもとで、命綱をしっかりつかみ続けるのは、たやすいことではないかもしれません。そこは、各自がなんとか自分のために工夫をしないと。

しかし、この一時的な関心とも呼べる領域に暮らしている人々だって、その多くは呼び起こされるのを待っている能力を――もうひとつの世界へ移り住む潜在的な能力を――持っているんです。これは確かです。学生たちにそういうことが起こるのを、私は見てきたのですから。

男子のプレップスクールで教えていたとき、将来なにになろうかと迷っている少年たちと、よく話をしました。彼らは私のところへやってきて聞くんです。「ぼくにこれができるでしょうか。あれができるでしょうか。ぼくは作家になれるでしょうか？」

私は答えます。「それは私にはわからない。きみは、だれも相手にしてくれない失意の十年に耐えられるかね。それともきみは、最初の一発でベストセラーをものにするつもりかな。どんなことがあろうと、ほんとうにやりたいことをやり続ける根性がもしあるなら、がんばってやってみたまえ」

　すると、そのあとで父親が寮に来て言うんです、「だめだめ、おまえは法律を勉強すべきだ。なあ、そのほうが金になるだろう」なんて。父親がしがみついてるのは、運命の輪の外側です。中心軸じゃない。至福の追求じゃない。財産のことを考えるのか。それとも無上の喜びを考えるのか。

　わたしは一九二九年に、学生としてヨーロッパから帰ってきました。ウォール街の大暴落が起こるほんの三週間前でした。だから、五年間職につけなかった。当時はほんとに職がなかったんです。私にとってはすばらしい時期でしたよ。

モイヤーズ　すばらしい？　大恐慌のどん底が？　いったいそのどこがすばらしかったんでしょう。

キャンベル　私は貧しさを感じませんでした。ただ、お金が全然ないと感じていただけで。あのころ、人々はおたがいにとても親切でしたよ。例えば、わたしはフロベーニウス（文化形態学で知られるドイツの民族学者。一八七三～一九三八）を発見した。フロベーニウスが突然私の心をとらえたんです。彼の書いたものを全部読まなくては気がすまない。そこで、ニューヨークで私が知っていた書籍販売会社に手紙を書いたら、本を送ってくれて、代金は職が見つかってからでいいと言ってきたんです。四年後ですよ、就職したのは。

　ニューヨーク州のウッドストックに、すばらしい老人がいました。小さな地所を持っていて、まあ鶏小屋みたいな家を、年二十ドルかそこらで、自分が将来を見込んだ芸術家の卵に貸していた。そこには水道はなくて、ところどころに井戸とポンプがありました。老人は、水道に魅力を感じるような種族は好きじゃない、だから水道は引かない、と公言してましたよ。私はそこで基礎的な読書と研究の大部分をしたのです。すばらしかった。私は自分の至福を追求していました。

ところで私はこの至福の観念をサンスクリットから得たのです。サンスクリットは偉大な精神的言語ですが、そこには超越の大海へと跳び込む崖っぷちを示す三つの言葉があります。「サット」「チット」「アーナンダ」がそれです。「サット」は存在を意味する。「チット」は意識を、「アーナンダ」は至福ないし歓喜を意味する。私は考えました。「私の意識が正しい意識であるかどうか、自分ではわからない。自分の存在だと思っているものが、ほんとうに私の存在であるのかどうか、それもわからない。しかし、私の喜びがどこにあるかなら、よくわかっている。だったら、喜びに取りついていよう。そうしたらそれが私の意識と存在をも運んできてくれるだろう」と。実際そうなったと思います。

モイヤーズ　私たちははたして真理を悟ることができるんでしょうか。真理を発見するなんて、ほんとにできるんでしょうか？

キャンベル　それぞれの人が各自の奥深さと、経験とを持ち、自分自身のサット＝チット＝アーナンダ――つまり、自分の意識と至福とに開かれた存在――に触れているという一種の確信を抱くことができます。宗教的な人たちは、死んで天国に行くまではほんとうの至福を経験することはできない、と言います。しかし私は、生きているうちにできるだけの幸福を経験するべきだと信じています。

モイヤーズ　至福はいまここにある。

キャンベル　天国では、神さまにお目にかかるという途方もないすばらしさに夢中になって、自分の経験なんかしてる暇はないでしょう。天国は経験をするところじゃない――経験をする場所はここですよ。

モイヤーズ　至福を追求しているとき、なにか隠れた手に助けられているような感じを受けませんか。私の場合、ときどきそんな気がするんですが。

キャンベル　しょっちゅうです。実に不思議ですね。いつも見えない手に助けられているものだから、とうとうひとつの迷信を抱いてしまいましたよ。それは、もし自分の至福を追求するならば、以前からそこにあって私を待っていた一種の軌道に乗ることができる。そして、いまの自分の生き方こそ、私のあるべき生き方なのだ、というものです。そのことがわかると、自分の至福の領域にいる人々と出会うようになる。その人たちが、私のために扉を開いてくれる。心配せずに自分の至福を追求せよ、そうしたら思いがけないところで扉が開く、と私は自分に言い聞かせるのです。

モイヤーズ　見えない手助けを得られないという人に、同情なさいますか。

キャンベル　見えない手助けを得られない？　ええ、それこそ同情に値します。気の毒な人ですよ。生命の水がすぐそこにあふれているのに、うろうろとさまよっているそんな人を見れば、気の毒だと思うのが当然でしょう。

モイヤーズ　永遠の生命の水がすぐそこに？　どこに？

キャンベル　あなたのいるところ、どこにでも。もしあなたが至福を、無上の喜びを追いかけているのなら、あなたは常にあのさわやかな水、あなたの内なる生命の水でのどをうるおしているのです。

第五章　英雄の冒険

さらに、われわれは独力で冒険を挑む必要さえない。あらゆる時代の英雄たちが先に進んでくれたからだ。もはや迷路の出口はすべて明らかにされている。われわれはただ英雄が開いた小道をたどりさえすればいい。そうすれば、かつては恐るべき怪物に会うと思っていたところで神に出会うだろう。そしてかつては他人を殺すべきだと思っていたところで自我を殺すことだろう。まだ遠くまで旅を続けなければと思っていたところで、われわれ自身の存在の中心に到達するだろう。そして、孤独だと思い込んでいたのに、実は全世界が自分と共にあることを知るだろう。

——ジョーゼフ・キャンベル

モイヤーズ　神話にはなぜ英雄の話がこんなに多いのでしょう。

キャンベル　語るだけのものがそこにあるからです。ふつうの小説のなかでも、主要な人物は、通常成し遂げたり経験したりする以上のなにかを発見したとか、やってのけたとかいうヒーローやヒロインでしょう。英雄とは、自分自身よりも大きな何物かに自分の命を捧げた人間です。

モイヤーズ　それぞれ地方的な特色はあるでしょうが、あらゆる社会に共通に見られる英雄の偉業とはどんなものですか。

キャンベル　そうですね、二つのタイプがあります。ひとつは肉体的な偉業で、この場合、英雄は勇敢に戦ったり命を救ったりする。もうひとつは精神的な偉業で、この場合、英雄は、通常の精神的生活の領域を超えた経験をすることを学び、そこからメッセージを持って帰ってきます。

ふつう英雄の冒険は、なにかを奪われた人物、あるいは自分の社会の構成員にとって可能な、または許されている通常の体験には、なにか大事なものが欠けていると感じている人物の存在から始まります。それから、この人物は、失ったものを取り戻すため、あるいはなんらかの生命をもたらす霊薬を見つけるため、日常生活を超えた一連の冒険の旅に出かけます。たいがいそれは、どこかへ行ってまた戻ってくるというサイクルを形成しています。

しかし、この冒険の構造と精神的な意味のなにがしかは、原始的な部族社会の思春期儀礼やイニシエーション儀礼において、すでに先取りされていたんですよ。この儀礼を通して、子供は子供らしさを放棄しておとなになることを強制される。いわば、幼な子の人格と精神において死に、責任あるおとなとしてよみがえるわけです。これはだれもが経験しなければならない基本的な精神の変身です。子供時代の私たちは、だれかの保護と監督に依存しています。それはだいたい十四年から二十一年間続く。もし博士号を取りたければ、三十五年間くらい続きかねない。そのあいだは自分に責任を持って自由意志で行動する存在ではなく、だれかに叱られたり誉められたりしながら、またそれを期待しながら、おとなしく依存している存在です。この心理的未成熟の状態を抜け出て、自己の責任と自信とに支えられた勇気を持つためには、いったん死んでよみがえることが必要です。これが普遍的な英雄の旅の基本的なモチーフです――ひとつの状態を去り、より豊かな、より成熟した状態に達するために生命の源泉を見つける、というのが。

モイヤーズ　すると、もし私たちが、世を救うというようなはなばなしい英雄ではないとしても、やはり同じように、自分の内部における精神的、心理的な旅をしなくてはならないんですね。

キャンベル　そのとおりです。オットー・ランクは、小さいけれども重要な著書である『英雄誕生の神話』のなかで、だれでも誕生のときには英雄だと言っています。人は生まれるとき、心理的にも肉体的にも大きな変化を遂げる。羊水のなかに住んでいた小さな水生動物が、空気を呼吸し、やがては立ち上がる哺乳動物になるんですからね。これはすごい変化です。もしこれが意識的になされるのだったら、まさしく英雄の行為です。同時に、これらすべてを実現させる母親の側にも英雄的な行為が認められます。

モイヤーズ　英雄は男とは限らない？

キャンベル　もちろんです。生活の条件のせいで、一般に男の役割のほうが目につきやすいだけです。男は外へ、世の中へ出ていますが、女は家庭にいる。しかし、例えばアステカ族にはいくつもの天国があって、死に方によってその人の魂が行く天国が違うんですけれども、戦いで殺された戦士の行く天国と、お産で死んだ母親の行く天国とは同じです。子供を産むということは、間違いなく英雄的な行為です。他者の生命に自己を捧げるんですから。

モイヤーズ　世の中へ出て金をたくさんもうけるほうが、子供を育てるよりも英雄的だと考えられているわれわれの社会では、いまおっしゃった真実が忘れられているんじゃないでしょうか。

キャンベル　金もうけのほうがもてはやされますからね。よく言うじゃありませんか、犬が人を噛んでもどうってことはないが、人が犬を噛んだら、これは事件だって。何度も何度も繰り返し起こることは、どんなに英雄的な行為であってもニュースにはならない。母親となる行為は、いわば目新しさを失っているんです。

モイヤーズ　それにしてもすばらしいイメージだな――母親が英雄だなんて。

キャンベル　ずっと前からそう思っていました。いろいろな神話を学んだおかげです。

モイヤーズ　それは旅ですね――出産を成し遂げるために、慣れ親しんだ、安全な生活の外へ出て行く。

キャンベル　娘から母親に変身しなくてはならない。多くの危険を伴った、大きな変化です。

モイヤーズ　そして、子供を連れて旅から帰ってくるとき、彼女は世界になにかをもたらしたことになる。

キャンベル　それだけでは終わらない。そのあと、一生の仕事が待っているのです。オットー・ランクは、自分が生まれるときに成し遂げた英雄的行為のおかげで、自分には社会全体からの尊敬と援助を受ける資格があると思い込んでいる連中が山ほどいる、と指摘しています。

モイヤーズ　ところが、ほんとうはこれから旅に出なければならない。

キャンベル　多くの試練が待っている長い長い旅に。

モイヤーズ　英雄が受ける試練、難題、苦難にはどのような意味があるのでしょう。

キャンベル　その意図は、ということなら、試練は、英雄を目指す者が真の英雄になれるようにという意図で用意されているのです。彼はほんとうにこの使命にふさわしいか？　危険を克服することができるか？　任務を果たすだけの勇気や知識や能力を持っているか？

モイヤーズ　安易に頼れるお手軽な宗教が蔓延しているこの社会で、私たちは三つの偉大な宗教がそろって教えていることを忘れているように思えます。英雄の旅の試練が人生に深い意味を与えるということ。なにかを放棄しなければ、代価を支払わなければ、目的物は得られないということ。コーランは、「おまえたちは、おまえたちに先立つ者らと同じ試練をくぐり抜けることなしに、至福の園へ入れると思っているのか」と言っています。イエスは「マタイによる福音書」のなかで、「滅びに通じる門は広いが、命に通じる門はなんと狭く、その道も細いことか。それを見いだす者は少ない」と言いました。ユダヤ教の英雄たちは、救いにたどりつくまでには大変な試練をくぐり抜けました。

キャンベル　もし人が真の問題はなんなのかを自覚したら——自我をなくし、自分より高い目的のために、あるいは他者のために自分を捧げたならば――そのこと自体が究極の試練だと悟るはずです。自我や自己保存を第一に考えるのをやめたとき、私たちは、真に英雄的な意識変革を遂げるのです。

そして、すべての神話はなんらかの意識変革とかかわっています。いままではこういうふうに考えていたけれども、これからは違う考え方をしなければならない、というわけです。

モイヤーズ　どうしたら意識は変わるのでしょう。

キャンベル　試練それ自体によるか、または啓示による。そのどちらかです。試練と啓示とが最も肝心なものです。

モイヤーズ　英雄の物語には、どれにも救いの瞬間があるように見えますが。女性が龍から救われたり、都市が滅亡をまぬがれたり、英雄が危機一髪のところで救い出されたり。

キャンベル　そうですね。なにか成果がなければ英雄的な行為とは呼べないでしょうね。失敗する英雄もいるけれども、その場合はたいてい一種の道化としての存在です。できもしないことを成し遂げるふりをする人、といったような。

モイヤーズ　英雄は指導者とどう違うんですか？

キャンベル　それはトルストイが『戦争と平和』のなかで扱った問題です。ヨーロッパを荒らし回り、いまやロシアに侵入しようとしているナポレオンがいる。そこでトルストイは疑問を提出します。ナポレオンは真の指導者なのか、それとも、単にひとつの波に乗った男にすぎないのか。心理学の立場から言えば、指導者とは、なにを成し遂げられるかを見抜いて、それを実行した人間と言えるかもしれません。

モイヤーズ　指導者とは、必然を見極めたあと、その矢面に立つ者のことだと言われます。ナポレオンは指導者だったが、人類のために壮大なことを成し遂げるのが英雄だというなら、彼は英雄ではなかった。彼のしたことはフランスのため、フランスの栄光のためでしかなかった。

キャンベル　だったら、彼はフランスの英雄じゃないでしょうか。これは今日の問題なんです。今日、地球全体が関心の場となっているというときに、われわれが必要としているのは、ある特定の国や国民の英雄だろうか。ナポレオンは十九世紀におけるヒットラー的な人物です。ナポレオンがもたらしたヨーロッパの荒廃はひどいものでした。

モイヤーズ　とすると、一地方の神でありながら、より大きな宇宙レベルでのテストには不合格、ということがありうるのですね。

キャンベル　そうです。あるいは、一地方の神であっても、その神に征服された人々からすれば敵だ、ということがある。だれかを神と呼ぶか怪物と呼ぶかは、もっぱら意識の焦点がどこにあるかによって決まるのです。

モイヤーズ　だから、それらしい行為をすぐ英雄的だと思ってはいけないわけですね。より大きい、神話的な意味では、そうでない場合もあるんですから。

キャンベル　さあ、よくわかりません。その行為自体が間違いなく英雄的な行為だということもあるし——例えば、同胞のために命を投げ出すとか。

モイヤーズ　ああ、そうか。祖国のために死ぬドイツ兵は……

キャンベル　……そのドイツ兵を殺すために戦場に送られたアメリカ兵と同じくらい英雄的でしょう。

モイヤーズ　とすると、ヒロイズムは倫理的な目的を持っているのでしょうか。

キャンベル　その倫理的な目的は、民衆を救うこと、またはだれかの命を救うこと、またはある思想を支えることとです。英雄はなにかのために自分を犠牲にする――これがその倫理性です。一方、別の見方からすれば、その英雄がみずからを捧げた思想が許し難いものだというこどだって、もちろんあります。相手側の立場から判断すればそういうことになる。が、だからといって、なされた行為に本来備わっているヒロイズムは損なわれません。

モイヤーズ　それは、私が少年時代、プロメテウスが人間に火をもたらし、そのために苦しみを受ける話を読んで考えたのとはまた違った英雄の見方です。

キャンベル　そう、プロメテウスは人類に火をもたらし、したがって文明をもたらした。ついでながら、火を盗むというのは広く世界中に見られる神話のテーマでしてね。しばしば、火を盗み出すのはトリックスターの動物か鳥で、それが盗み出した火を鳥または動物のリレー・チームへ渡し、受け取った者は火を持って逃げる。ときどき動物たちはリレーの最中に炎でやけどをするんです。動物たちがいろんな色をしているのはそのためだといわれています。火盗みは大変ポピュラーな、世界中に分布している話です。

モイヤーズ　それぞれの文化社会に属する人々が火の起源を説明しようとしているわけです

マーティン・ルーサー・キング・ジュニア
(1963年8月28日のワシントン大集会で)

か。

キャンベル　説明するというよりも、火の価値に重点を置いていますね。火盗みは人間を動物から引き離した。夜、森のなかで、人間は火を焚く。すると動物たちは近寄れない。動物の目が光っているのは見えても、彼らは火の領域の外にいる。

モイヤーズ　では、ほかの人を励ましたり、道徳的ななにかを教えたりするのが話の目的じゃないんですね。

キャンベル　ないんです。火の価値、火の重要さのことを語っているのです。それと、なにが人間をけだものから区別したかということを。

モイヤーズ　神話の研究を続けてこられた結果、人間によるあるひとつの探究、人間の願望と思考のあるひとつの典型的な型が、人類すべてにとって――百万年前であろうと、千年先であろうと――共通のなにかを表しているとお考えになりますか？

キャンベル　神話のなかには、ヴィジョンの探究と言いますか、神からの賜物やヴィジョンを求めて旅立つという型のものがあって、どの民族の神話でも形式は同じです。私が最初の著書、『千の顔を持つ英雄』で取り上げようとしたのがこれです。いろんな民族の異なった神話に、基本的に同じ探究が見られます。自分の世界を後にして深淵へ下っていく、あるいは遙かかなたへ、あるいは天の高みへ昇っていく。そしてそこで、自分がそれまでいた世界では意識できなかったものに出会う。そのあと、見いだしたものと共にそこに留まり、世界のことは放っておくか、それともその恩恵を携えて元の世界に戻り、社会のなかでその恩恵を保持することに努めるか、そういう二者択一を迫られる。これはたやすいことではありませんが。

モイヤーズ　では、英雄は、なにかを求めて行くわけですね、ただの旅行に出かけるんじゃない。単なる冒険者ではない。

キャンベル　二種類の英雄がいます。旅に出ようと思って出かける者と、そうでない者と。一方の冒険では、英雄が必要に応じて、計画的に行動する。例えば、オデュッセウスの息子のテレマコスはアテナー女神から「おまえの父親を探しに行きなさい」と命じられました。父親探しは、若者にとって英雄的冒険の主たるものです。それは、自分の経歴はなんなのか、自分の本性は、自分の源はなんなのかを見つけ出すための冒険です。この種の若者は計画的にそれを実行する。また、シュメールの天空の女神イナンナが、愛する者を生き返らせるために、地下の冥界へ降りていったという伝説もあります。

他方、自分ではそのつもりはないのに、そこに投げ込まれてしまうという冒険があります。徴兵で軍隊に取られる、というような。意図しなかったのに冒険をしている。死と再生とを経験し、軍服を着て、前とはまるで違う人間になった。

ケルトの神話にしばしば登場する英雄は、高貴な狩人で、鹿に誘われてそれまで踏み込んだことのない森の奥深くに入って行きます。鹿はそこで変身する。妖精の丘の女王かなにかになるんです。これなんかは、英雄が自分でなにをしているか知らないでいて、突然気がついたら変容を遂げた世界のなかにいる、という冒険の型です。

モイヤーズ　そんなふうに別世界に入る冒険者も、神話的な意味で英雄と言えるんですか？

キャンベル　言えます。なぜなら、彼にはその用意ができていた、いつそこに飛び込んでもいい状態にあったからです。これらの物語において、英雄はあらかじめ覚悟をしていた種類の冒険をする。その冒険は彼の人格の象徴的な表れなんです。地形や周囲の状況といったものさえ、彼の覚悟に合致しています。

モイヤーズ　ジョージ・ルーカスの〈スター・ウォーズ〉のなかで、ソロははじめ金で雇われていたのに、最後にはルーク・スカイウォーカーを救う英雄になりますね。

キャンベル　ええ。ソロは他者のために自分を捧げるという英雄の行為を示しました。

モイヤーズ　罪悪感から英雄が作り出される、とお考えになりますか？　ソロは先にスカイウォーカーを見捨てたので罪悪感を抱いていたのでしょうか？

キャンベル　それは考え方しだいでしょうね。ソロは非常に現実的な男です。少なくとも本人は自分を物質主義者だと思っていた。実は同時に思いやりのある人間ですが、それに気づいていない。ソロが自分のなかにあることすら知らなかった性質を、冒険が呼び起こしたんです。

モイヤーズ　すると、もしかしたら、自分では気がつかなくても、われわれみんなのなかに英雄が潜んでいるかもしれない？

キャンベル　生活が性格を引き出す。生きていくうちに、それまで知らなかった自分を次々と発見する。だから、自分のより低い性質ではなくて、より高い性質を喚起するような状況に身を置けるとすれば、それはいいことです。「わたしたちを誘惑に遭わせず、悪い者から救ってください」

オルテガ・イ・ガセットは『ドン・キホーテをめぐる省察』のなかで、英雄と環境について語っています。ドン・キホーテは、中世最後の英雄でした。彼は巨人と対決しようと思って馬で出かけた。ところが彼を取り巻く環境は、巨人の代わりに風車を出現させたのです。この物語は、世界を機械論的に見る傾向が生まれたころ作られたものであり、そのため、環境はもはや英雄の精神的な要請に応えるものではなくなっている、とオルテガは指摘しています。今日の英雄は、彼の精神的な要求に応えることなどまるでない、カチカチに固い世界にぶつかっている。

モイヤーズ　風車ですね。

キャンベル　そう。しかしドン・キホーテは、ちょうど彼がその場に着いたとき、目指す相手だった巨人が魔法使いによって風車に変えられたのだ、と考えることで自分の冒険を救いました。あなたにも同じことができます。詩的想像力を持ち合わせていればね。とにかく、それ以前は、英雄の活動の場は機械論的な世界ではなくて、彼の精神的な意欲に応える生きた世界だった。いまはそれが、さまざまな自然科学や、マルクス主義社会学や、行動心理学によって理解されているような、ごりごりの機械論的世界になっている。おかげで、私たちは刺激に対して予知可能な反応しかしない配線回路にすぎなくなった。十九世紀の世界観は、現代生活から人間の意志の自由を絞り出してしまったのです。

ドン・キホーテ

モイヤーズ　政治的な言い方になりますが、これらの英雄神話は私たちに、まるで闘技場やコロシアムや映画館の観客みたいに他人の行為を眺めることを教える危険はないでしょうか。他人の偉大な行為を眺めることによって、無気力な自分を慰めるというおそれは？

キャンベル　それは、つい最近この文化のなかに生じた現象だと思いますよ。スポーツを自分でやる代わりに観客として見る人にとっては、試合をしている選手は自分の代理なんですね。しかし、この文明のもとで、実際に人々がどれほどのことを耐え忍んでいるかを考えると、現代人の生活は生易しいものでないことがわかるでしょう。家族を養うべき人々の大部分が送っている毎日の、うんざりするような仕事――たしかに消耗しますよ。

モイヤーズ　しかし、それだって十二世紀や十四世紀の疫病に比べれば……

キャンベル　あの時代の人々の生活は、私たちのよりもずっと活動的でした。私たちはオフィスに座ってるだけですからね。現代文明において中年の問題が目立っているというのは意味深いことです。

モイヤーズ　ひどく身につまされる話題だなあ！

キャンベル　私は中年を過ぎてますから、それについて少しはわかってるつもりです。座業が主だという私たちの生活の特徴のひとつは、知的な喜びがある、あるいはあり得るだろうけれども、体は大してそれに関係がないということです。だから意識して体を機械的に動かす必要がある――美容体操だとかなんだとか。私はそういうのをとても楽しむ気になれないんですが、とにかく必要ではある。さもないと、体全体があなたに、「ほら、私のことをす

ダイダロスとイカロス

っかり忘れてるじゃないの。流れが詰まりそうだよ」と訴えるでしょう。

モイヤーズ　でも、こういう英雄物語が一種のトランキライザーになり、行動するよりも眺めるという穏やかな受動性を与えてくれるのは、私にとっては悪くないことです。裏返して言いますと、現代の世界からは精神的な価値が枯渇しているように見えます。人々は無力感を抱いている。私にとってそれは――無力感、人々が感じる倦怠感、周囲の世界の秩序から疎外されているという感じは――現代社会の呪いです。たぶん私たちは、自分の心の奥深くにある切望に声を与えてくれるような英雄を必要としているのでしょう。

キャンベル　いま言われたことを、そっくりそのままT・S・エリオットの『荒れ地』が言ってるんです。本物ではない生き方がもたらす社会的なよどみ。私たちのあいだに定着し、精神生活などなにも呼び起こさず、潜在能力や、肉体的な勇気さえ生かそうとせず、結局はずるずると私たちを、もちろんあの非人間的な戦争へと連れ込んでしまうような沈滞した生き方。

モイヤーズ　先生は反テクノロジー論者ではないと思いますが。

キャンベル　もちろん違います。最も古い時代のギリシャのすぐれた技術者と見なされるダイダロスは、自分が作った翼を息子のイカロスにつけました。ダイダロス自身が考案して建造したクレタ島の迷宮から二人とも逃れるためにです。ダイダロスは言いました、「中ぐらいのところを飛ぶんだ。あまり高く飛んではいけない。太陽がおまえの翼の蠟を溶かしてしまうから落ちてしまう。あまり低く飛んでもいけない。海の潮がおまえを飲み込んでしまうから」。ダイダロス自身は、中くらいの高さを飛びました。しかし彼は、息子がうれしさに我を忘れて高く高く飛んでいくのを見たのです。蠟が溶け、少年は海へ落ちました。どういうわけか、人々はダイダロスよりもイカロスのほうを話題にします。まるで、この若き宇宙飛行士の墜落の原因が翼そのものにあるかのように。しかしこれは、工業や科学がけしからんというようなことじゃない。イカロスはかわいそうに海に落ちた――しかし中間の高さを飛んだダイダロスは、無事に向こう岸についたのです。

ヒンズー教の経典に、「そは危うき道なり、剃刀の刃の如し」という言葉があります。これはまた、中世の文学にも現れるモチーフです。ランスロットは、捕われたギニヴィアを救出に行くとき、激流にかかる剣の刃の上を素手と素足で渡らなければなりませんでした。なにか全く新しい冒険をするとき、新天地を開発するとき――それは技術開発でもいいし、独力で新しい生き方を始めるだけでもいいのですが――あまりにも熱を入れ過ぎるという危険が待っています。夢中になるあまり、機械的な細部をおろそかにする危険があるのです。すると落ちる。「そは危うき道なり」ですね。欲求や熱情や感情に従ってなにかするときには、精神をしっかりコントロールして、衝動に駆られて破滅する危険を避けるべきです。

モイヤーズ　先生の学問的なお立場で興味深いのは、科学と神話とが矛盾するとは考えておられないことです。

キャンベル　ええ、科学と神話とは矛盾しません。科学はいまや神秘の次元に突入しています。みずからを押し進めて、神話が語る世界に入り込んだのです。科学は剣の刃のような、ぎりぎりの縁まできている。

モイヤーズ　縁というと……

キャンベル　……縁とは、知り得るものと、決して発見できないものとの接点です。後者は、あらゆる人間の探究を超越した神秘であるゆえに、決して見えない。生命の源――これはなんでしょう。だれにもわかりません。原子とはなにかもわからない。波動なのか、粒子なのか――その両方なのか。こういうことはちっともわかっていない。

　だから私たちは聖なるものについて語るんです。超越的なエネルギー源があるはずだと。物理学者が素粒子を見るとき、実際に見ているのはスクリーン上の飛跡です。それは来ては去り、来ては去る。私たちもまた、来ては去る。すべての生命が、来ては去る。その源が、すべてのものをエネルギーで満たすエネルギーなのです。神秘主義的な信仰はそれをあがめるわけです。

モイヤーズ　ところで、特に好きな神話的英雄がいますか。

キャンベル　子供のころ、私は二人英雄がいました。ひとりはダグラス・フェアバンクスで、もうひとりはレオナルド・ダ・ヴィンチでした。私は二人を合わせたような人間になりたかった。いまは、ひとりの英雄もいません。

モイヤーズ　私たちの社会は、英雄を持っているでしょうか？

キャンベル　持っていました。キリストを。アメリカには、ワシントンやジェファソン、少しあとになるとダニエル・ブーン（一七三四～一八二〇。特にケンタッキーの開発に努力した米国の開拓者）なんかがいましたね。だが、現代の生活は複雑だし、目まぐるしく変化していますから、なにかが形成される間もなく捨てられて次のものに移ってしまう。

モイヤーズ　近ごろは、英雄ではなくて、有名人が崇拝されているようですね。

キャンベル　そう、非常に残念なことです。以前、ブルックリンのあるハイスクールで、「将来なにになりたいか」というアンケートが配られたそうです。そうしたら、生徒の三分の二が「有名人になりたい」と答えた。なにかを成し遂げるためには自分を捧げなくてはならないなんて考えは、彼らにはないんですね。

モイヤーズ　ただ有名になればいい。

キャンベル　ただ有名になって、もてはやされればいい――名前と評判ですか。情けないですね。

モイヤーズ　しかし、社会には英雄が必要なのですか。

キャンベル　私は必要だと思います。

モイヤーズ　どういうわけで？

キャンベル　この分離分散の傾向に歯止めをかけて、みんなをひとつにまとめ、全体の意志が生まれるようにするためには、社会は凝縮したイメージを持たねばならないからです。

モイヤーズ　社会がある道を歩むため。

キャンベル　ええ。国家がひとつの力として機能するには、なんらかの意図を持たなければなりません。

モイヤーズ　ジョン・レノンが死んだときの大騒ぎをどう思われましたか。彼は英雄だったんでしょうか。

キャンベル　それはもう、まさしく英雄でしたよ。

モイヤーズ　そのことを神話学的な立場から説明していただきたいのですが。

キャンベル　神話的な意味では、ジョン・レノンは改革者でした。ビートルズは、すでにその下地が整っていたところからひとつの芸術形式を導き出した。時代とぴったり息が合っていたんですね。もう三十年早かったら、彼らの音楽は線香花火のように終わってしまったでしょう。民衆の英雄は、時代の欲求に対して敏感です。ビートルズはポピュラー音楽に新しい内面的な深みをもたらした。そしてそこから、瞑想や東洋音楽の大流行と言えそうなものが起こった。東洋音楽自体はそれ以前からこの国にも入っていたんです――単に珍しいものとして。ところが、ビートルズ以後のいま、わが国の若者は東洋音楽の本質を理解しているようです。私たちはますます多くの東洋音楽を聴いています。それに、瞑想を助けるという本来の役目で用いられることも多くなっています。それはビートルズが始めたことです。

モイヤーズ　ときどき私は、英雄は崇拝よりも同情に値するのではないか、なんて思ってしまいます。実に多くの英雄が他人のために自分の欲求を犠牲にしてますから。

キャンベル　全部がそうです。

モイヤーズ　そのうえ、非常にしばしば、英雄たちが成し遂げたことは、あとに続く者たちの無理解のために崩されてしまう。

キャンベル　そうですね、せっかく黄金を持って森から外へ出たのに、それが灰になってしまう。おとぎ話によくあるモチーフです。

モイヤーズ　オデュッセウスの物語のなかに、しょっちゅう思い出す一節があります。船が難破して乗組員が海に投げ出され、オデュッセウスも大波に打たれて倒れる。彼は一本のマストにしがみついてようやく岸にたどり着く。そこで物語のテキストには、「とうとうひとりになってしまった。とうとうひとりに」とあります。

キャンベル　なるほど。オデュッセウスの冒険は、ちょっと込み入っていて、手短に話すことはできないんですが、船が難破したその冒険の舞台は、太陽の島——至高の光明が与えられる島でした。もしも船が難破しなかったら、オデュッセウスはその島に留まって、そうですね、一種の行者(ヨギ)になっていたかもしれません。悟りを開いて至福のうちに留まり、二度と故郷へは帰らなかったかもしれない。しかし、もろもろの価値は世に知られ、実践されなければならぬというギリシャ人の考え方が、彼を故郷へ帰らせた。ところで、太陽の島にはタブーがありました。太陽神に仕える雄牛のうちただ一頭でも殺して食べてはならぬというタブーです。ところが、オデュッセウスの部下たちは空腹に耐えかねて牛を殺し、やがてそのために船が難破することになった。至高の精神的光明の領域であるこの島に上陸してもなお、次元の低い意識が働いていたんですね。当たり前だったら、そんな崇高な光明に接したとき、「ああ、腹がへったなあ。ローストビーフ・サンドを作ってくれ」なんて考えるものではありません。オデュッセウスの部下たちには、彼らに差し出された経験を受け取る用意がなかった。それにふさわしい人たちではなかったのです。これは、地上の英雄が至高の啓示に達しながら、もとの世界へ戻るという典型的な物語です。

モイヤーズ　悲喜こもごものオデュッセウス物語について書かれているなかで、先生は、「その悲壮感は、まさに生の美しさと高尚さを実感する深い喜びのなかに存在する。美しい女性の気高い魅力、男らしい男の真の値打ち。しかし、ついにはそれも灰になるのだ」とおっしゃってますが、どう受け取ったらいいのでしょう。

キャンベル　最後はみな墓場だからといって、人生が空しいとは言えません。ピンダロスがピシア競技の場でレスリングの試合に優勝した若者をたたえて作った詩のなかに、とてもいい一節があります。「ただ一日を生きる者たち、彼らはなにか？　なにでないのか？　人間は影の見る夢にすぎない。だが、ひと筋の日の光が天からの贈り物として届くとき、輝かしい光と、そう、優しい命とが人々の上にやすらう」と書いているのです。「なんという空しさ、なんという空しさ、すべては空しい！」というあの暗い言葉がありますが、一切は空（くう）ではありません。この瞬間それ自体は空じゃない。勝利です、歓喜です。その勝利の瞬間の完全な高まりを重視する。これは非常にギリシャ的です。

モイヤーズ　神話に出てくる多くの英雄は、この世においては死ぬのではありませんか？　苦しい目に遭い、十字架につけられる。

キャンベル　英雄たちの多くは自分の生命を犠牲にします。しかし神話には、捧げられた生命から新たな生命が生まれることも語られています。それは英雄の生命ではないかもしれな

ブッダと四大弟子（インド）

いが、なにか新しい生命、新しい在り方、ないし成り方です。

モイヤーズ　社会によって英雄の物語はさまざまですね。東洋の英雄は、われわれの英雄と違いますか？

キャンベル　英雄の違いを生むのは、彼らが行き着いた光明の、あるいは行動の度合いです。怪物を退治して回る、古代文化の典型的な英雄像がありますね。これは、人類が危険で野蛮な荒れ野から自分らの世界を作っていった原始時代に由来する冒険の形です。英雄は懸命に怪物を退治して回る。

モイヤーズ　では英雄も、他の概念や思想のように、時代と共に進化するわけですか。

キャンベル　文化と共に進化します。例えば、モーセはひとつの英雄像です。彼は山に登る。山頂でヤハウェに会う。そして、全く新しい社会集団を形成するためのルールをたずさえ

〈エマオの晩餐〉ジャコポ・ダ・ポントルモ（1494 ～ 1557）画

て戻ってくる。これは典型的な英雄の行動です――旅立ち、成就、帰還。

モイヤーズ　ブッダも英雄像ですか？

キャンベル　ブッダはキリストと非常によく似た道をたどります――ただ、言うまでもなく、ブッダはキリストより五百年前に生きたのですが。この二人の救い主像をずっと比べていくと、実に符合するところが多い。直弟子あるいは使徒たちの役割や性格まで似ています。例えばアーナンダとペテロを比べてごらんなさい。

モイヤーズ　どうしてご本に『千の顔を持つ英雄』という題をおつけになったのですか。

キャンベル　世界中の、また歴史上いろいろな英雄神話のなかに共通して見られる、ひとつの典型的な英雄物語のプロットがあるからです。基本的には、神話的英雄の祖型がひとつあって、いろいろな土地のいろいろな人々が、そのレプリカを作り続けてきたとさえ言えるかもしれません。伝説的な英雄はたいていなにかを創造した人です――新しい時代の創始者、新しい宗教の教祖、新しい都市の建設者、新しい生活スタイルの発明者など。なにか新しいものの基礎を築くには、古い世界を出て、新しいものの萌芽を秘めた種子とも言うべき思想を探しに行かねばなりません。

すべての宗教の創始者は、そのような探究の旅に出ました。ブッダは孤独な苦行の道に入ったあと、不滅の知識の木である菩提樹の下に座り、そこで、以後二千五百年にわたって全アジアを照らし続ける光明を受け取ったのです。

イエスは洗礼者ヨハネによってバプテスマを受けたあと、荒れ野に行って四十日を過ごし、そこからメッセージを持ち帰った。モーセは山の頂きに登り、戒律を刻んだ石の板を持って降りてきた。また、新しい都市を築く英雄もいます。古代ギリシャのほとんどすべての都市は、探究の旅に出てあまたの驚くべき冒険を成し遂げた英雄たちによって築かれたものです。彼らの冒険のそれぞれから都市が生まれた。また、もし私たちが人まねで生きるのではなく、あくまで自分の人生を生き抜くなら、あなたのにせよ私のにせよ、この人生はやっぱり探究の旅によって築かれると言えるでしょう。

モイヤーズ　なぜ、これらの物語が人間にとってそんなに重要なのでしょう。

キャンベル　それは物語の種類によります。もしそれが、祖型的な冒険と呼べるようなものを表す話――幼児が若者になる、あるいは青年期にその扉が開かれる新しい世界に目覚める、といった話ですが――である場合は、この成長過程をどう乗り切るかのモデルを供給する意味で役立つでしょうね。

モイヤーズ　われわれが危機を乗り越えるのを物語が助けてくれる、とおっしゃるのですね。私が子供のころ読んだ物語は、みんなハッピーエンドでした。当時はまだ、人生が、退屈で、勝手気ままを許し、しかも残酷な現実をはらんだものであることを知らなかった。ときどき思うんですよ、ギルバートとサリヴァンのチケットを買ったのに、劇場に入ってみたら、やってたのはハロルド・ピンターの劇だったって。おとぎ話は、われわれを現実に適応できない人間にするんじゃないでしょうか。

キャンベル　おとぎ話は楽しみのための話です。社会と自然の秩序という点から見ての人生の重大事を語る神話と、たとえ神話と同じモチーフを持っているとしても、娯楽のためのおとぎ話とは区別しなくてはいけません。だが、大部分のおとぎ話がハッピーエンドに終わるといっても、そこへ行き着くまでに典型的な神話的モチーフが現れるんですよ。たとえば、大変困った状態に陥り、そのあとある声が聞こえたり、誰かが助けに来たりする、というモチーフ。

おとぎ話は子供のためのものです。おとぎ話には、おとなの女性になりたくない女の子の話が大変多いですね。女の子は入り口をまたげずに立往生している。で、彼女は眠りに落ちて、あらゆる障害を乗り越えてやって来た王子さまが、向う側の世界もなかなかよさそうだと思わせてくれるまで待つ。グリム童話の多くは、こんなふうに行き詰まってしまった女の子を描いています。龍退治や入り口をまたぐ話はみんな、行き詰まりの打開と関係しているんです。

未開社会のイニシエーション儀礼はすべて神話的な基礎のうえに立っており、男の子であろうと女の子であろうと、その子の幼児期の自我を殺して成人にすることに関わっています。これは女の子より男の子のほうが大変です。女の子の場合は、人生のほうが本人より先にさっさと進んでしまいますからね。女の子は、自分にそのつもりがあろうとなかろうと、ひとりでにおとなになるけれども、男の子だと、自分で努力しなければおとなになれない。最初の月経が来れば、女の子は一人前の女性です。次に気がついてみたら妊娠していて、もう母親です。しかし男の子はまず最初に、自分を母親から引き離さなければならない。エネルギーを自分自身のうちに蓄えなくてはならない。スタートはそれからです。これこそ神話が「若者よ、おまえの父を探しに行け」と言っていることなんです。『オデュッセイア』のなかで、テレマコスは母親と暮らしていた。彼が二十歳になったとき、アテナー女神が来て、「父親を探しに行け」と言う。これがすべての物語に共通するテーマです。時には精神的な意味での父親のこともあるし、またこの『オデュッセイア』に見られるように、実際の父親であることもある。

おとぎ話は子供の神話です。人生の節目節目にふさわしい神話がある。年をとるにつれ、より強固な神話が必要になってきます。キリスト教の伝統の根本をなすイメージであるイエスの十字架上の死の物語は、言うまでもなく、時空の領域――ここには切り離すという概念があるんですが――そういう時空の領域への永遠性の到来を語るものです。しかし、それは同時に、時空の領域から永遠の生命の領域に至る道をも語っています。だから私たちは、一時的なこの世の身体をはりつけにし、それが引き裂かれるにまかせ、それを切り離すことを通してあらゆる地上の苦しみを越えた霊的な世界へ入って行く。「勝利者キリスト」として知られる十字架像がありますが、そこではイエスは頭を垂れ、血を流している姿には描かれていません。まっすぐ顔を上げ、目を開き、あたかもみずからの意志で十字架につけられたかのような姿をしています。聖アウグスティヌスが、どこかで、イエスはあたかも花嫁のもとに向かう花婿のように十字架につかれた、と書いていますよ。

モイヤーズ では、子供のための真実と、もっと年取った者のための真実とがありますね。

キャンベル　そうなんです。ハインリッヒ・ツィマーがコロンビア大学で、すべての生はうたかたの夢のようなものであり、マーヤ、つまり幻影である、というヒンズー教の思想について講義をしていたときのことです。講義のあとで、若いお嬢さんが彼に近寄って言った、「ツィマー先生、とてもすばらしいインド哲学の講義でした！　でもマーヤのことは……私には理解できません。ピンと来ないんです」

「おやおや」とツィマー先生は言いました、「そんなにあわてることはない。あの話はきみにはまだ早すぎるんだから」と。そういうことなんですよ。年をとって、知人や、前からいた人たちがみんな死んでしまい、世の中自体が移り変わって行くとき、そのときはじめて、マーヤの神話があなたの心に入ってくるのです。しかし若い人たちには、世界はまだこれから出会うもの、これからつきあい、愛し、学び、戦うものです——だから、そう、別の神話なんです。

モイヤーズ　作家のトマス・ベリーが、いまおっしゃったことはもっぱら物語の問題であると言っています。物語は、われわれが人生と世界に与えるプロットである。物事の動きに対するわれわれの基本的な見方や根源的な信念なのだ、と。ベリーは私たちはいま苦境に陥っている、と言います。「なぜならわれわれは、物語と物語との狭間にいるからだ。過去の物語は、長いあいだわれわれを支えてきた。われわれの感情的な姿勢を形作り、われわれに人生の目的を与え、行動する力を養い、苦しみを聖化し、教育の方向を示してきた。われわれは、朝目を覚ましたとき自分がだれであるかをちゃんと知っていたし、子供たちの質問にも答えることができた。物語がそこにあったおかげで、万事がうまく解決していたから。ところがいま、古い物語はもはや機能していない。そして、われわれはまだ新しい物語を学んでいない」

キャンベル その考えには、部分的に賛成です。部分的にと言うのは、いまなお価値を失っていない古い物語があるからです。それは精神的な探求の物語です。人が根本的な自己存在を探して内面へと向かう旅こそ、私が四十年前に書いたささやかな本、『千の顔を持つ英雄』で考察を試みたものです。神話が宇宙論や社会学と関わるには、人が自分の住む新しい世界になじむまで待たなくてはなりません。現在の世界は五十年前の世界とは違います。しかし、人間の内面生活は全く同じです。そこで、世界の起源の神話はしばらく置いて――それは、どうせ科学者が説明してくれるでしょう――人間の探求の神話がどんなものか、その覚知はどの段階に達しているのか、子供からおとなへ移行する際の試練とはなにか、成熟したおとなになるとはどういうことか、といったことに立ち返ろうとするなら、そういう物語がちゃんとある。すべての宗教のなかにある物語です。

例えばイエスの物語です。イエスの物語のなかには、普遍的な価値のある英雄行為が語られています。まず、洗礼者ヨハネのもとにバプテスマを受けに行ったとき、イエスは時代意識の最先端に達した。次に、障壁を乗り越えて荒れ野に入り、四十日間をそこで過ごした。ユダヤ教の伝統では、四十という数は神話的な意味を持っています。イスラエルの子らは荒れ地で四十年を過ごし、イエスは砂漠で四十日を過ごした。砂漠でイエスは三つの誘惑に遭いました。最初は経済的誘惑で、悪魔が来てこう言います、「お若いの！　腹が減っとるらしいな。この辺の石ころをパンに変えたらどうだ？」それに対してイエスは、「人はパンだけで生きるものではなく、神の口から出るひとつひとつの言葉で生きる」と答えます。次は政治的な誘惑です。イエスは山のてっぺんに連れて行かれ、世界の国々を見せられる。そこで悪魔は言う、「もしこのおれに頭を下げたら、この国々の支配者にしてやろう」。これは、どうも近ごろよくわからぬ人が多いようですが、羽振りのいい政治家になるためにはどんな代償を支払うべきかという教訓ですね。イエスは拒否しました。最後に悪魔はこう言う、「そうか、おまえがそんなに霊に満たされているのなら、ヘロデの神殿のてっぺんへ行って、そこから飛び降りて見せろ。きっと神がおまえを抱きとめてくれて、おまえはかすり傷ひとつ負わんだろう」。これは、精神的インフレと言われているものです。自分は実に霊的で、肉体や世俗のものへの関心をはるかに超越している、と思う心ですね。しかしイエスは受肉している。もはや人間になっているんです。そうですね？　ですから、「主なる神を試みてはならない」と答えました。これがキリストの受けた三つの誘惑です。そしてこれらは紀元三十年当時と同様に、現代にも深く関わる問題です。

ブッダも、森へ入って、その当時のすぐれた導師たちの話を聞きました。それから導師たちと別れ、試練と探求の年月を経て、悟りの木である菩提樹のもとに至ったのです。そこでブッダもイエスと同じように、三つの誘惑に遭いました。第一は情欲、第二は恐怖、第三は民衆の意見に従う——言われたとおりにする——という誘惑です。

最初の誘惑では、情欲の神はブッダの前に、自分の三人の美しい娘たちを並べて見せました。三人の名前は、願望、実現、後悔——つまり、未来、現在、過去です。しかしブッダは、すでに感覚への執着から解脱していましたから、少しも心を動かしませんでした。

次に、情欲の神は死の神に姿を変え、化け物の大軍に全部の武器をブッダに向けるよう命じましたが、ブッダは自分のなかに永遠という不動の一点を見いだしていたので、時間の影響を受けない。だから全然動じなかった。飛んできた武器はみんな彼に捧げる花に変わってしまった。

最後に情欲と死の神は、社会的義務の神に姿を変えて言いました、「おいきみ、きみは新聞を読まなかったのか。きょうなにをすべきか、わからないのか」これに対して、ブッダはただ右手の指先を地面に触れただけでした。そのとき、宇宙の母なる女神の声が地平線上にとどろく雷のように響き渡った——「わたしの愛する息子であるこの者は、すでに世のためにおのれをなげうった。あれこれ指図を受けるような者ではない。たわけたことはやめるがいい」すると、社会的義務の神が乗っていた象は、頭を下げてブッダを礼拝し、ブッダを誘惑しようとしていた神とその一族とは夢のように消え失せた。その夜ブッダは悟りを開き、以後五十年間この世に留まって、自我の束縛を絶つ道を人々に説いたのです。

ところで、はじめの二つの誘惑——情欲と恐怖——と同じものが、ティツィアーノの名画（いまはプラドにあります）のなかで、アダムとエバの姿で表現されているんですよ。ティツィアーノは九十四歳のとき想を得てこの絵を描いたのです。そこに描かれた木は、もちろん、神話における世界の軸です。時間と永遠、動きと静止がここでひとつになり、万物がこの周囲を回転している、そういう軸。しかし、絵ではただ善と悪、利益と損失、欲望と恐怖などを知る知恵の木として、時間的に有限の形で描かれています。その右手にエバがいます。エバは子供の姿をした誘惑者がリンゴを差し出すのを見ている。そして欲望に心を動かされています。一方、アダムは反対側の視点から、はっきりとわからない誘惑者のヘビの尻尾みたいな足を見て、恐怖を感じています。情欲と恐怖。この二つの感情が、この世の生をすべて支配している。情欲がえさで、死が釣り針なんですね。

アダムとエバは心を動かされた。しかしブッダの心は動かされませんでした。エバとアダムは生命を生み出して、神に呪われた。これに対しブッダは、人生の恐怖から解脱する道を説いたのです。

モイヤーズ でも、生まれた子供とともに――生命とともに――危険や恐怖や苦しみが来る?

キャンベル わたしは、ほら、こうして八十を過ぎています。でもいま、何巻かになりそうな本を書いているんです。それを書き終えるまでは、ぜひとも生き延びたい。いまの話で言えば、本という子供がほしい。だから、それが死への恐怖をもたらす。もし本を書き上げたいという欲望がなかったら、死んだってかまわないと思うでしょうね。さて、ブッダとキリストはどちらも死のかなたに救いを見いだし、荒れ野から戻って弟子たちを選び、彼らを指導した。その弟子たちがやがて世界に教えを広めるわけです。

偉大な教師たち——モーセ、ブッダ、キリスト、マホメッド——のメッセージは、それぞれ大きく異なったものです。しかし、天啓(ヴィジョン)を求める彼らの旅は、ほとんど同じです。マホメッドは、神の召命を受けたとき、読み書きもできない一介の隊商の長でした。しかし毎日、メッカにある家を出て山の洞窟へ行き、瞑想にふけっていた。ある日ひとつの声が、「書け!」と彼に呼びかけた。マホメッドは耳を澄まして聞いた。そしてコーランが生まれた。古い、古い物語です。

モイヤーズ　しかしどの場合も、天与の賜物を受け取った人々は、英雄のメッセージを自分流に解釈して、かなりグロテスクなことをやってますね。

キャンベル　だから、せっかく与えられたものを全く世に伝えまいと決心した教師もいるんですよ——社会の反応を恐れて。

モイヤーズ　英雄が試練を経て戻ってきたとき、彼が持ち帰ったものを世の人々がいやがったら、どうなるのでしょう。

キャンベル　それはもちろん、ざらにあるケースです。また、必ずしも世間の人々がその賜物を嫌っているとは限らない。時には、その賜物をどう受け取ったらいいか、どうやって社会に組み込んだらよいかわからない……

モイヤーズ　……どうやって保ち、どうやって新鮮なものにしていいかもわからない。

キャンベル　そう、どうやって生かし続けるか。

モイヤーズ　私は、生あるものが乾いた骨に帰る、廃墟や遺跡に戻って風化してしまう、と思うのが好きなんですが。

キャンベル 伝統を再活性化する二次的な英雄、と言えるような英雄がいます。この英雄は、伝統的な教えを再解釈して、それを時代遅れの紋切り型ではなく、時代に即した生きた教えにします。あらゆる伝統に関して、これをやる必要がありますね。

モイヤーズ 非常に多くの宗教が、それぞれ固有の英雄物語から始まっています。東洋はその全域にわたって、ブッダのもたらした善なる法の教えを受けている。西洋はモーセがシナイ山から持ち帰った法を受けている。部族あるいは地域の英雄たちは、ひとつの特定集団のためにだけその英雄的行為をする。ところが、マホメッドやイエス、ブッダなど、全宇宙的な英雄たちは、彼方からメッセージを持ち帰る。このような宗教的英雄たちは、神の青写真じゃなく、神の驚異をたずさえて帰ってきたのでしょう。

キャンベル そういえば、旧約聖書には、恐ろしくたくさんの法が出てきますね。

モイヤーズ でもそのおかげで、宗教は神学になってしまった。驚きや畏敬の念から、人間を神に結びつけるような物語を語ろうとするところから、宗教が始まる。ところが、やがてそれが神学の寄せ集めに変わり、ただの戒律や信条だけに成り下がる。

キャンベル 神話が神学へ縮小したということです。神話は大変流動的なものなんです。ほとんどの神話は自己矛盾を含んでいる。ひとつの文化が、ある同一の神秘について見方の違う神話を四つも五つも持っていることさえあります。そこへ神学が入ってくると、それは絶対こうでなくちゃならない、ということになる。神話は詩なんです。そして詩的言語はとてうに。

　宗教は詩を散文に変えます。神は文字どおりそこにいる、神の考えは文字どおりこれである、あなたが神と正しい関係を結ぶためにしなければならないことはこうである、というふうに。

モイヤーズ　アーサー王伝説の意味を理解するのに、アーサー王が実在したと信じる必要はない。しかし、キリスト教徒はキリストの実在を信じなくてはいけないと言います。そうでないと奇跡の意味がなくなってしまう、と。

キャンベル　キリストのと同じ奇跡をエリヤも行なっています。奇跡全体の素が、空気中の粒子みたいに漂っていて、あるタイプの人が来るとその人のまわりに集まって固まる。こういう奇跡の物語が教えてくれるものはなにか。それは、ただ単に、この驚くべき人物が、単なる物理的次元を超えた霊的な教えを説くことによって、人々の前に霊的な不可思議の存在を示しているのです。だからといって、彼が実際にそういう奇跡を行なったということにはなりません。もちろん、行なった可能性はありますが。魔法としか思えないようなことが起こるのを、私も三、四回見たことがあります。とても不可能としか思えないことをやってのける力を持った男や女がいる。私たちは可能性のほんとうの限界を知らないんです。それはともかく、伝説上の奇跡は必ずしも事実である必要はありません。ブッダは水の上を歩いた。イエスも同じことをした。ブッダは天に昇って、また帰ってきた。

モイヤーズ　以前、講演のなかで先生は円を描かれて、「これがあなたの魂です」とおっし

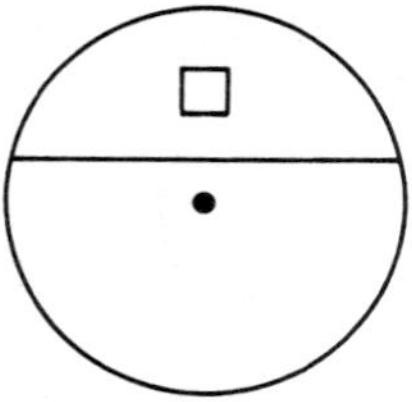

自我（上の方形）とエネルギーの源（中心点）

ゃいましたね。

キャンベル　ああ、あれはちょっと先生ぶってみただけですよ。プラトンがどこかで魂は円だと言っているんです。それを借りて、精神の全域を黒板に描いてみたのです。円を描き、次にその円を横切る水平な直線を引いた。意識と無意識とを分ける境界線です。私たちのエネルギーがすべてそこから出てくる中心を、円の中心に置いて点で示す。これはさっき引いた線より下になります。赤ん坊は、その小さい体の要求から生じた意図だけしか持ちません。そこから生が始まる。赤ん坊はほとんど生の衝動そのものです。それから意識が生まれてきて、これはどういうことか、自分はなにを望んでいるのか、と考える。これをどうやって手に入れたらいいのか、なんてことも。

　さて、水平線よりも上に自我——私たちが自分の中心だと思っている意識——があります。これを四角で表しました。しかし、見てわかるように、この四角は中心からはずっと外れたところにあります。私たちはこれがすべての元締めだと思っていますが、実はそうではない。

モイヤーズ　なにが私たちを動かしているのですか？

キャンベル　私たちを動かすものは、ずっとずっと下のほうから来ています。自分を動かしているのは自分ではない、と私たちが気づくのは思春期です。この時期に、それまでとは全く違う要求が体のほうから自己主張をし始める。本人は、これをどうしたらいいのかさっぱりわからず、彼自身を――女性の場合は、もっとなぞめいた形で彼女自身を――突き動かすものはなにかと考え込むのです。

モイヤーズ 私たちがその水平線の下に、なにか記憶の箱みたいなものを持ってこの世に生まれてくることは、かなりはっきりしているようですね。

キャンベル ええ、その下のほうにどれほど多くの記憶が詰まっているか、これは驚くばかりです。赤ん坊は乳首をくわえたときどうすればいいかをちゃんと知っている。すでに組み込まれている大きな行動体系があるんですね。動物の場合、私たちはそれを本能と呼んでますが。それが生物学的な基盤です。ところが、衝動に駆られて行動しながらも、その一部に対して嫌悪や抵抗を感じたり、おびえてしまったり、罪悪感を覚えたりすることがある。ここではじめて、私たちの最もやっかいな心理的諸問題にぶつかるわけです。

神話は主として、こういう事柄に対する根本的な手引きの役割を果たしました。今日の社会はこの種の適切な神話的手引きを私たちに与えてくれません。だから若い人たちは、なかなかまとまりのある行動がとれない。私はひとつの理論を持ってましてね。もしある人がどこで行き詰まっているかさえわかれば、その人に合った神話を見つけて手引きとすることができるだろうと思っています。

モイヤーズ よくみんな「自分自身に立ち返れ」なんて言いますが、これはどういう意味だとお考えですか。

キャンベル 周囲の人たちの理想や命令などから影響を受けるあまり、自分のほんとうの望みや可能性がわからなくなる。それは実際に起こりうることです。極端に厳格で権威主義的な社会環境で育つと、だれでも自分自身を知る機会を失ってしまうおそれがあるでしょうね。

モイヤーズ　指図されてばかりいるから？

キャンベル　年じゅうやかましく、こと細かに指図される。軍隊のなかにいるのと同じです。言われるままにしか行動できない。小学校の生徒みたいに、いつも指図されたことだけをしている。だから休暇に入るのを指折り数えて待っている。休みになれば自由になれるから。

モイヤーズ　もうひとつの自己——ほんとうの自己——に立ち返ることについて、神話はなにを教えてくれますか。

キャンベル　最初の教えは、神話自体が与えるヒントに従うこと。また、自己に立ち返る方法を知っていると思われる導師や教師が与えてくれるヒントに従うこと。運動選手がコーチについていくようなものです。コーチは選手に、持っているエネルギーをどうやって発揮したらいいかを教える。優秀なコーチはランナーに腕の位置は正確にはああだとかこうだとか、そんなことは言いません。ランナーが走るのを注意深く見ていて、そのランナーが自分のものとのやり方を修正するのを手伝うのです。よい教師も、若い人をよく見て、その可能性がどこにあるかをつかむ——それから、命令ではなく、助言を与えます。命令は、「こうするのが私のやり方だ、だからおまえもこうすべきだ」というものでしょう。芸術家のなかには弟子にそんなふうに教える人もいます。しかし教師は、どんな場合にもまずきちんと話をして、それから多少の大まかな手がかりを与えるべきでしょう。そうしてくれる人がだれもいない場合は、自分で一からやってみなくてはなりませんね。なにもないところから車輪を発明し直すみたいに。

ひとついい方法は、あなたが直面しているのと同じ問題を扱っていると思われる書物を見つけることです。きっとなにか手がかりを与えてくれるはずです。私自身はトーマス・マンとジェイムズ・ジョイスを読んでずいぶん教えられました。マンもジョイスも、現代世界で成長する若者のいろんな問題や疑問、認識、関心事などを解釈するときに、基本的な神話のテーマを生かしています。こういうことをよく理解しているすぐれた小説家の作品を読めば、あなたを導いてくれる神話のモチーフが見つかるでしょう。

モイヤーズ　とても興味深い話です。もし運がよければ、もし神々やミューズがほほえんでくれれば、ほとんどの世代にとってもだれか適当な人が現れて、われわれひとりびとりが歩む旅のために想像力をかきたててくれる。先生の世代にとって、それはジョイスとマンだった。私たちだと、映画の場合が多いような気がします。映画は英雄神話を作り出せるものでしょうか。例えば〈スター・ウォーズ〉のような映画は、英雄像に必要な条件のいくぶんかを満たしていますか?

キャンベル　若い人たちがジョージ・ルーカスの用語――〈フォース（the Force）〉とか〈ダークサイド（the dark side）〉とか――を使っているのを聞きますね。ということは、きっとそこになにかがあるんでしょう。立派な教えなんだと思いますよ、きっと。

モイヤーズ　〈スター・ウォーズ〉の成功の一因はそれでしょうね。あの映画があんなに観客を興奮させたのは、単なる興行的な価値のせいではなく、人々がはっきりしたイメージとして善悪の対決を見たいと切望していたちょうどそのときに出てきたせいでしょう。みんなのなかに、理想主義を思い出したい、利己主義ではなく無私の精神に基づいたロマンスを見たい、という切実な要求があって。

キャンベル　あの映画のなかの悪の力は、地球上のどの特定の国を指すものでもありません。あれは抽象的な力です。特定の歴史的状況ではなく、ある原理を代表する力なんです。だからあれはこの国対あの国じゃなくて、原理と原理とがぶつかり合う話です。〈スター・ウォーズ〉のなかで人々がかぶっている怪物の仮面は、現代社会における真の怪物的な力を表すものです。ダース・ベーダーの仮面がはがされたとき、現れたのは未発達な人間、まだ一個の人格となるに至っていない人間でした。特徴などまるでない、奇妙であわれな顔。

モイヤーズ　それはどういう意味を持つのでしょう。

キャンベル　ダース・ベーダーは自分の人間性を発達させてなかった。彼はロボットだった。自分自身の意志ではなく、押しつけられたシステムに従って生きる官僚だった。これは今日私たちみんなが直面している脅威です。システムが私たちを押しつぶして人間性を奪ってしまうのか、それとも私たちがシステムを利用して人間の目的に役立てるのか。システムとどういう関係を結べば、それへの強制的な服従を避けられるのか。システムのほうを私たちの思考体系に合うように変えようとするのは無駄です。その背後にはあまりにも大きな歴史的推進力があるので、そんな試みからほんとうに意味のあるものが生まれるとは思えません。

しなくてはならないことは、自分の置かれた時代に人間らしく生きるすべを学ぶことです。それはまた別のことで、これならできる。

モイヤーズ　なにをすれば？

キャンベル　自分自身の理想をしっかり持ち続けること、そしてルーク・スカイウォーカーがしたように、システムがあなたをロボット扱いしようとするのを拒否することですね。

モイヤーズ　うちの息子二人を連れて〈スター・ウォーズ〉を見に行ったんです。そしたら、最後の戦いのクライマックスのところでベン・ケノービの声がスカイウォーカーに、「コンピュータのスイッチを切れ、機械のスイッチを切って、きみがやるんだ。自分の勘に頼れ、自分の勘を信じろ」と言うところがありますね、で、スカイウォーカーがそのとおりにして見事成功するところ、あの場面でうちの子たちもほかの観客と同じことをしましたよ。歓声を上げて拍手するんです。

キャンベル　そうですか、やっぱりあの映画には観客との対話がある。若い人たちに通じる言葉が。それが大事なんですよ。あの映画は問いかける。きみは心と人間性を持った――なぜなら生命はそこに、心にあるんだから――一個の人格になるのか、それとも「意図的な力」とでも呼ぶべきものが要求しているらしいことはなんでもするのか、と。ベン・ケノービが「フォースがともにあらんことを」と言うとき、彼は生命の力とエネルギーのことを言っているのであって、プログラムされた政治的意図のことを言っているのではない。

モイヤーズ　〈フォース〉の定義に興味を覚えました。ベン・ケノービは「フォースは、す

〈帝国の逆襲〉のダース・ベーダーとボバ・フェット

べての生あるものによって創り出されたエネルギーの場だ。それはわれわれを取り囲み、われわれを貫き、銀河系をひとつにまとめている」と言います。先生のご本、『千の顔を持つ英雄』のなかに、世界の中心や、聖なる場所、万物が創り出されたときそこに存在した力などについて、それとよく似たことが書いてあったと思いますが。

キャンベル そうです。〈フォース〉は内側から働くものです。しかし、あの「帝国」の力は、征服しよう、支配しようという意図に基づいている。〈スター・ウォーズ〉は、単純な勧善懲悪劇ではなく、人間の行為を通して実現されたり、破壊されたり、抑えつけられたりする生命の力に関わるドラマです。

モイヤーズ 〈スター・ウォーズ〉をはじめて見たとき、「これは最新の衣裳をまとった、とても古い話だな」と思いました。冒険に旅立つことを命じられた若者の物語。試練や苦難に立ち向かい、勝利を収め、人々のために宝物を持って帰る英雄の……

キャンベル たしかにルーカスは、典型的な神話の人物像を使っています。助言者として登場する老人を見ると、わたしは日本の剣道の達人を思い出します。何人か知っているのですが、ベン・ケノービには彼らの面影がありますね。

モイヤーズ 剣道の達人はどういうことをするんでしょう。

キャンベル 剣の道全般に熟達している人です。東洋の武芸の発達は、私がこれまでアメリカの体育館で出会ったどんなものをも超えています。そこには物理的なテクニックと同時に精神的なテクニックがある。〈スター・ウォーズ〉に出てくるあの老人にもそういう特徴があります。

モイヤーズ　それから、主人公が見知らぬ人物の援助を受けるというのも神話的ですね。ふと現れた人が、なにか役に立つものを与えてくれる……

キャンベル　物質的な道具だけでなく、熱意や確信といった心理的なものも与える。その熱意は単なる政治的意図を超えています。その人はのめり込んで、出来事と一体になってしまう。

モイヤーズ　みんなが廃物圧縮装置のなかにいて、左右の壁がどんどん押しつまってくるシーン、私はあれが気に入ってるんですが、あれを見て、「まるでヨナを飲み込んだクジラ（旧約聖書「ヨナ書」では「巨大な魚」）の腹のなかだな」と思いましたね。

キャンベル　彼らはまさにそこにいたんです。クジラの腹のなかに。

モイヤーズ　腹のなかというのは、神話的にはどういう意味がありますか。

キャンベル　腹のなかというのは、食べ物が消化され新たなエネルギーが創り出される暗い場所ですね。ヨナがクジラに飲まれた話は、ほとんど全世界に分布している神話的テーマの一例なんです。英雄が魚の腹のなかに入り、最後には変身を遂げて出てくる。

モイヤーズ　英雄はどうしてそんなことをする必要があるんでしょう。

キャンベル　それは暗闇のなかへ降りて行くことです。心理学的に言うと、クジラは無意識の領域に閉じ込められた生命の力を表しています。隠喩として見るなら、水は無意識、水中の生き物は無意識の生命またはエネルギーです。それは意識の領域内での人格を圧倒し続け

33
JONAH CHAP. II.
Jonah delivered from the fish.
2V.p.136.
JONAH 2. Verse 10.
And the LORD spake unto ye fish and it vomited out Jonah upon the dry land.

ヨナとクジラ

てきた。その力を弱め、それに打ち勝って、それをコントロールしなければならない。

この種の冒険の第一段階では、英雄は、彼がなにがしかの支配力を持っていた住み慣れた世界を離れ、別の世界の入り口へとやってきます。湖の岸とか海辺ですね。そこでは深淵の怪物が彼を待ち受けている。で、ここで二つの可能性があります。ヨナのタイプの物語では、英雄は怪物に飲まれて奈落の底へ落ちて行き、のちによみがえる――死と再生のテーマのバリエーションですね。意識界の人格は、ここでいかんともし難い無意識のエネルギーの支配下に入り、試練と啓示に満ちた恐ろしい夜の海の旅をしなければなりません。それと同時に、どのようにしたらこの闇の力と折り合いをつければよいのかを学ぶ。そして最後に腹から出てきて新しい生き方に到達するわけです。

もうひとつの可能性は、ジークフリートや聖ジョージが龍を退治したように、英雄が闇の力と出会ったとき、それをやっつけて殺してしまうことです。しかし、ジークフリートの場合、彼は龍を殺したあとその血を飲まなければならなかった。龍の力を自分のなかに取り込むために。ジークフリートが龍を殺してその血を飲むと、彼の耳に自然の歌が聞こえてきた。ジークフリートは自己の人間性を超越して自然の力と――私たちの生命の力である自然の力と――再び結合したのです。私たちは知性のおかげでその力から引き離されているのですが。

私たちの意識は、自分こそ万事を取りしきっていると思っていますね。しかし、そうじゃない。意識は人間全体のなかでは二次的な器官であって、それが主人になってはいけないんです。意識は肉体を備えた人間性に従属し、それに仕えなければ。もし意識が支配者になってごらんなさい、意識して政治的意図だけで生きるダース・ベーダーみたいな人間になりますよ。

モイヤーズ　暗黒の人物。

キャンベル　そう、ゲーテの『ファウスト』のなかのメフィストフェレスによって代表されるのもそれです。

モイヤーズ　しかし、「なるほど、ジョージ・ルーカスの想像力やジョーゼフ・キャンベルの学問のうえではそうかもしれないが、おれの人生にはそんなことは起こっていない」という声が聞こえてきそうですが。

キャンベル　とんでもない、起こっていますとも。それに気づかないんだったら、ダース・ベーダーにされてしまうかもしれませんよ。もしある人があるプログラムに固執して、自分自身の心の要求に耳を貸さないとしたら、その人は精神分裂症に陥る危険をおかしているのです。そういう人は自分を中心から外してしまっている。自分の肉体にとってはまるで興味のないプログラムに、自分を合わせて生きている。世の中には、自分はなにをすべきか、どんな態度をとるべきか、どんな価値のために生きているのかといったことを考えるとき、自分の心の声を聞くのをやめてしまったり、まわりの連中の意見ばかり聞く人が多すぎます。

モイヤーズ　人間というものを考えたとき、真実と幻想との対立を超えたところに、私たちの生命をまたひとつにまとめてくれるような英知の住み家がありうるとお思いですか。私たちは新たなモデルを作り出せるんでしょうか。

キャンベル　すでにありますよ、宗教のなかに。すべての宗教はその時代時代において真実でしたが、その真実のうち常に変わらず持続する要素を、一時的な応用にすぎない部分から切り離してみると、そこに知恵があります。

私たちはこの場所でそのことについて話しましたね。物質的な欲望と肉体の恐怖とを、肉体を精神的に支えるもののために犠牲にすること。肉体はその奥に秘められた生命を知り、時間の場においてそれを表現することを学びつつあるのだろうか、ということ。いずれにせよ、私たちはみな、この一時の生において私たちの人間性を最もよく養い育て、開花させてくれるものはなにかを知り、それに自己を捧げなくてはなりません。

モイヤーズ　第一原因にではなく、より高いものに自己を捧げる。

キャンベル　より内なる大義のために、と言いましょうか。「より高い」というと、要するにあの天上になってしまうでしょう。でも、天国なんていう場所はない。だれだって知っています。その場所にいたあのご老人は、もう吹き飛ばされてしまった。あなたは〈フォース〉を自分の内に見いださなくてはなりません。だからこそ、東洋の教えを伝える導師たちが、若い人たちにあれほどの説得力を持つのです。彼らは、「それはあなたの内にある。行ってそれを探しなさい」と言いますね。

モイヤーズ　でも、新たな真理の挑戦を真っ向から受け止め、自分の生き方をそれに合わせることのできる人は非常に少ないんじゃないでしょうか。

キャンベル　とんでもない！　教師やリーダーといった人たちが多いかもしれないが、これはだれにだってできることです。だれだって、いざとなれば子供を救いに飛び出す潜在能力を持っている。それと同じです。生命のなかにあるさまざまな価値——健康への配慮だの、毎日の暮らしの心配だのによって閉じ込められているのではないいろいろな価値——を認める能力は、だれの内面にも潜んでいるのです。

モイヤーズ　子供のころ、『円卓の騎士』を読んで、自分も英雄になれるような気になりました。神話が心を奮い立たせたんですね。出かけていって龍と戦いたくなった。暗い森に分け入って悪魔を退治したかった。神話が、オクラホマの農民の息子に自分が英雄であるかのように思わせる。このことをどうお考えになりますか。

キャンベル　神話は、もしかすると自分が完全な人間になれるかもしれない、という可能性を人に気づかせるんです。自分は完全で、十分に強く、太陽の光を世界にもたらす力を持っているのかもしれない。怪物を退治することは、暗闇のものを倒すことです。神話はあなたの心の奥のどこかであなたをとらえるのです。少年は少年らしくそれに近づく。私がインディアンの物語を読んで、そこに近づいたように。成長するにつれて、神話はもっともっと多くのことを教えてくれる。宗教的、あるいは神話的な思想と少しでも真剣に取り組んだことのある人ならだれでも、子供のときは子供なりにそこからなにかを学ぶけれども、その後もいろんなレベルで、新しいものがたくさん見えてくる、と言うでしょう。神話は、汲めども尽きぬ泉のようなものです。

モイヤーズ　私はどうやって私の内なる龍を倒せばいいのでしょう。私たちが各自しなければならない旅とは、先生がおっしゃる「魂の高い冒険」とは、どういうものでしょう。

キャンベル　私が一般論として学生たちに言うのは、「自分の至福を追求しなさい」ということです。自分にとっての無上の喜びを見つけ、恐れずそれについて行くことです。

モイヤーズ　それは仕事ですか、それとも生活ですか。

キャンベル　もしあなたのしている仕事が、好きで選んだ仕事ならば、それが至福です。しかし、あなたがある仕事をしたいのに「駄目だ、とてもできっこない」と思っているとしたら、それはあなたを閉じ込めている龍ですよ。「どうせ、作家になんかなれるわけがない」とか、「いやいや、だれそれがやっていることは、私にはとてもできやしない」とかいうのはね。

モイヤーズ　そう考えてくると、私たちはプロメテウスやイエスのような英雄と違って、世界を救う旅路ではなく、自分を救う旅に出かけるんですね。

キャンベル　しかし、そうすることであなたは世界を救うことになります。いきいきとした人間が世界に生気を与える。これには疑う余地はありません。生気のない世界は荒れ野です。人々は、物事を動かしたり、制度を変えたり、指導者を選んだり、そういうことで世界を救えると考えている。ノー、違うんです！　生きた世界ならば、どんな世界でもまっとうな世界です。必要なのは世界に生命をもたらすこと、そのためのただひとつの道は、自分自身にとっての生命のありかを見つけ、自分がいきいきと生きることです。

モイヤーズ　私が旅に出て、龍の居場所を見つけてそれをやっつけるとき、万事ひとりでやらなければならないのでしょうか。

キャンベル 手伝ってくれる人がいるなら、それはそれでいいのですが、やっぱり最後の仕事は自分でしなければなりません。心理学的には、龍は自分を自我に縛りつけているという事実そのものです。私たちは自分の龍という檻(おり)に囚われている。精神病医の課題は、その龍を破壊して、あなたがより広い諸関係の場へと出ていくことができるようにすることです。究極的には、龍はあなたの内面にいる。あなたを抑えつけているあなたの自我がそれなんです。

モイヤーズ 私の自我とはなんですか?

キャンベル あなたが自分で欲しがっているもの、あなたが信じようと思うもの、あなたが自分に可能だと思うもの、あなたが愛すると決めたもの、あなたが自分は絶対こういう人間なんだと思っているもの、それがあなたの自我です。あまりにもちっぽけな自我だと、それはあなたを釘づけにするでしょう。また、もしあなたが周囲の人から言われたことをそのまやるようなら、この場合もあなたが釘づけになること間違いなし。この場合は、周囲の人があなたの龍ですね。あなたの内面の龍を反映した龍です。

西洋の龍は貪欲さを象徴していますね。ところが、中国の龍はまた違うんですよ。中国の龍は沼地の生命力を表すもので、おなかをたたき、「ホー、ハッ、ハッ、ホーオ」とほえながら水から上ってくる。豊かな、すばらしい水の恵みをもたらす愛すべき龍です。しかし、西洋の物語に出てくる龍は、なんでも自分のところに集めてとっておこうとする。西洋の龍は、秘密の洞穴で、黄金の山とか、つかまえてきた乙女とか、そういう自分の宝物の番をしているんです。宝物をどうしたらいいのかはわからない。だから、ただ持っていて番をしているだけです。これに似た人がいますね、気味が悪いほど欲の深い人が。こういう人はどんな生命も生まない、なにひとつ与えない。他人にくっついて、その人の血を吸って自分が生きようとしているだけです。

ユングのところにくるひとりの女性の患者がいました。その女性は、世界中にただひとりぼっちで、岩の上にいるような気がしていました。ユングから自分の気持ちを絵に描いてみるよう言われた彼女は、寂しい海辺で、腰から下を岩にはさまれている自分を描きました。風が吹いていて、彼女の髪も風になびいていた。そしてすべての黄金、すべての人生の喜びは、彼女からずっと離れたところに、やはり岩のあいだに閉じ込められている。しかし、その次の時に彼女が描いた絵には、ユングが彼女に話したことの影響が現れていました。稲妻が岩を撃ち、一枚の金色の円盤が浮かび上がっているんです。もう岩のあいだに閉じ込められた黄金はなくて、岩の表面にところどころ金色の斑点みたいなものがある。その後面接を続けるうちに、その斑点みたいなものがなにか、はっきりしてきました。それらは彼女の友達だったんです。彼女はひとりぼっちではなかった。ずっと自分自身を小さな部屋と、小さな限られた人生に閉じ込めていたけれども、それでも彼女は友達を持っていた。自分の龍を殺してはじめて、彼女はこのことに気がついたのです。

モイヤーズ　私は、先生がテセウスとアリアドネの古い神話についておっしゃっていることが好きです。テセウスはアリアドネに、「もし迷宮(ラビリンス)から抜け出る方法を教えてくれたら、永遠にあなたを愛します」と言うんですね。そこで、アリアドネは彼にひと巻きの糸玉を与えた。テセウスは、糸を解きながらラビリンスへ入っていき、帰りにはその糸をたどって出てきた。先生はこうおっしゃっています——「彼が持っていたのは糸だけだった。あなたに必要なのもそれだけだ」と。

キャンベル　必要なのはそれだけですよ。アリアドネの糸。

モイヤーズ　ときどき私たちは、ほんとうはひと巻きの糸だけが必要なのに、莫大な富とか、力とか、偉大な思想などに救いを求めることがありますね。

キャンベル　その糸がいつも簡単に見つかるとは限りません。しかしだれか、手がかりを与えてくれる人がいるとずいぶん助かります。あなたが自分のアリアドネの糸を見つけるのを手伝うのが、教師の仕事です。

モイヤーズ　他の英雄たちと同様、ブッダも、真理自体を示すことはしませんでしたね。ブッダは、真理に至る道を示した。

キャンベル　だが、その道はブッダのではなくて、あなた自身の道でなくてはなりません。ブッダは、例えば、あなた独自の恐怖を取り除く具体的な方法を教えることはできない。教師たちはいろいろな訓練が役立ちそうだと示唆してくれるかもしれないが、それがあなたに有効なものとは限りません。教師にできるのは示唆することだけ。教師は灯台みたいなものですね。「そこには岩礁があるぞ。だが、こっちに水路があるからそこを通れ」と言うんです。

あらゆる若い人たちが生きていくうえで大事な問題は、可能性を示唆してくれるようなモデルを持つことです。ニーチェは、「人間は病める動物である」と言っています。人間は、自分をどう扱ったらいいのかわからない動物です。その精神は多くの可能性を持っているけれども、私たちはただ一度しか生きられません。私たちは自分をどうするつもりなのか。生きている神話は、その時代にふさわしいモデルを与えてくれるのです。

モイヤーズ　現代の私たちは、際限のないほどいろんなモデルを持ってますよ。あれもこれもと選んで、しまいには自分が何者だかわからなくなってしまう人がいっぱいいます。

キャンベル　あなたは自分の職業を選んだとき、自分にとってのモデルを選んだことにもなるのです。しばらくするうちに、それがあなたに合ってくる。例えば、中年過ぎの人だと、その人の職業をだいたい当てることができますね。どこに行っても、私はすぐ大学教授だとわかってしまう。私のどういうしぐさで、あるいは外見で、それがわかるのかは知りません。が、私も大学の教師を、技術者や商人から見分けることができますよ。私たちは自分の生活によって形作られるんです。

モイヤーズ　『アーサー王物語』のなかにすばらしいイメージがありますね。円卓の騎士たちが、聖杯を探して暗闇の森に入って行くところです。語り手はこう言っている。「彼らは集団で行くのは恥ずべきことと考えた。そこで、めいめいが選んだ別々の場所から、森へ入っていった」先生はこれを、個人の生の独自のあり方に強調点を置く西洋的な考え方の表れだと言っておられます——ひとりびとりが個として暗闇に立ち向かう、と。

キャンベル　十三世紀の『聖杯の探求（*Queste del Saint Graal*）』を読んだとき、私はそれが、格別に西洋的と言える精神的な目標と理想とを集約していることに気づいてハッとしました。つまり、ほかのだれでもなく、自分のなかだけに潜んでいる生を生きるという理想です。

これは、すばらしい西洋の真理だと私は信じます。私たちのひとりびとりは確実にかけがえのない存在であり、もし私たちが世界になにかをもたらすとすれば、それは他人のではなく、自分自身の経験と自分自身の潜在能力の実現から来るものでなくてはならない。それにひきかえ、伝統的な東洋では、また一般に、伝統に基盤を置く社会では、個人は型抜きクッキーみたいなものです。彼の義務は正確にこうと決まった枠のなかに自分をはめ込むことであり、それを打ち壊して自分勝手にすることはできません。もしあなたが教えを乞いに導師を訪れたとする。すると彼は、あなたがいま伝統的な道のどこにいるか、次にどこへ行けばよいか、行くためにはなにをすべきかをちゃんと知っている。彼はあなたに自分の絵姿をくれるでしょう。あなたがそれを身につけて、師を見習うようにね。これは西洋の教師にとって妥当な指導法ではありません。私たち西洋の教師は、学生が彼自身の、あるいは彼女自身の絵姿を描きあげるように指導しなくてはならない。各自が自分の人生において求めねばならないものは、かつてどこにもなかったものです。自分だけのユニークな潜在能力から発生するもの、いままで存在したことのない、他のだれひとり経験したことのないものです。

モイヤーズ　「おまえは自分の運命に耐える力があるのか」というハムレットの疑問があり

ます。

キャンベル　ハムレットの問題は、彼がその力を持っていなかったことです。ハムレットに与えられた運命は、彼には大きすぎて扱いかねるものだった。そのために彼は破滅してしまった。そういうことも起こり得ますね。

モイヤーズ　私たちが死を理解するのを助けてくれる神話というと、どんなものがありますか。

キャンベル　私たちは死を理解できません、死を静かに受容することを学ぶだけです。キリストが人間の僕（しもべ）の姿をとり、十字架上の死にさえ甘んじた物語は、死の受容ということを私たちが学ぶ際の根本的な教えだと思います。オイディプスとスフィンクスの物語も、死の受容について語っています。オイディプスの物語に出てくるスフィンクスは、エジプトのスフィンクスではなくて、鳥の翼と、獣の胴体と、女の胸、首、顔を持つ女性です。彼女はすべての生あるものが直面する運命の象徴です。スフィンクスはその土地一帯に災いをもたらしていた。そしてこの災いを取り除くために、英雄は彼女がかける謎に答えなければならなかった。「四本足で歩き、次に二本足で歩き、次に三本足で歩くものはなにか」というのがその謎です。答えは「人間」です。赤ん坊は四つんばいで這い回る、大人は二本足で歩く、年をとると杖をついて歩く。

スフィンクスの謎は、時の流れを通して見た人生の姿です――子供からおとなになり、老人になり、そして死ぬ。恐れることなくスフィンクスの謎を見つめ、それを受け入れるとき、死はもはやあなたに取りついた恐怖ではなくなり、そしてスフィンクスの呪いも消えるわけです。死の恐怖を克服することは、生の喜びを取り戻すことでもあります。人は、生の反対物としてではなく、生のひとつの相として死を受け入れたときにのみ、無条件な生の肯定を経験することができる。成りつつある生は、常に死の殻を脱ぎ捨てつつ、死の直前にある。恐怖の克服は生きる勇気を湧かせます。恐怖を克服していること、なにかを成し遂げること——これは、どんな英雄の冒険においてもまず必要な、最も重要なことです。

少年時代に読んだ本のなかで、雨のように降る弾丸の下をカスター将軍の軍隊に向かって突っ込んで行くインディアンの戦士たちが、こう叫んでいたのを覚えています——「なんとすばらしい日に死ねるんだろう!」。ここには、生にしがみつく気持ちは微塵もありません。神話のすばらしいメッセージのひとつがこれです。現在の私は自己存在の最終的な形ではありません。そのことがいま私にはわかっています。私たちは常時、なんらかの形で死ななくてはならない。すでに完成された自分を脱ぎ捨てて行かなければならないんです。

モイヤーズ　そのことの例になるような物語がありますか?

キャンベル　そうですね、ガウェイン卿と緑の騎士の古い物語は有名ですね。ある日、アーサー王の城の大食堂に、緑色の馬に乗った緑色の大男が入ってきた。「ここにいるだれでもよい、おれが持ってきたこの大斧をとって、おれの首を切り落とす者はいないか」と大男は言います。「その代わり、一年後のきょう、緑の礼拝堂で、今度はおれがそいつの首を切り落とさせてもらうぞ」

居並ぶ騎士たちのなかで、この不気味な挑戦に応じる勇気を持っていたのはガウェイン卿ただひとりでした。ガウェインが立ち上がると、緑の騎士は馬から降りて斧を手渡し、首を差し出した。ガウェインは一撃でその首を打ち落とした。ところが緑の騎士は立ち上がり、自分の首をつかみ、斧をとると馬の背にまたがった。「一年後に会おう」緑の騎士は驚いているガウェインに向かってそう叫ぶと、大広間を出て行った。

その一年間、だれもがガウェインにとても親切だった。約束の日の二週間ほど前、ガウェインは緑の礼拝堂を探して緑の騎士に会うため、馬で出かけた。約束の日はだんだん近づいてくる。その日まであと三日ほどになったとき、ガウェインは一軒の狩人の小屋を見つけた。彼はそこで緑の礼拝堂への道をたずねた。戸口に出てきた狩人は、朗らかな気さくな男で、こう答えた。「ああ、その礼拝堂ならすぐそこだ。ほんの数百ヤードしか離れてはいない。あと三日のあいだ、ここに泊まってわしらといっしょに過ごしてはどうだね？　喜んでおもてなししよう。そして、その時が来たら、あんたの緑の友人はすぐそこにいるんだから」

ガウェインはよかろうと答える。その晩、狩人は言う。「あすの朝早くわしは狩りに出かけるが、夜には戻ってくる。そのとき、わしらはおたがいにその日手に入れたものを交換しようじゃないか。わしはあんたに狩りの獲物を全部やろう。あんたは手に入れたものがなんであろうと、そいつをわしにくれるのだ」。二人は声を立てて笑う。ガウェインにとってそれはなんの差しさわりにもならない。こうして二人はそれぞれの寝室へ引き上げた。

翌朝早く、まだガウェインが眠っているうちに、狩人は馬で出かけた。しばらくして、ガウェインの部屋に、狩人の美しい妻が入ってきた。彼女はガウェインのあごの下をくすぐって彼を起こし、とても情熱的に彼を誘惑しようとした。しかし彼はアーサー王の宮廷の騎士である。アーサー王の宮廷の騎士たるものが、自分をもてなしてくれた人を裏切るなど、とんでもない。そこでガウェインは彼女の誘惑をはねつける。狩人の妻はなかなかあきらめずに誘惑を続けるが、ようやく最後に、「いいわ、では一度だけあなたにキスさせてください」という。そして、大きな音を立ててガウェインにキスをした。それでおしまい。

夕方、狩人はたくさんの獲物を持って帰ってきた。彼はそれを床に投げ出し、ガウェインは彼に大きな音を立ててキスをした。そして二人は笑いあった。その日はそれだけのこと。

あくる日の朝、狩人の妻はまたやってきて、きのうよりもっと情熱的にガウェインを誘惑した。その結果、ガウェインは二回キスをされた。夕方になって、狩人は昨夜の半分ほどの獲物を持って戻り、ガウェインから二回のキスを受け取り、二人はまた笑いあう。

三日目の朝、狩人の妻の魅力は輝かんばかり。ガウェインは死を目前にしている若者として、自分に差し出されたこの最後の、生のすばらしい贈り物を断念し、冷静に騎士の名誉を保つため、大変な努力を傾ける。結局、彼はこの日三つのキスを受け取った。それから狩人の妻は、ガウェインに、愛の印として彼女のガーターを受け取ってくれるよう頼む。「これには不思議な力があって、すべての危険からあなたを守ります」と彼女は言う。ガウェインはガーターを受け取る。その晩、狩人が持ち帰った獲物は、みすぼらしくて悪臭を放っているキツネ一匹だけ。彼はそれを床に投げ、ガウェインは代わりに三つのキスを狩人に与えた

――が、ガーターは出さなかった。

この若き騎士ガウェインが受けたテストがなにか、わかるでしょう？　ブッダの最初の二つのと同じですね。まず欲望――情欲。もうひとつは死に対する恐怖です。ガウェインは、この冒険の約束を誠実に果たす勇気を示しました。しかし、ガーターだけは、ただひとつ抵抗し難い誘惑だったのです。

さて、ガウェインが緑の礼拝堂へ近づくと、緑の騎士が斧を研いでいる音が聞こえてきた。シュッ、シュッ、シュッ、シュッ。緑の騎士は、ガウェインを見るが早いか、「この台の上に首を伸ばせ」と言う。ガウェインが言われたとおりに首を伸ばすと、騎士は斧を振り上げる。が、その手を止めて、「いや、もう少し伸ばせ」と言う。ガウェインはもう少し伸ばした。騎士は斧を振り上げた。ところが騎士はまた、「もう少し伸ばせ」と言う。ガウェインは精いっぱい首を伸ばした。今度は騎士は斧を振り下ろした――ビューン。しかしその斧は、ガウェインの首にほんのちょっとかすり傷をつけただけ。それから緑の騎士は言った、「いまのはガーターの分だよ」と。緑の騎士は実は狩人だったのです。

この話が、ガーター勲章の起こりだと言われています。

モイヤーズ　で、この物語が教えているのは？

キャンベル　そうですね、英雄になるためには、なによりもまず誠実、克己、勇気といった騎士の美徳が必要だということでしょうか。ガウェインの場合、彼の誠実さは二つのものに対して示されています。まず、しようと決めた冒険に関して、それをやり通す誠実さ。いまひとつ、騎士道の理想に対する誠実さ。ここで、この二つ目の誠実さについて考えてみると、ガウェインのとった態度はブッダのとった態度の正反対であることがわかります。ブッダは、義務の神から、自分の地位にふさわしい社会的義務を果たすよう迫られたとき、あっさりとそれを無視した。そしてその夜、悟りを開き、輪廻転生から解脱しました。これに対して、ヨーロッパ人であるガウェインは、どこまでもこの地上の世界に対して誠実でした。太陽の島を去って妻のペネロペーのもとに帰ったオデュッセウスのように、この世の生の諸価値から逃れるのではなく、それに対して誠実であろうとするのです。しかし、私たちがこれまで見てきたように、ブッダの道をとるにしてもガウェインの道をとるにしても、どちらにしても完成への道は欲望と恐怖との狭間を貫いているのです。

第三の態度もあります。ガウェインのよりはブッダのに近いが、それでも現世の生の価値に対する誠実さを保った態度で、ニーチェが、『ツァラトゥストラはかく語った』で述べているものです。ニーチェは一種の比喩によって、彼が魂の三つの変容と呼んでいるものを説明しています。その変容の第一はラクダの、子供の魂です。ラクダはひざを折って、「私に荷物を負わせてください」と言う。これは服従の期間です。ちゃんとした生活が送れるように、あなたの社会があなたに指示したり伝えたりするものを受け取る、そういう時期です。

しかし、十分に荷を負わされたとき、ラクダは脚をふんばって立ち上がり、砂漠へと駆けて行く。そしてそこでライオンに変わる——負わされた荷が重ければ重いほど、強いライオンにね。さて、ライオンの役目はなにかというと、それは「なんじ……すべし（Thou shalt)」という名の龍を殺すことです。この恐ろしい龍には、そのうろこの一枚一枚に、「なんじ……すべし」が刻まれている。四千年の昔からのものもあれば、今朝の新聞の見出しからのものもありますがね。ラクダや子供は、この「なんじ……すべし」に服従しなければならない。しかし、ライオンは、若者の魂は、それをはねのけ、自分自身の考えを持つのです。

さてそうして、すべての「なんじ……すべし」もろとも龍が死んでしまったら、ライオンは、みずからの力で回転する車輪のように、自分の本性の力で歩む幼な子に変わります。もはや従うべき規則はない。歴史的必要から生じた規則も、地域社会のなかでの義務もない。そこにあるのは、開花した人生を生きようとする純粋な衝動です。

モイヤーズ　エデンの園へ帰るわけですね。

キャンベル　追放が起こる前のエデンの園へ。

モイヤーズ　子供がふるい落とさなければならない「なんじ……すべし」とはなんでしょう。

キャンベル　彼の自己実現を妨げるあらゆる人々です。ラクダにとって「なんじ……すべし」は絶対に必要なもの、彼を文明の領域へ押し上げる力です。それはヒトという動物を人間に変える。しかし、若者になると、それは自己発見の時期であり、ライオンへの変身の時です。いろんなルールは、いまや人生のためにこちらの意志で利用するものであり、「なんじ……すべし」という命令ではなくなるのです。

真剣に芸術の道を歩もうとする学生はだれでも、必ずこの種のことにぶつかるはずです。テクニックを学ぶために、あなたが偉い先生のところへ弟子入りしたとする。あなたは一生懸命、その先生が教えてくれるとおりにするでしょう。だがやがて、ルールに縛られず、あなたが自分のやり方でルールを利用する時期がやってくる。それがライオンが龍を打ち倒す時なのです。あなたは実際いろんなルールを忘れていい。なぜなら、それらはもうあなたの身についているのだから。あなたはひとりの芸術家なのです。地のままの自分でいても、その自分がすでに芸術家になっている。あなたのすることは、芸術をマスターしてない人のすることとは、おのずから違ってくるでしょう。変化を遂げてしまっている。

モイヤーズ　時が来るとおっしゃいますが、どうやって子供は自分にその時が来たことを知るのでしょう。未開の社会では、ある少年なら少年は、時が来たことを告げる儀式を通過します。それによって彼は、自分はもう子供ではないこと、他人に左右されずに自分で独り立ちしなければならないことを知る。私たちの社会には、息子に「おまえはもうおとなだ」と言えるような、そういうはっきりした時点、あるいは明確な儀式はありませんね。今日では、どのあたりに境い目があるのでしょう。

キャンベル　私にも答えられません。少年自身が自分のうちにその力を自覚するのを待つしかないのではないでしょうか。ひな鳥は自分がいつ飛べるかを知っています。家で私たちが朝食をとる場所のすぐそばに、鳥の巣が二つあるんです。それで何度か鳥の巣立ちを見てきましたが、このチビ君たちは失敗をしません。どうやって飛べばいいかわかるまで枝にじっとしていて、それから枝を離れると見事に飛ぶ。人間も内面のどこかで、なんらかの形で、それがわかるのではないかと思います。

例として、美術教室の学生たちについて知っていることを話しましょう。彼らにとって、先生から学べるものはみんな学んでしまった、という時期がいつかは来ます。学生たちは技術を自分のものにし、それぞれ自分自身で飛び立つ用意ができている。先生のなかには、学生がそうすることを許す人もいます。学生はやがて自分のもとを飛び立って行くものだと思っている先生ですね。ところが、なかには流派を作りたい先生もいて、こうなると学生は、飛び立つためにその先生に無礼を働いたり、悪口を言ったりする。でも、これは先生のほうが悪いんです。学生が独り立ちする時期が来たことを理解しなかったのだから。私の知っている学生たち、ほんとうに一生懸命やっている学生たちは、自分が飛び立つ時を知っていますよ。

モイヤーズ　「主よ、いつ手放せばよいのか教えてください」という、古い祈りの言葉がありますね。私たちはみなそれを知るべきなんでしょうね。

キャンベル　これは親たる者にとって大問題ですよ。実際、親であるということほど、要求されることの多いものはありませんね。私の父と母が、家族を世の中に送り出すためにどれだけ自分を犠牲にしたかを考えると……そう、私は心から感謝しています。

父は実業家でしたから、もちろん、息子が自分と同じ実業の道に進み、いずれは後を継いでくれればいいと思っていたようです。事実私は、二カ月ほど父といっしょに仕事をしたんです。だがそれ以上続かなかった。「だめだ、とてもこの仕事はできない」と思いました。そのとき、父は私のしたいようにさせてくれたんです。人生にはそういうテスト期間がある。

自力で飛び上がる前に、どうしても自分をテストしてみる必要があるんでしょう。

モイヤーズ　昔は神話が、巣立ちの時を知るのを助けてくれたのですね。

キャンベル　神話は物事を公式化して見せてくれます。例えば神話は、ある決まった年齢になったらおまえもおとなになるのだ、と教える。その年齢はまあ標準的なものでしょう――が、現実には、個人個人で大きく違います。大器晩成型の人は、あるところまで来るのが他人に比べて遅い。自分がどのあたりにいるのかは、自分で感じるしかない。自分の人生はひとつしかないんです。ほかの大勢があなたと違うからといって、そっちに合わせる必要はない。そこが大事なところです。

モイヤーズ　幸福についてはどうですか。もし私が若者で、幸福になりたいと思っている場合、神話は幸福について私になにを語ってくれるでしょう。

キャンベル　自分の幸福について知ろうと思ったら、心を、自分が最も幸福を感じた時期に向けることです。ほんとうに幸福だったとき――ただ興奮したりわくわくしたりではなく、深い幸せを感じたとき。そのためには、自己分析が少し必要ですね。なにが自分を幸福にしたのだろう、と考えてみる。そしてだれがなんと言おうと、それから離れないことです。私が「あなたの至福を追求しなさい」と言う意味はそれなんです。

モイヤーズ　でも、なにが自分を幸福にするかについて、神話はどう言ってるのでしょう。

キャンベル　神話は、なにがあなたを幸福にするかは語ってくれません。しかし、あなたが自分の幸福を追求したときにどんなことが起こるか、どんな障害にぶつかるか、は語ります。

例えばアメリカ・インディアンの物語のなかに、私が「求婚の拒絶」と呼んでいるテーマがあります。若くて美しい娘がいる。若い男たちがしきりに結婚を申し込むけれども娘ははねつける。「いやいや、おことわりよ。私にふさわしい男なんかいやしない」と言って。そこで大蛇がやってくる。あるいは、それが娘たちの求婚をはねつけている若者であれば、湖の主である大蛇の女王が来るかもしれない。とにかく、あなたは求婚者の願いを拒絶した瞬間に、住み慣れた地域を離れ、より高度の力、より高度の危険に満ちた場所へ足を踏み入れる。問題は、あなたがそれに耐えてやっていけるかどうかですね。

これもアメリカ・インディアンの物語のテーマですが、これには母親と二人の男の子が出てくる。母親が「家のまわりで遊んでもいいけれど、北へ行くんじゃありませんよ」と言う。そこで子供たちは北へ行く。冒険が始まる。

モイヤーズ　どういうことです？

キャンベル　求婚者たちを拒絶する、境界線を越える、そこから冒険が始まるということです。守られていない、新しい領域へ入って行くのです。限られた場所、固定された生活習慣、決められたルールなどを後にしなければ、創造性を発揮することはできません。

求婚者たちの拒絶というモチーフをよく表している、イロクォイ族の物語がありますよ。ひとりの娘が、母親といっしょに村はずれの小屋に住んでいた。娘は大変美しかったけれども、おそろしく気位が高くて、村の若者たちのだれとも結婚しようとしなかった。で、母親はそんな娘に困りはてていた。

ある日のこと、娘と母親は、村から遠く離れた森で焚き木を集めていた。そのうち不気味な暗闇が突然襲ってきた。日が暮れたわけではないのに。この暗さはただごとじゃない、魔法使いの仕業に決まっている。だから母親は言った。「木の皮を集めて小さい小屋を作りましょう。焚き木を拾って火を焚いて、今夜はここで夜を明かすのよ」

そこで二人はそのようにして、簡単な食事をとり、母親は眠ってしまった。ところが、娘がふと顔を上げると、目の前に、玉飾りの帯と見事な黒い羽根をつけた立派な若者が立っている。並み外れてハンサムな男が。「あなたと結婚しようと思ってやってきました。ご返事を待っています」と、若者は言った。

「母さんと相談しなくては」と娘は言う。

娘は母親に相談した。母親は若者を婿にすることを承知した。そこで若者は、この求婚が本気であるという証拠に、玉飾りの帯を母親に贈る。それから、若者が娘に「今夜、私の家に来てください」と言ったので、娘は若者といっしょに行った。このお嬢さんは、ふつうの人間では満足できなかったのですが、いままさに、ふつうではないものといっしょになったんですね。

モイヤーズ　もしその娘が、最初やってきた世間並みの求婚者たちを拒絶していなければ……

キャンベル　……こんな冒険をしなかったでしょうね。とても変わった、不思議な冒険なんですよ。娘は若者について彼の住む村へ行き、彼の家へ入る。二人は二日間いっしょに過ごした。そして三日目、若者は娘に、「きょうは狩りに行ってくる」と言って出かけた。ところが若者が入り口の垂れ幕を閉めたあと、娘は外で奇妙な音がするのを聞いた。彼女はその日じゅう、小屋のなかにひとりでいた。夕方になって、またもや朝と同じ奇妙な音が聞こえた。そして入り口の垂れ幕が開くと、ものすごい大蛇が舌を出しながら滑り込んできた。大蛇は娘のひざに頭をのせて言った、「頭のシラミを取ってくれ」。大蛇の頭には、ぞっとするような虫がいっぱいいた。娘がそれを全部殺してしまうと、大蛇は頭を引っ込めて外へ出ていったが、入り口の垂れ幕が閉まったと思う間もなく、すぐまたそれが開いて、例の美しい若者が入って来た。「たったいま、ああいう姿で入ってきたとき、私を恐ろしいと思ったかい」と彼はたずねた。

「いいえ、全然恐ろしくなんかなかったわ」と娘は答えた。

翌日、彼はまた狩りに出かけて行った。しばらくして、娘は焚き木を集めようと小屋の外へ出た。するとまず目に入ったのは、岩の上で日向ぼっこをしている一匹の大蛇だった。見回すと、あっちにも一匹、こっちにもまた一匹。娘は気味が悪くなった。もといた家が恋しくなった。そして、すっかりしょげて小屋に戻った。

夕方になると、また大蛇が小屋へ入ってくる。それからいったん出ていって人間になって戻ってくる。こんなふうにして、三日目、大蛇の若者が出ていってしまうと、娘はそこから逃げ出す決心をした。彼女が小屋を出て、森のなかでひとりぼっちで考え込んでいたとき、だれかの声が聞こえた。振り向いてみると、小さな老人がいて、こう言う――「娘さん、あ

〈イロクォイ神話の娘と老人〉スティーヴン・パートン画（1988年）

んたは災難に取りつかれておる。あんたが結婚した男は、七人兄弟のうちのひとりじゃ。あいつらはみんな恐ろしい魔法使いじゃ。魔法使いのたぐいには、自分の心臓を体のなかには持っておらんやつが多いが、あの七人兄弟もそうじゃ。小屋へ戻って、あんたが結婚した男の寝床の下に隠してある袋を開けてごらん。心臓が七つ入っておるじゃろう」これは世界中に見られるシャーマン的なモチーフの標準的な型です。心臓が体内にないものだから、魔法使いは死なない、というのです。心臓のありかを見つけて、それをつぶさなければだめなんです。

娘は小屋へ戻って袋に入った心臓を見つけ、それを持って逃げ出す。うしろから、「待てえ、止まれえ」という声がする。これはもちろん魔法使いの声です。娘はどんどん走る。「おれさまから逃げられると思っているのか。そうはいかんぞ」魔法使いの声が追いかけてくる。

とうとう娘が気を失いかけたとき、また、あの小さい老人の声が聞こえた。「わしが助けてやろう」そして、なんと驚いたことに、老人は娘を水のなかから引っ張り上げている。娘は自分が水のなかにいたことを知らなかったのです。つまり、娘は結婚によって、合理的な意識の領域から、衝動に支配される無意識の領域に移行していたということですね。それは常に、こういう水中の冒険という形で表されるのです。ある人間が、コントロールされた行動の領域から非人格的な衝動や出来事の領域へ抜け出てしまう。これをなんとかうまく処理できるか、できないか、それはわからない。

さて、話の続きはこうです。老人に水から引き上げられた娘は、自分のまわりに、いま自分を助けてくれた老人とそっくりの老人たちが大勢立っているのを見た。彼らは、天の力である雷の精たちだった。ということは、彼女はまだ、求婚者たちを拒絶したことで飛び込んでしまった超現実的な世界にいるんです。ただ今度は、悪いほうの力から逃れて、よいほうの力の支配下に入ったんですね。

このイロクォイ族の物語にはまだまだ先があります。より高い力に仕えることになった娘が、どうやって淵の底に住む悪い力をやっつけるのを助けたか。そのあと、どんなふうにして、大雨のなかを母親の家まで導かれて帰ったか、などの話が。

モイヤーズ　この話を学生たちにお聞かせになりますか。もし自分の至福を追求したならば、もし自分の人生を賭けてみたら、もし自分のしたいと思うとおりにしたら、その報酬としてこんな冒険が待っているんだよ、と言って？

キャンベル　冒険こそ冒険の報酬です――が、それには必ず危険が伴う。よい方向と悪い方向という両方の可能性があるけれども、どれもコントロールできないものです。私たちは自分の道を歩んでいるのであって、パパやママの道を歩いているのではない。だから私たちは、自分の知識を超えた力が支配する領域においては、保護の枠外にあるのです。でも、この領域にどのような相反する可能性があるか、あらかじめ多少は知っておきたい。で、いまお話ししたものもそうですが、いいお手本になるような物語がいくつかあります。それらは、私たちが予期すべきものを知る助けになるかもしれないのです。もし私たちが無思慮で、自分で選んだ役割を演ずる資格が全くない場合、これはもう悪魔との結婚みたいなもので、万事めちゃくちゃになってしまうでしょう。とはいえ、そうなってもまだ、救いの声が聞こえるかもしれない。そうしてその冒険を、想像もしなかったような栄光に変えてくれることだってないとは言えません。

モイヤーズ　家にじっとしているほうが、胎内に留まって旅になんか出ないほうが、楽ですね。

キャンベル　そうです。でもそうすると、人生は干上がってしまうかもしれませんよ――自分自身の冒険に出かけないんだから。しかし、私はいまのとは正反対の、実に驚くべき例も知っています。幼年期から青年期にかけて一から十まで他者によって規制され、指示されていたある人と出会い、親しくなった経験があるのです。その友人はチベット人で、幼いころ、十七世紀ごろから転生を繰り返していたある僧院長の、何番目かの生まれ変わりだと認められました。で、四歳くらいのとき僧院へ入れられた。それ以来というもの、自分がなにをしたいかなど聞かれたことは一度もない。すべては導師たちが定めた規則や指示どおりになされる。彼の全生活は、チベット仏教寺院の生活儀式が要求するものに従ってきっちり組み立てられていたんです。彼の精神的な進歩の段階が上がるごとに、お祝いの儀式が執り行なわれました。彼の個人的な生は、ひとつの元型的な旅に移し替えられたのです。そうすることによって、表面的には個人としての存在をなにひとつ楽しんでいないように見えても、実際は、非常に深い霊的な次元で、彼は神のそれにも似た元型的な生を生きていたのです。

一九五九年にこの生活は終わりを告げました。ラサに駐留していた中国共産党の軍隊がダライ・ラマの夏の宮殿を爆破し、虐殺の季節が始まったのです。ラサ周辺には多くの寺院があり、六千人もの僧侶がそこにいましたが、それらの寺院はすべて破壊されました。僧侶たち、僧院長たちは殺されるか、拷問にかけられました。他の何百人もの難民とともに、けもの道さえもないヒマラヤを越えてインドへ逃れた僧侶たちも数多くいます。恐ろしい話ですよ——ほとんど知られていませんが。

この打ちのめされた人々は、ようやくインドにたどり着きました。しかしインドは、自国の民の面倒さえ十分に見られる状態ではない。難民のなかにはダライ・ラマも含まれていました。また、何人もの高官や、破壊された大僧院の院長たちもいました。これらの人々はみんな、仏教国チベットはもはや滅びた、と思いました。それで、私の友人を含めて、からくも難を逃れた若い僧侶たちは、自分が立てた誓いは過去のものと見なすよう言われました。これから先は、なにかの形で僧侶として生き続けるのも、修行の道をあきらめ、世俗の現代人としての自己の要求や可能性に沿った生活を作り直すのも、全く自由だと言われたのです。

私の友人は後者を選びました。もちろん、そこにどのような挫折、貧困、苦悩が待っているかは知らないまま。彼はひどい苦労をしましたが、意志の力と聖者の平常心とでそれを乗り越えてきました。何事も彼の冷静さを乱すことはなかった。私はもう十年以上彼とつきあい、いっしょに仕事をしてきましたが、彼が中国人を責めたり、彼を受け入れた西側の国の処遇について不満を口にしたりするのを、一度たりとも聞いたことはありません。おそらく、ダライ・ラマその人からも嫌悪や非難の言葉をひと言も聞くことはないでしょう。私の友人やダライ・ラマ、そして彼らの友である人々はみんな、すさまじい動乱の、すさまじい暴力の、犠牲者たちです。にもかかわらず、彼らの心に憎しみはない。私はこの人々から宗教とはなんであるかを学びました。ここに真の宗教がある——生きた宗教が、この現代に。

モイヤーズ　あなたの敵を愛しなさい、ですね。

キャンベル　あなたの敵はあなたの運命が操る手段です。だからこそ、それを愛さなくてはいけない。

モイヤーズ　比較的短期間のうちに二人の息子を死なせ、さらにその後も同じ一家（ケネディ家のこと）に次から次へと苦しい試練を送るような神について、神話は私たちになにを語るのでしょう。若き日のブッダの話がありますね。老いさらばえた老人を見てブッダは、「生まれた者にはすべて老いが来るのなら、生まれるとはなんとつまらないことだ」と言いました。苦しみについて、神話はなんと言っていますか。

キャンベル　ブッダの話が出ましたから、その例について話すことにしましょう。ブッダの子供時代の話はこうです。ブッダはある国の王子として生まれましたが、誕生したとき、ひとりの預言者が、父である王に言いました。この子はやがて世界の支配者になるか、それとも世界を導く教師になるか、そのどちらかでしょう、と。政務に熱心なよき国王は、息子に、どんな種類のものであれ教師なんぞになってほしくなかった。そこで、息子をことのほか美しい宮殿で育て、一切の醜いもの、不快なものから遠ざけるようにしたんです――息子が深刻なことを考えなくてすむようにと。美しい娘たちが音楽を奏で、この子の世話をした。美しい庭園、蓮の花の咲く池、その他、ありとあらゆる美しいものに、王子は取り巻かれて暮らしました。

ところがある日、若い王子は、いちばん親しい友達でもある馬車の御者に、「宮殿の外へ出て、町の人々の暮らしを見たい」と言いました。これを聞きつけた父王は、この世の生の苦しみや惨めさが王子の目に触れては一大事とばかり、すべてを見栄えよく整えようとしました。しかし神々が、父王の企てを失敗に終わらせたのです。

王家の馬車が、きれいに掃き清められ、汚いものはみな片づけられた町を走っているとき、神々のひとりが、老いさらばえた老人に姿を変えて、王子の目に入るところに立っていました。「あれはなんだ」と王子は御者にたずねました。「あれは老人です。年をとっているのです」と御者は答えました。

「だれでもみんな年をとるのか」と王子は聞きました。

「はい、さようでございます」御者は答えました。

「なら、人生はつまらないものだ」と、ショックを受けた王子は言いました。そして、痛む胸を押さえながら、宮殿へ帰るよう命じました。

次に町へ出たときには、王子は病人を見ました。やせ細って、よろよろしている病人です。そしてそれがなんであるかを聞くと、また心臓がおかしくなり、馬車を宮殿へ戻らせました。三度目には、泣き悲しむ人々を従えた遺体を見ました。「あれは」と御者は言いました。

「死です」

「引き返せ」と王子は言いました。「私は帰ってから、人生を破壊するもの――老い、病い、死から逃れる道を、なんとかして見つけるのだ」

そしてもう一度だけ、王子は町に出かけました。このとき彼が見たのは、ひとりの托鉢僧でした。「あれはどういう者か」と王子はたずねました。

「あれは聖なるお方でございます。この世のよいものを捨てて、欲望も恐れもない生活をしておられる方です」と御者は答えました。そのあと、若い王子は宮殿へ帰ると、父のもとを去って人生の悲しみから解放される道を探す決心をしたのです。

モイヤーズ　神話の多くが、苦しみは本質的な生の一部であって、避けて通れるものではないと言っているのですか。

キャンベル　苦しまなくても生きていける、と言っている神話には、一度も出会ったことがありませんね。神話は私たちに、苦しみにどう立ち向かい、どう耐えるか、また苦しみをどのように考えるかを語ります。しかし、苦しみがない人生がありうるとか、人生に苦しみはあるべきでないとか、そんなことは言っていません。

　ブッダは、悲しみからの解放があることを教えました。その解放とはニルヴァーナです。ニルヴァーナは、天国のような〈場所〉ではありません。そうではなく、そこにおいては欲望や恐怖から解放されているような、心的状態のことです。

モイヤーズ　そうなると人生は……

キャンベル　……調和のとれた、中心の定まった、肯定的なものになる。

モイヤーズ　苦しみがあっても？

キャンベル　そのとおりです。仏教徒はボーディサトヴァ〔菩薩〕のことをよく語りますが、ボーディサトヴァとは、永遠を知りつつ、しかもみずから進んで時間のかけらである現世に身を置き、積極的に、喜びをもって、この世の悲しみに参与する者のことです。そしてこれは、単に自分が悲しみを経験するだけでなく、思いやりの心をもって他者の悲しみをも共有することを意味しています。思いやりは、動物的な我欲から人間性への心の目覚めです。思いやり（compassion）とは、元来「共に苦しむ」ということなのです。

モイヤーズ　しかし、思いやりは苦しみを許容するとはおっしゃらないでしょう？

キャンベル　もちろん思いやりは苦しみを許容しますとも。そう、苦しみこそ人生だという認識に立って。

モイヤーズ　人生は必ず苦しみを伴う……

キャンベル　……苦しみを伴うものです。それを取り除こうとしても無駄です。この世の中で、だれがいったい、いつ、どこで苦悩を取り除くことに成功したでしょう。

私は、若いときに遭った災難がもとで長年ひどい肉体的苦痛にさいなまれていたある女性のおかげで、目からうろこが落ちるような経験をしたことがあります。彼女は敬虔なクリスチャンとして育てられました。ですから、そのような状態は、自分がなにかをした、あるいはしなかったために与えられた神の罰だと考えていました。彼女は肉体的な苦痛と同時に精神的な苦痛のなかにもいたのです。私は彼女に、もし安らぎを得たかったら、苦しみを否定せず、それそのものが人生だと認めてはどうだろう、と言いました。きみは苦しみを通してこそ、いまのような立派な人間になったのだから、と。そう言いながら、実は心のなかで、「せいぜい歯痛くらいしか知らないくせに、ほんとうの苦痛に責めさいなまれている人にむかって偉そうな口をきいているおまえはいったい何者だ」と考えていました。しかし、この会話を通じて彼女は、苦しみこそ自分を形づくったもの、苦しみこそ自分の教師なのだと肯定的に考えることで、ひとつの回心を経験しました――その場で即座に。それはずっと昔のことですが、以来ずっとつきあいを保っています。彼女はまさしく変身を遂げました。

モイヤーズ　正覚（illumination）の瞬間が訪れた？

キャンベル　そうです——私の目の前で。

モイヤーズ　それは、先生が神話的な話をなさったからでしょうか。

キャンベル　ええ。説明はちょっと難しいのですが、私は、彼女自身が彼女の苦しみの原因であること、なぜか彼女がそれをもたらしたのだということを、彼女に信じさせたのです。ニーチェにアモール・ファティ〔運命愛〕という重要な観念があります。自分の運命を愛したまえ、それが自分の人生なんだ、ということですね。ニーチェが言うには、もしきみが、きみの人生のうちのたったひとつの要素でも否定するなら、全部をばらばらにしてしまうことになる。さらに、状況が困難だったり恐ろしいものであればあるほど、それを克服した者の人間像は偉大なものになる。きみは悪魔を飲み込むことによって、その力を自分のものにする。人生の苦しみの大きさに応じて、人生そのものも大きくなる。

いま言った私の友達は、「すべて神さまがなさったことだ」と思っていました。「そうじゃない、きみが自分でしたんだ。神さまはきみのなかにいる。きみ自身がきみの創造主なのだ」と私は言いました。「もしきみが自分のうちに苦しみの発生源を探しあてたら、きみはそれと共に生き、それを肯定し、それを楽しむことさえできるかもしれない。きみの人生として」と私は言ったのです。

モイヤーズ　それに代わる道は、生きるのをやめることしかない。

キャンベル　「生はすべて苦である」とブッダは言いました。ジョイスには「人生は、それを捨てるに値するものだろうか」という一節もあります。

モイヤーズ　でも、「自分の意志で生まれてきたんじゃない。生まれることは両親が決めたんだ」と言う若者はどうなんでしょう。

キャンベル　人生の不都合な点はみんな両親のせいにするがいい、とフロイトは言っています。マルクスは、みんな社会の上流階級の責任だという。しかし、責任を負うべき者は自分自身です。インドのカルマの思想は、その点で私たちの役に立つでしょう。自分の人生はかつて自分がしたことの報いである。自分以外に責めるべき人はいないんです。

モイヤーズ　でも、偶然はどうでしょう。街角から飛び出してきた酔っ払い運転の車にはねられた。これは自分が悪いんじゃない。自分が自分にしたことではありませんね。

キャンベル　そういう見方から言えば、偶然に生じたのではないことが、あなたの人生にあるでしょうか。これは、偶然を受け入れることができるか否かの問題です。最終的には人生は偶然で成り立っている。例えば、あなたの両親が出会ったことも！　偶然、あるいは偶然のように見えるものを通して、はじめて人生は理解できる。そこでの課題は、責任を追及したり説明したりすることではなくて、立ち現れてきた人生をどう扱うかということです。また戦争でも起こって軍隊にとられたら、あなたはその先五年か六年の人生を、それまでとはまったく違う種類の偶然の出来事のなかで過ごすんです。最良のアドバイスは、そのすべてをあたかも自分の意志であるかのように思うことです。そうすることによって、あなたの意志を参加させるのです。

モイヤーズ　これらの神話の旅には必ず、人がだれもが見いだしたいと願う場所が出てきますね。仏教徒はニルヴァーナを語り、イエスは平安を、数多くの部屋を持つ天国の家を語ります。見いだすべき場所があるというのは、英雄の旅につきものですか。

キャンベル 見いだすべき場所は自己の内面にあるのです。私はスポーツ選手たちからもそのことを教わりました。最高のコンディションにあるスポーツ選手は、みずからの内部に静止した一点を持っています。そして彼の動きは、この一点の周囲に生起する。もし彼の全部が動きの場に出てしまっていたら、動きはかえっておかしくなるでしょう。私の妻はダンサーですが、このことはダンスにも当てはまると言っています。内部にある静止した中心点、これを知り、保つことが必要です。もしこの中心を失ったら、あなたは不安に陥り、やがてばらばらになってしまうでしょう。

仏教徒の言うニルヴァーナとは、これと同じような、平安の中心です。仏教は心理学的な宗教です。それは、苦悩という心理的な問題から出発する。すべての生は悲しみに満ちている。しかし、悲しみから逃れる道がある。逃れる道とはニルヴァーナである。ニルヴァーナは精神の、ないしは意識の状態であって、天国のような〈場所〉ではありません。それはいまここに、ごちゃごちゃと騒がしい人生の真っただ中に存在するのです。それは、もはや欲望や、恐怖や、社会的なしがらみに駆り立てられないあなたが――自己の自由の中心を見つけ、そこでの選択に従って行動できるあなたが――見いだすであろう心の状態です。この中心から自発的に出てきたのが、ボーディサトヴァの行為です。世界の悲しみへの、喜びに満ちた参加です。あなたはとらわれない。なぜなら、あなたはすでに自分自身を、欲望、恐怖、義務の呪縛から解放しているからです。そうした呪縛が、世界を支配しているのです。

チベット仏教に、いわゆる生成の輪〔輪廻〕を描いた絵があります。人々を教化するために描かれたこの絵は、寺院のなかではなくて、外側の壁に掛けられます。ここに描かれているのは、まだ死神の恐怖にがっちりつかまれている精神世界の姿です。六つの存在領域が、永遠に回転し続ける車輪のスポークで表されているのですが、それぞれの領域で生きているのは、ひとつは動物ですね、それから人間、それから天の神々、四つ目は地獄で罰を受けている魂。五つ目は好戦的な悪魔、神の敵対者、あるいは巨人族。最後の六つ目は飢えた亡霊たちで、これは、他者に対する愛に執着と我執と期待が混じっていた者の魂なんです。この餓鬼たちは、巨大な腹と針の先ほどの口を持っています。しかし、これら六つの領域のどれにも、真ん中にブッダが描かれていて、解放と悟りの可能性を示しているんですよ。

車軸のなかには三つの動物――ブタ、ニワトリ、ヘビがいます。これらは車輪を回転させる力である、無知、欲、悪意の象徴です。最後に車輪の外側の輪は、車軸のところにいる三つの力によって動かされ、死の恐怖にとらわれて生きている人の意識を、というか、その意識の限界を意味しています。そして真ん中に、車軸といわゆる「三悪」を囲んで、暗闇へ下降していく魂と、悟り（illumination）へと上昇していく魂とが描かれているのです。

モイヤーズ　悟りとはなんでしょう。

キャンベル　悟りとは、万物――時間の幻のなかで、裁きによって善と見なされるものだけでなく、悪と見なされるものも含めてすべて――を貫いている永遠の輝きを認めることです。

ここに至るためには、現世の利益を願い、それらを失うことを恐れる心から、完全に脱却しなければなりません。「裁いてはならない。さもなければ自分が裁かれるであろう」というイエスの言葉がありますね。またブレイクは「知覚の扉が浄められたら、人はあらゆるものをあるがままの姿で、すなわち無限のものとして、見るだろう」と書いています。

キャンベル　なかなか大変な旅ですね。

モイヤーズ　天国への旅ですよ。

キャンベル　でも、実際には、聖者や修道士だけがする旅でしょう？

モイヤーズ　いや、芸術家のための旅でもあると思います。ほんとうの芸術家は、ジョイスが万物の「輝き（radiance）」と呼んだものを事物の真の姿の顕現として認識し、それを表現することを学んだ人ではないでしょうか。

キャンベル　しかしそうなると、残りのわれわれ凡人どもはみな、岸にとり残されることになりはしませんか。

モイヤーズ　凡人などという者がひとりだっているとは、私は思いませんね。すべての人が人生を生きるなかで、めいめい自分自身の幸福への可能性を持っている。その人がしなくてはならないことは、それを認識し、育て、それと共に歩むことです。凡人という言葉を聞くと、いつも変な感じがするんです。平凡な男だの女だの子供だの、そんな人とは一度も会ったことがないですから。

キャンベル　でも、悟りに至るには芸術が唯一の道でしょう？

キャンベル　芸術と宗教が、おすすめできる二つの道です。いろんな概念がからみ合った純粋に学問的な思想を通じてそれを理解することは、だれにでもできるわけではないでしょう。しかし、心を開き、思いやりの心をもって他者に接しながら生きることは、すべての人に広く開かれた道です。

モイヤーズ　では、聖者や芸術家に限らず、だれもが悟りを体験することは可能なのですね。しかし、もしそれが潜在的にみんなのなかにあるとしたら、心の奥深く記憶の箱のなかに秘められているとしたら、その箱を開けるにはどうしたらいいのでしょうか。

キャンベル　だれかに手伝ってもらうんですね。あなたには親友か、よい先生がいますか？生きた人間がきっかけになることもあるし、交通事故のような、なんらかの経験がきっかけになることもあります。あるいは本を読んで、ということもある。私の場合は、大部分が本のおかげでした。むろん長年ずっと、すばらしい先生方にも恵まれましたが。

モイヤーズ　先生のご本を読んで、私は思いました。「モイヤーズ、神話はおまえをとても古い木の枝につなげてくれた。おまえは、いま生きている者たち、おまえが生まれるずっと前に生きていた者たち、おまえが死んだあとの遠い未来に生きる者たちなどを全部ひっくるめたひとつの社会の一部分なんだよ。それはおまえをはぐくみ、おまえを守ってくれる。そしておまえもお返しに、それをはぐくみ守らなくてはいけないんだ」と。

キャンベル　そう、それはすばらしい人生の支えです。心からそう思います。私の人生に注ぎ込まれたこの種の恵みがどんなに大きな働きをしたか、それはもう測り知れません。

モイヤーズ　でも、神話は絵空事じゃないのか、という人がいますね。

キャンベル　いや、神話は絵空事ではありません。神話は詩です、隠喩ですよ。神話は究極の真理の一歩手前にあるとよく言われますが、うまい表現だと思います。究極のものは言葉にはできない、だから一歩手前なんです。究極は言葉を超えている。イメージを超えている。あの生成の輪の、意識を取り囲む外輪を超えている。神話は精神をその外輪の外へと、知ることはできるがしかし語ることはできない世界へと、放り投げるのです。だから、神話は究極の真理の一歩手前の真理なんです。

そういう経験と共に、ということはその神秘とあなた自身の神秘を知りつつ人生を生きるのは、大事なことです。それは人生に新たな輝きを、調和を、大きさを、与えてくれる。神話的にものを考えることは、あなたがこの「涙の谷」において避けられない悲嘆や困苦と、折り合いをつけて生きるのを助けてくれます。あなたの人生のマイナス面だとかマイナスの時期だと思われるもののなかに、プラスの価値を認めることを神話から学ぶのです。大きな問題は、あなたが自分の冒険に心からイエスと言えるかどうかです。

モイヤーズ　英雄の冒険に？

キャンベル　そう、英雄の冒険に。ほんとうの意味で生きる、という冒険に。

第六章　女神からの贈り物

偉大な女神についての神話はあらゆる生き物に対する慈悲の心を教えてくれる。その神話によって、われわれは大地そのものの真の神聖さを尊重するようになる。大地は女神の肉体であることを知るからだ。

モイヤーズ　主の祈りは「天にましますわれらの父……」で始まっていますね。「われらの母」で始めてはまずいのでしょうか。

キャンベル　それは象徴的なイメージです。宗教的イメージと神話的イメージはすべて、意識野にあるものを、あるいは人間精神のなかに潜在している経験領域を、指し示しています。そして、そういうイメージは、自分自身の存在の根源についての瞑想にとって適切な態度や経験を呼び起こします。

母親が主要な親であり、根源であるという宗教体系もありました。母親は実際、父親以上に身近な存在ですね。なにしろ、人はだれでも母親の胎内から生まれるし、どんな赤ちゃんでも最初に認識するのはお母さんなんですから。私はしばしば、神話は母親イメージの昇華

シブとヌートを切り離すシュウ

だと考えたものです。私たちは母なる大地について語りますね。そしてエジプトには母なる天がある。天空の女神ヌートがいる。そしてそれは天なる球体のすべてによって表されています。

モイヤーズ　私もそうした神殿のひとつで天井に描いてあるヌートの像をはじめて見て、息を呑んだ覚えがあります。

キャンベル　そう、私もその神殿を知っています。

モイヤーズ　畏怖の念を呼びさます能力という点でも、肉感的な性格においても、圧倒的な印象を受けますね。

キャンベル　ええ。女神という観念は、あなたが母親から生まれ、そして父親を知らない、あるいは父親は死んでいるかもしれないという事実と関わっています。叙事詩のなかではしばしば、英雄が生まれるとき、その父親は死んでいるか、あるいはどこかほかの場所にいるので、その英雄は父親探しに出かけなければならない。

イエスの肉化の物語において、イエスの父親は天なる父です――少なくとも象徴的な意味でそうなのです。イエスが十字架にかけられるとき、イエスは母親を残して父のもとに向かう。そして、大地を象徴する十字架は母親シンボルです。ですから、十字架にかけられたイエスは自分の体をくれた母親に肉体を残し、究極的で超越的である神秘の源泉としての父親のところに行くのです。

モイヤーズ　その父親探求は何世紀ものあいだ、われわれにどんなインパクトを与えているのでしょうか。

キャンベル　それは神話の主要なテーマです。英雄の生涯を扱った多くの物語のなかに、少年が、「お母さん、ぼくのお父さんはどこにいるのですか」とたずねるという小さなモチーフがあります。母親が「おまえのお父さんはどこそこにいるんだよ」と答えると、少年は父親探しの旅に出ます。

『オデュッセイア』のなかで、オデュッセウスの息子テレマコスは父親がトロイ戦争に出かけるとき、まだ赤ん坊でした。戦争は十年つづき、そのあと、オデュッセウスは帰国の途中、神話的な地中海という神秘の世界でさらに十年間行方不明となる。すでに二十歳になっているテレマコスのところにアテナー女神が訪ねてきて、「あなたの父親を探しなさい」と言う。テレマコスはどこに父親がいるのか知らない。そこで、ネストールのところに行って、「父はいまどこにいるとお考えですか」とたずねる。するとネストールは「そうだな、プローテウスのところに行ってたずねてみなさい」と答える。こうして父親探しが続くのです。

モイヤーズ　〈スター・ウォーズ〉のなかで、ルーク・スカイウォーカーが仲間たちに、「ぼくも父親を知っていたらいいんだが」と言うところがあります。父親探求のイメージにはなにか力強いものがありますね。でも、なぜ母親探しはないんでしょうか。

キャンベル　母親はすぐそこにいるからです。あなたは母親から生まれる。乳を飲ませ、物事を教え、あなたが父親探しに出かける必要を感じるまで育ててくれるのは母親です。

ところで、父親探しは自分自身の性格や運命を探究することと関係します。性格は父親から、体は、そして非常にしばしば知性も、母親から遺伝するという考えがあります。けれども不可思議なのは自分の性格であり、自分の性格が自分の運命でもあります。だから、父親探求で象徴されているのは自己の運命の発見なのです。

モイヤーズ　すると、自分の父親を発見するとき、自分自身を発見したことになる？

キャンベル　英語には父親と一体になる（at - one - ment）という言葉があります。イエスが十二歳くらいのときエルサレムで行方不明になった、という話を覚えていますね。両親は探し回ったあげく、神殿で律法学者と問答しているイエスを見つけて、「どうして私たちを置き去りにしたの。なんでこんなに心配させるの」と言うと、イエスは、「私には父の仕事に関わる必要があることを、知らないのですか」と答える。イエスは十二歳でした。それは若者のイニシエーションの年齢、自分を発見する年頃なのです。

モイヤーズ　しかし、どうなってしまったのでしょう。原始社会ではその崇拝が女神に、偉大な女神、母なる大地に向けられていた。いったいなにが起こったのでしょうか。

大地の女神

キャンベル　そうですね、主として農業および農耕社会と関わっていたのでしょう。大地と関係があります。人間の女性はちょうど大地が植物を生み出すように子供を産みます。同じように母親も栄養を与えます。だから母親のマジックと大地のマジックは同じなのです。両者は関連している。だから、形あるものを産んでその形を養い育てるエネルギーを擬人化すると、当然女性になるのです。古代メソポタミアの農業世界でも、エジプトのナイルでも、もっと古い植物栽培社会でも、神話の支配的な像は女神です。

ヨーロッパの新石器時代に作られた小さい女神の像が何百も発見されています。雄牛をはじめ、イノシシ、ヤギというような像が男性的な力のシンボルとして現れることはあるでしょうが、そういう古代において神性を視覚化したものとしては女神しかありません。

そして、女神が創造者である場合、宇宙は女神の体です。女神は宇宙と一体です。エジプトの神殿でご覧になった女神ヌートが意味しているのもそれなんです。ヌートは生命を包容する諸天の全部なのです。

モイヤーズ　その女神が太陽を呑み込もうとしている場面があります。覚えていますか？

キャンベル　それが言わんとするところは、女神は西で太陽を呑み、東で太陽を産むということです。そして太陽は夜のあいだ彼女の胎内を通る。

モイヤーズ　すると、宇宙の不思議を説明しようという人々にとって、女性の姿を見ることはごく自然なわけですね。彼ら自身の生活のなかで見るものを、女性像によって説明しようとする。

キャンベル　それだけではなく、哲学的な視点からものを見た場合――例えば、今日まで女神の象徴性が支配的であるインドの女神信仰を見るとき――女性はマーヤ（現象世界を動かす原動力）の体現者です。女性はカント哲学で言う〈感性の形相〉の具現です。女性は時間と空間そのものであり、女性の奥にある神秘はあらゆる対立物のペアーを超えています。それは男性でもなく、女性でもない。あるでもなく、ないでもない。しかし、あらゆるものが彼女の内にある。だから、神々も彼女の子供なのです。あなたが考えることのできるあらゆるもの、あなたが見ることのできるあらゆるもの、それは女神が造り出したものです。

私は以前、原形質（プロトプラズム）についてのすばらしい科学映画を見たことがあります。それは私にとってひとつの啓示でした。プロトプラズムは年じゅう動いています。泳いでいるんです。あっちへ泳ぎこっちへ泳ぎしているように見えるなと思うと、急になにかを形造る。ものに形を与える潜在能力を持っているんですね。私はその映画を北カリフォルニアで見たのですが、そのあとビッグ・サーの海岸を車で南に下るあいだずっと、牛の形をしたプロトプラズムに食われている草の形をしたプロトプラズム、魚の形をしたプロトプラズムに向かって急降下している鳥の形をしたプロトプラズムだけしか見えませんでした。そこからすべてがやってくる深淵を見たような、すばらしい感じでした。しかし、ひとつひとつの生物体（form）がそれ独自の意図を持ち、独自の可能性を持っている。そこから意味というものが出てくるのです。プロトプラズムそれ自体には意味なんてありません。

モイヤーズ　それで私たちは、あらゆるものに生命とエネルギーを吹き込むものは大地だと信じているインド人の話に戻ったわけです。先生は『ウパニシャッド』の文章を引用しておられますね。「おまえは紺色の鳥、赤い目をした緑のオウムだ。おまえは稲妻を子供として持っている。おまえは季節であり、海原でもある。始まりというものを持たぬおまえは、そこから万物が生まれる内なる存在と共にある」それはまさに、われわれと大地が一体だという理念を表現しているのでしょう。

それにしても、こういう理念が科学的な諸発見の重みによって圧殺されるのは避け難いことではなかったのでしょうか。現代人は、植物は死んだ人々の体から生まれてくるものでは

誕生のイメージ

再生をつかさどるフクロウの女神

ない、それらは種子や土や太陽に関する法則に従って育つ、ということを知っているのです。ニュートンは神話を殺したのではありませんか？

キャンベル　いやいや、神話は復活していると思いますよ。現在の若い科学者のなかに「形態発生野」、つまり生物形態を発生させる領域、という語を用いている人がいます。それこそ女神の正体ですよ――形態を生み出す領域というのは。

モイヤーズ　それは私たちにとってどういう意義を持っているのでしょう。

キャンベル　そう、それはあなた自身の生命の根源を探ることを、そしてあなたの肉体、あなたの物理的な形態が、それに生命を吹き込むエネルギーとどう関連しているかを探ることを意味しています。エネルギーのない肉体は生きてはいない、でしょ？　そこであなたは自己の生命において、肉体の要素と、エネルギーと意識という要素とを区別します。

インドでは、最も普遍的でもあり究極的でもあるシンボルは、女神のヴァギナあるいは彼らの言う「ヨニ」に貫き入る生産神の男根、つまり彼らの言う「リンガム」です。このシンボルについて考えるということは、あらゆる生命が産み出される瞬間を考えることでもあります。その表象によって、生命生産の神秘のすべてが象徴的に考察の対象になるのです。

インドにおける、いや世界の大半におけるセックスの秘儀は、神聖な神秘です。それは生命生産の神秘です。子供をつくる行為は宇宙的な行為であり、神聖なものとして理解されるべきです。そして、生命エネルギーを時間領域に注ぎ込むこの神秘を最も直接に表しているシンボルはリンガムとヨニ、つまり、創造のために結合している男性の力と女性の力なのです。

モイヤーズ　歴史のどこかの段階で、人が「われらの父」の代わりに「われらの母」に祈り始めたとすると、それはなにを意味したのでしょう。どういう心理的な相違をもたらしたのでしょう。

キャンベル　私たちの文化の性格に間違いなく心理的な相違をもたらしています。例えば、西洋文明が生まれたのは基本的には大河の流域でした――ナイル、チグリス＝ユーフラテス、インダス、そしてのちにはガンジス。それは女神たちの世界でした。例えば、ガンジス川の名前はガンガーという女神に由来します。

そのあとに侵略があります。それが本格的に始まったのは紀元前四千年ごろで、その規模はますます破壊的になっていきました。侵略者は北から、また南から来て、一夜にして都市を滅ぼしました。「創世記」のなかに、シケムの町を滅ぼすためにヤコブの一族がどんなことをしたか書いてあります。ちょっとあれを読んでみてください。この羊飼いたちは突然現れて一晩のうちに町の人々を殺傷しました。襲ってきたセム族の人々はヤギや羊の牧者、あるいは牛を飼っていたインド＝ヨーロッパ民族です。羊飼いにせよ、牛飼いにせよ、どちらももとはハンターでした。ですから、その文化は本質的に動物中心性を帯びています。ハンターがいれば、殺す者（キラーズ）がいる。そして家畜飼育者がいれば、やはり殺す者（キラーズ）がいる。なぜなら、彼らはいつも遊牧民として移動し続け、他の人々と抗争し、攻め入った地域を征服するからです。そして、こういう侵略者たちがゼウスやヤハウェのような戦いの神、稲妻を投げる神などをもたらしたのです。

モイヤーズ　男根と多産性の代わりに剣と死というわけですか。

キャンベル　そうなんです。そして、その双方が同じ力で拮抗している。

モイヤーズ　先生は母なる神ティアマットが殺されたということを語っておられますね。

キャンベル　それは、この問題についてのかぎとなる元型的な出来事だと思います。

モイヤーズ　先生はそれを歴史的な転機と呼んでおられる。

キャンベル　そうです。セム族は母なる神が支配する世界を侵略していた。そのために、男性中心の神話が支配的になり、母なる神は、そう……いわば祖母なる神になってしまった。ずっとずっと昔の話です。

それはバビロンの都市が築かれた当初のことです。そういう昔の都市のそれぞれには独自の守護神がいました。女神の場合もありましたが。帝国主義的な人々の特徴は、自分らの神を全宇宙の支配者と見なしたがることでした。ほかの神々なんてくそ食らえというわけです。それを実現するために、彼らはそこに前からいた神なり女神なりをやっつけるしかない。バビロニアの主神マルドゥックよりも前にいたのは、万有の母なる神です。そこでこの神話は、天上での男性神の大会議から始まります。それぞれの神がひとつの星です。そして彼らは、年老いたティアマットという老女神、つまり、深淵であり、底知れぬ源泉である女神がやってくるということを聞きつけた。彼女は大魚か竜の形をとってやって来るという。そのばあさんに立ち向かって殺す勇気のある神はだれだ？　むろん、その勇気を持つ者は現在の偉大な都市の神である。彼こそ大物なのだ。

そこでティアマットが口を開いたとき、バビロンの若い神マルドゥックは彼女ののどと胃袋に向かって大きく息を吹き込んだので、彼女はふくれ上がった末、破裂してしまう。そのあとマルドゥックは彼女をばらばらに切り裂き、その体の一部から大地と天空を作った。原初的な存在を解体してその体から宇宙を作るというモチーフはたくさんの形でたくさんの神話に出てきます。インドではそれはプルーシャ神として現れる。宇宙はこの神の体の影像だというのです。

さて、古い母なる神の神話に出てくる女神は、それ自体がすでに宇宙ですから、マルドゥックの偉大な創造行為は蛇足めいた行為だということになります。ティアマット自身が宇宙だったのですから、それを切り裂いて、彼女の体から宇宙を造り出す必要はなかった。けれども、男性中心の神話がバビロンを征服し、彼が創造主になったことが明らかになります。

モイヤーズ　そこで、関心は女神からその息子に、若い政治的な成り上がり者へと移る？

キャンベル　そうですね、関心はもっぱらバビロン市の男性支配者に向けられました。

モイヤーズ　こうして母権社会は崩れだして……

キャンベル　ええ、紀元前一七五〇年あたりまでには、消え失せました。

モイヤーズ　現代の女性のなかに、女神の精神がすでに五千年も島流しになっていると言う人たちがいますね。

キャンベル　そんな昔のことじゃありません、五千年なんて。女神はヘレニズム時代に地中海地方で非常に力強い存在でしたし、ローマ・カトリックの伝統において聖母として再生しました。十二、十三世紀のフランスの大聖堂ほど美しく壮大に女神を崇めた伝統は他に見当たりません。その教会のすべてが「われらの聖母（ノートル・ダーム）」と呼ばれていたくらいです。

モイヤーズ　それはそうですが、そういうモチーフやテーマのすべては、女性を排斥した男性――司祭や司教たち――によってコントロールされていた。信者たちにとってその形がなにを意味していたとしても、教会の権威を維持する立場から、そのイメージは支配的な男性の手に握られていたのでは？

キャンベル　そういう見方も可能でしょうが、ちょっとアクセントの置き方が強すぎる感じです。というのも、偉大な女性の聖者もいたからです。ビンゲンのヒルデガルト――彼女は教皇インノケンティウス三世に匹敵する人でした。それからアキテーヌのエレオノール――中世でこれほどの偉大さを持った人物を私はひとりも知りません。いま過去を振り返って、なんとひどい状態であったかと文句を言うこともできるでしょうが、女性の立場は決して言われるほど悪いものではなかったのです。

モイヤーズ　ええ。でも、そういう聖者のだれひとりとして教皇になることはなかった。

キャンベル　実のところ、教皇になることは大したことじゃありません。それはひとつの職務です。教皇のうちただのひとりもキリストの母親にはなれなかった。人々が果たすべき役割は同じではありません。女性を守るのが男性のつとめだったのです。

モイヤーズ　そこから父権中心の考えが生まれてきた。

キャンベル　女は戦利品、財産だという考え。都市が滅ぼされると、そこの女たちはみな凌辱されたものです。

モイヤーズ　先生はご本のなかで、「出エジプト記」を引用しながら道徳的な矛盾を指摘されましたね。「殺してはならない。隣人の妻を欲してはならない」しかし、外国では別で、「あなたは男子をことごとく剣にかけて撃たなければならない。ただし、女……（中略）……はすべてあなたの分捕り品として奪い取ることができる」（「申命記」二〇章一三、一四節）。それが堂々と旧約聖書に書いてある。

キャンベル　「申命記」ですね。恐ろしい一節です。

モイヤーズ　それは女性についてなにを教えているのでしょう？

キャンベル　教えられるのは、女性についてというよりは、「申命記」の思想です。ヘブライ人は隣人に関しては一切情け容赦を知りませんでした。だがこの一節は、社会性の強い神話の大半に本来存在するものを極端な言葉で述べたものに過ぎません。要するに、愛と慈悲はイン・グループのためにあり、ほかの者には攻撃と虐待が行なわれる。同族のメンバーだけが同情され、寛容に扱われる。アウト・グループは「申命記」に書いてあるとおりの扱いを受ける。

ところで今日、この地球上に、もはやアウト・グループというものはありません。そこで、現代の宗教の課題は、そういう慈悲や思いやりを全人類のために働かせることです。では、攻撃のほうはどうなるか。それは世界が直面しなければならない問題です。なぜなら、攻撃は同情と同じくらい自然で、そしてそれよりもいっそう直接的な本能で、いつでも見られるからです。それは生物的な事実です。言うまでもなく、聖書の時代にあっては、ヘブライ人はカナンに侵略すると、女神を攻撃しました。旧約聖書でカナンの女神を呼ぶ言葉は「忌むべきもの」です。例えば「列王紀」に扱われた時代にあっては、その二つの信仰がシーソーゲームを演じていたようです。旧約聖書において、多くのヘブライ人の国王が、山頂で礼拝をしたからというので非難されています。そういう山は女神の象徴でした。そして、ヘブライ人のなかには、インド＝ヨーロッパの諸神話には見られないほど非常に強い女神への敵対意識があります。ほら、ゼウスなんか女神と結婚をして、その後は二人で行動していますね。だから、私たちは聖書のなかに極端なケースを見ているわけです。そして私たち西洋人の社会で女性が従属的なのは、聖書的な思考を働かせている結果なのです。

モイヤーズ　男性が女性に代わって支配的になったことで、人間の心理が変わり、文化的な傾向も違ってくる。そして、自分の社会ではその神々がやっているとおりのことをするのは許される、というわけで……

キャンベル　まさにそのとおりです。ここに三つの状況を見ることができると思います。まず、女神が支配する状況で、そこでは男性は意味のある神性をまだほとんど備えていません。次に逆転現象があって、男性が女性の役割を引き受ける。そして最後に、古典的な段階に来て、そこでは男女の双方が相互に働きかける。例えば、インドにおいて現代でもそうであるように。

モイヤーズ　最後の段階はいつ起こるのでしょう。

キャンベル　それはインド＝ヨーロッパ民族の態度から発しています。彼らは女性原理を完全に無視することはできなかったのです。

モイヤーズ　処女降誕はどうなんでしょう。突然、女神が貞潔の象徴として、また神の行為のために選ばれた純粋な媒体として、再登場しますが。

キャンベル　西洋の諸宗教の歴史において、それはきわめて興味深い発達です。旧約聖書において、神は女神たちのいない世界を創造していますね。ところが、「箴言」までやってくると、そこに知恵の女神であるソフィアがいて、「主が世界を造られたとき、私はそこにいた、私は主の最大の喜びであった」と言います。けれども、ヘブライの伝統では神の息子という観念は不快なものとされ、全然考慮されていませんでした。神の子としての救い主（メシア）は、実は神の息子ではない。彼はその性格や威厳において、神の子にたとえられるだけのものを持っていたにすぎません。あの伝統のなかには処女降誕という観念はありませんよ、間違いなく。処女降誕はギリシャの伝統からキリスト教に入ってきたのです。例えば四福音書を読んでみますと、処女降誕について書いてあるのは「ルカによる福音書」だけですが、そのルカはギリシャ人でした。

モイヤーズ　そしてギリシャには処女降誕のイメージ、伝説や神話などがあったのですね。

キャンベル　それはもう——レダと白鳥、ペルセポネとヘビなど、それやこれやたくさん。処女降誕の話は至るところにあります。

〈レダと白鳥〉バッキアッカ（1494 ～ 1557）画

モイヤーズ　すると、ベツレヘムで生まれた新しい観念ではないんですね。それにしても、処女降誕の意味はなんでしょう。

キャンベル　それに答えるためには、精神的な発達の段階を述べたインドの物語についてお話しするのがいちばんいいでしょう。インドには、脊椎に沿って七つの心の中心が宿っているという思想があります。それらは関心と意識と行動との心理的な次元を表すものです。その第一は直腸にあって、基本的な生命維持機能である栄養摂取を司っており、ヘビがその欲求を代表しています。ただ食べて食べて、食べてばかりいる動く食道といったところです。私たちのうちだれも、絶えず食べつづけることなしにはこうやって存在していられません。あなたが食べるものはどれも必ず、一瞬前までは生きていました。それは食物と食事との神聖な秘跡なのに、私たちが食卓に座って食べるときにはあまり意識しません。私たちが食前の祈りを唱えるのは、与えられた食事に対して聖書に出てくる神さまにお礼を申し上げているわけです。しかし、もっと昔の神話では、人々は食事のために座るとき、これから食べる動物に対して、それがみずから進んで犠牲になってくれたことに感謝したものです。

『ウパニシャッド』のひとつにすばらしい言葉があります。「ああすばらしい、ああすばらしい、ああすばらしい、私は食べ物、私は食べ物、私は食べ物！　私は食べ物を食べる者、私は食べ物を食べる者、食べ物を食べる者」私たちはいま、自分たちをそんなものだとは思っていません。あくまで自己保存に固執して、自分を食べ物にしない。それは根本的に生命を否定するマイナスの行為です。流れをせき止めているのです！　流れに身を任せることは偉大な神秘の行為であり、それは自己を犠牲にして食べられようとする動物に対する感謝の気持ちを伴っています。やがてはあなたも自己を捧げることになるのです。

モイヤーズ　私は自然であり、自然は私である。

キャンベル　そうです。インド思想における第二の心理的な中心は、性器レベルにおける精神的発達、つまり、生殖の欲望によって象徴されています。次のセンターはへそのレベルにあり、ここに意志力、熟練や到達の意欲、あるいはマイナス面を見ると、他者を征服し、支配し、圧殺し、放棄することを望む気持ちの中心があります。それが第三の、攻撃的な機能です。こうして私たちは、インドの心理的な体系のシンボリズムのなかに、まず動物の本能である栄養摂取の機能、第二に、やはり動物の本能である生殖の機能、第三に、これまた動物の本能にほかならない支配と征服の機能を認めないではいられません。これら三つの中心は、象徴的なことですが、骨盤に位置しています。

次の、第四の中心は心臓のレベルにある。これは思いやり、あるいは慈悲に向かって開いています。ここで人は動物的行動の分野から脱して、人間本来の精神的な分野に出てきます。

そして、これら四つの中心のそれぞれに象徴的な形が想定されています。例えば、基盤には第一の中心があり、その象徴はリンガムとヨニ、つまり男女の性器が接合した形です。そして心臓のレベルにもやはりリンガムとヨニ、つまり男女の性器の接合という象徴がありますが、ここで、それらは処女降誕の象徴として金色で表されている。動物人間から精神人間が生まれたというわけです。

モイヤーズ　それが起こるのは……？

キャンベル　それが起こるのは、人が心臓のレベルで思いやり——相手と同じ心を持つこと——の尊さに目覚め、他人と苦痛を分かち合う段階、他人の苦しみやつらさに参入するという経験をするときです。それが人間性の始まりです。そして、正しい宗教的な瞑想はそのレベル、心臓のレベルで行なわれます。

モイヤーズ　それが人間性の始まりだとおっしゃる。でも、そういう神話では、それは神々が生まれた時ではないのでしょうか？　処女降誕——生まれてくるのは神ですね。

キャンベル　で、その神が何者であるかわかりますか？　あなたなのです。神話におけるこういった象徴のすべては、あなたや私自身のものです。あなたはそれに面食らって、すべてはむこうのほうにあると思うかもしれません。だから、苦しみを体験し、それにかかわる感情のすべてを持ったイエスのことを、遠い存在と考えている。しかし、その苦しみは私たち自身が体験すべき苦しみです。自分は精神的に生まれ変わっただろうか？　自分は動物的な性質においては死に、思いやりの心を持った人間として生まれ変わっただろうか？

モイヤーズ　処女から生まれたということに、なぜ意味があるのでしょう。

キャンベル　生ましめる者は精神的ないし霊的な存在です。これは精神的な誕生なのです。処女は耳から言葉を聞いて懐妊するのです。

モイヤーズ　言葉は稲妻のごとく訪れた。

キャンベル　そう。そしてブッダは——これも同じ意味で——母親のわき腹、つまり心臓チャクラのレベルから生まれたと言われています。

モイヤーズ　心臓チャクラとは……？

キャンベル　ああ、心臓チャクラとは、心臓から連想される象徴的な中心です。チャクラは「輪」とか「環」を意味しています。

モイヤーズ　するとブッダは……

キャンベル　……ブッダは母親のわき腹から生まれた。それは象徴的な誕生です。彼は物理的・生理的な意味ではなく、象徴的な意味で母親のわき腹から生まれた。

モイヤーズ　しかし、キリストは先生や私と同じように生まれた。

キャンベル　そうです。ただし、処女から。そして、ローマ・カトリック教会によれば、マリアの処女性は復元された。つまり、肉体的にはなにも起こらなかった、と言えるかもしれません。ここで象徴的に言おうとしていることは、イエスの肉体的な誕生ではなく、イエスの精神的な意味です。処女降誕が語ろうとしているのはそのことです。英雄や半神は、支配力、セックス、自己保存などではなく、慈悲や慈愛という動機から存在するからこそ、処女降誕という姿で生まれてくるのです。

あなたや私が心臓の中心から生き始めるとき、生まれ変わったと言える意味はここにあるのです。下の三つの中心は否定はされないが、それらが心臓に屈従し、それに仕えるとき、超越されていると言える。

モイヤーズ　古代にさかのぼってみると、救い主である子供の母親としての聖母（マドンナ）のイメージ

〈受胎告知とキリストの幼時〉アントワーヌ・デュフール画（1505年ごろ）

〈ブッダの生涯より〉インドの写本の表紙

が見つかるのでしょうか。

キャンベル　意外かもしれませんが、古代におけるマドンナのモデルは、ホルスに乳を与えるイシスです。

モイヤーズ　イシスが？

キャンベル　ややこしい話になって恐縮です。実際、こういうことは複雑な話にならざるを得ないんで。イシスとその夫オシリスは女神ヌートから生まれた双子でした。年下の身内に、やはりヌートから生まれた双子のセトとネフティスがいました。ある晩、オシリスが、相手はイシスだと思い込んでネフティスと寝てしまった――大ざっぱな性格とでも言うんでしょうかね。その結果、アヌビスが生まれた。オシリスの長男だが、正式の妻の子ではない。ネフティスの夫セトはこれに腹を立て、兄オシリスを殺そうと計画する。ひそかにオシリスの身の丈などを調べあげ、それにぴったりの美しい石棺を造らせる。そしてある晩、神々がにぎやかな酒宴を開いているあいだに、セトがその石棺を担がせた従者を従えて登場し、この石棺にぴったり収まる方がおられたら、その墓地のために献上すると宣言する。宴席のだれもが試してみるが、もちろん、オシリスだけが棺にぴったり収まる。するとたちまち、七十二人の腹心の者が飛び出して、がっちりふたを閉め、棺を革紐で縛りつけ、ナイル川に運んで投げ捨てる。ここでひとりの神が死ぬわけです。そして、そういう神の死があると、きっと次には復活があると予想できます。

オシリスの死は、象徴としては、毎年のナイル川の増水と洪水とに関わっています。その洪水のおかげでエジプトの土地は肥沃になったのです。まるでオシリスの肉体の腐敗が大地に豊かな生命力を与えたかのように。

オシリスの死体はナイル川を下って、結局シリアの海岸に打ち上げられる。すばらしい香りを発する木が生えて、石棺がその幹によって包み込まれてしまう。たまたまその土地の国王に王子が生まれ、王は宮殿を新築するところでした。その木の香りがあまりにもすばらしいので、王はそれを切り倒し、宮殿の大広間の中柱(なかばしら)にするよう命じます。

一方、夫をナイル川に投げ捨てられた嘆きの女神イシスは、その遺体を探すために旅に出ます。魂の伴侶である神を探索するというのは当時の神話の基本的なテーマでした。死んだ夫、あるいは恋人を探し求め、相手に対する誠実な愛のゆえに黄泉(よみ)の世界にまで入って彼を救い出すというテーマです。

やがてイシスはシリアにたどり着き、宮殿に芳香を放つ柱があることを聞く。オシリスになにか関わりがあるのではないかと思った彼女は、生まれて間もない王子の乳母という仕事を引き受けるのです。それがね、イシスは自分の指をしゃぶらせて、そこから乳をやるんです——なにしろ女神なので、方便のために身を落とすとしても限度があるってわけでしょう。それでも赤ん坊を愛し、その体を暖炉の火で焼き尽くすことによって不滅の生を与えようと決心します。言うまでもなく、女神ですから、火が王子を焼き殺すことは防げるのです。そして毎晩、王子が火で焼かれているあいだ、彼女はツバメに変身し、夫が閉じ込められている柱の回りを悲しげに飛び回るのです。

ある晩、こういう場面が展開しているあいだに、子供の母親がやってきて、わが子が暖炉の火で焼かれているのを見て悲鳴を上げる。その声で魔力が破られるので、あわてて子供を焼死から救わなければならない。一方、ツバメは堂々たる女神の姿を見せた乳母に戻り、妃に事情を説明したうえで、「ところで、あの柱のなかには私の夫がいます。夫を連れて帰ることを許していただければありがたいのですが」と言います。途中で姿を現してそれを聞いた国王は、「わかりました。お望みのとおりにしましょう」と言って、柱を抜かせてイシスに献上する。そしてオシリスの遺体の入った美しい石棺は王家の平底船に乗せられます。

ナイル・デルタに戻る途中、イシスは棺のふたを取り除き、遺体の上に身を伏して夫を抱きます。これは古代神話のなかにしょっちゅう、多くの象徴的な形で現れるモチーフです——死から生命が生まれるというモチーフ。船が陸に着くと、女神はパピルスの生い茂る沼地で子供を産みます。生まれた子供がホルスです。神によってはらんだわが子を抱く神聖な母親の姿がマドンナのモデルになったのです。

モイヤーズ　そしてツバメは鳩になった、というわけですか？

キャンベル　空を飛ぶ鳩は、そう、霊のシンボルとしてかなり普遍的なものです。キリスト教でも聖霊の象徴になり……

モイヤーズ　……聖なる母とも結びついている？

キャンベル　そうです、霊によってはらんだ母親と。でも、もうひとつ立ち入って話しておかなければなりません。嫉妬深い弟のセトがオシリスの王位を奪っていました。しかし、セトは正式に玉座につくためにはイシスと結婚しなければならない。エジプトの図像(イコン)では、イシスは玉座を表しています。国王(ファラオ)は子供として、玉座であるイシスのひざの上に座っています。ですから、シャルトルの大聖堂の前に立つと、西向きの入り口に聖母(マドンナ)の像が玉座の形で置かれ、その上に幼な子イエスが座って、世界の皇帝として世界に祝福を与えています。それはまさしく最古のエジプトから伝わってきたイメージにほかならないのです。昔の教父たち、昔の芸術家たちは意図的にこういうイメージを受け継いできました。

モイヤーズ　キリスト教の教父たちがイシスのイメージを受け継いだ？

キャンベル　間違いありません。彼ら自身がそう言っています。「大昔においてはただ神話的な形に過ぎなかった形象が、いまはわれらの救い主のうちに受肉して現実のものになっている」と明言したテキストがあります。そこで言われている物語とは、死んでよみがえった神です。アッティス、アドーニス、ギルガメッシュ、オシリスなど、つぎつぎに現れます。神の死と復活は世界中で月と結びついています。月は毎月いったん死んで、またよみがえる。その間に二晩、つまり三日にわたって闇が訪れる。そしてキリストは三日二晩墓のなかにい

ホルスに乳をやるイシス

たのです。

キリストの誕生日がほんとうはいつであったか、だれにもわかりませんが、冬至の日だとされてきました。これから夜が短くなり、昼が長くなるという十二月二十五日です。それは光が復活する時点です。それはまたちょうどペルシャの光の神ミトラ、それは太陽神ソールと同じですが、そのミトラの誕生日でもあります。

モイヤーズ　そこからなにを教えられるのでしょう。

キャンベル　そこから私は、自分たちの生活においても思考においても、過去に対して死に、未来に対して生きるという理念があることを教えられます。動物性に対して死に、精神性に対して生きる。こういうシンボルはいろいろな形でそのことを語っているのです。

モイヤーズ　そこでイシスはこう言うことができる――「私は万物の自然な母親。あらゆる元素の女主人であり、支配者である。聖なる力の司、地獄にあるすべてのものの女王でありながら、天に住むすべてのものの主でもある。あらゆる神々と女神とがただひとりの姿において顕現した者」

キャンベル　それはこのテーマのすべてをずっと後世に述べたもので、二世紀のアープレーウスの『黄金のロバ』に出ています。ついでながら、『黄金のロバ』は最古の小説のひとつです。そのヒーローというか、主要な登場人物は、情欲と魔術のおかげでロバに姿を変えられてしまい、痛ましい、屈辱的でもある冒険を繰り返すのですが、ようやく女神イシスの恵みのおかげで試練から救い出されます。イシスは手にバラの花を持って――情欲ではなく、聖なる愛の象徴としてのバラを持って――現れます。ロバはそのバラを食べたとき、人間に戻されます。しかし、ただの人間ではない。光を受けた人、聖者です。彼は第二の処女降誕を経験したわけですね。こうして人は、動物のような情欲の存在から、いったん精神的な死の過程を経て生まれ変わることができるのです。第二の誕生は高められた、精神的に充実した受肉なのです。

そして女神はそれを可能にしてくれる存在です。第二の誕生は霊的な母親から生まれることです。パリのノートルダム、シャルトルのノートルダム――われらの聖母の教会。私たちは教会に入り、教会から出ることによって、霊的に生まれ変わります。

モイヤーズ　そこには、女性原理に特有の力があるわけですね。

キャンベル　この小説ではそういうふうに書いてありますが、女性特有というわけではありません。男性を通じて生まれ変わることも可能です。ただ、このシンボル体系を用いるなら、女性が再生をもたらす力となります。

モイヤーズ　すると、キリストの死後、紀元四三一年に開かれたエフェソ公会議はマリアを「神の母」（この公会議は、マリアは「キリストの母」に過ぎないという説を異端と見なした。現在もカトリック教会はマリアを「神の母」だとしているが、なぜかマリア崇拝は厳禁している）であると宣言しましたが、それは初めての考えではなかったのですね？

キャンベル　そう、そういう主張は以前から教会内にあったのです。ただ、その決定がなされた場所エフェソは、当時ローマ帝国のなかでは女神アルテミス、別名ダイアナの最大の神殿を持っている都市でした。で、こんな話が伝わっています。公会議の代表たちがこの問題を討議しているあいだに、エフェソの民衆がピケを張ってマリアを称える叫びを発したというのです――「女神、女神、もちろんマリアさまは女神だ!」

さて、その後のカトリックの伝統を見ますと、二つのものが結合しています。ひとつは、霊的な力と現実世界の力とを統一するものとしての、ヘブライの父権中心的で一神教的なメシア思想。もうひとつは、処女降誕によって偉大な女神の息子として生まれ、いったん死んでまた生まれ変わった救い主というギリシャ的な思想です。何人もの救い主が生まれ変わっています。

近東では、時間の世界に降り立った神は、もとをただすと女神でした。イエスは本来ならば、慈愛の心を持って下りてくる女神の役割を引き受けたのです。しかし、処女マリアはイエスの受肉を可能にするという役割に甘んじていながらも、すでに贖罪に貢献していました。処女マリアの受難が息子イエスの受難に匹敵するものであったことは、だんだんと明らかになってきました。現在、彼女はカトリック教会で“co-savior”(救いの共助者)と呼ばれていたと思います。

モイヤーズ　これらすべてのことは、男性と女性との再結合(リユニオン)についてなにを語っているのでしょう。原始社会においては長いあいだ女性が支配的な神話イメージでした。やがて、男性的、攻撃的で、好戦的なイメージが表に出てくる。するとまもなく、女性がまた創造や再創造に一定の役割を果たすようになる。それは、根本的に男と女が相手を希求しあっている、という意味を持っているのでしょうか。

キャンベル　そうなんですが、私はそれをもう少し歴史的な観点から見ています。インドのインダス川流域の全体にわたって母なる女神が女王であったという事実はとても興味深いことです。エーゲ海からインダス川まで、母なる女神は支配的な存在でした。その後、インド＝ヨーロッパ民族が北方から下って、ペルシャ、インド、ギリシャ、イタリアなどに入ってきた。それにつれて、その全域で男性中心の神話が広がった。インドではヴェーダ、ギリシャではホメロスの伝統。そしてその約五百年後に女神が戻り始めるのです。実は紀元前七世紀ごろ――それは女神が復活してエーゲ海に勢力を伸ばし始めたころですが――その時代の『ウパニシャッド』のひとつにこう書いてあります。ヴェーダの神々が集まったとき、なにか形の定まらぬ異様なもの、煙霧のようなものが近づいてきた。みんなが「いったいなんだ」と言うが、だれにもわからない。するとある神が、「ひとつわしが行って確かめてみよう」と言い、その煙ったものに近づいて、「わしは火の神、アグニだ。どんなものでも燃やすことができる。おまえはだれだ」と言った。すると、もくもくとしたもののなかから一本の矢が飛び出して地上に落ち、すぐあとから声がする。「それを燃やすことができるかどうか、見せてもらおう」アグニは矢を燃やそうとするが火がつかない。そこで神々のところに戻って、「いやはや実に奇妙だ」と言う。「それならば」と風の神が言う、「わしが試してみよう」そして行ってみると同じ模糊たるものがある。彼が「わしは風の神ヴァユーだ。わしはどんなものでも吹き散らしてみせる」と言うと、また矢が飛んでくる。「それを吹き飛ばせるかどうか、見せてもらおう」と声がする。しかし、ヴァユーの思うようにならず。彼も戻ってくる。次にヴェーダの神々のなかでは最も偉大なインドラが進み出る。インドラが近づくと、妖怪は消え、そのあとに女が現れる。美しい不思議な女性であり、彼女が神々に向かって、神々自身の存在基盤の神秘を打ち明ける。そして彼女は「それが万物の究極的な神秘ですし、あなたがたも自分の力をそこから得ているのです。そしてそれはあなたがたの力を意のままに、与えたり奪ったりできるのです」と言います。あらゆる存在の基盤となる存在は、インドの言葉で〈ブラーマン〉と呼ばれています。それは中性名詞であり、男性でも女性でもありません。そして、それについて語った女のインド名はマーヤ＝シャクティ＝デヴィで、「生命賦与者たる女神にして形象の母」という意味です。そして同じ『ウパニシャッド』のなかで、彼女はヴェーダの神々に彼ら自身の力と存在の究極的な基盤と源泉とがどこにあるかを教える教師として現れます。

モイヤーズ　女性の知恵というわけですか。

キャンベル　形象を与える者としての女性です。彼女は生命に形を与えた者ですから、そういう形象の由来を知っています。それは男女の別を超えた形象です。存在と非存在とを超越した形象です。それは在り、かつ無い。それは在るのでもなく、無いのでもない。思考や知性のあらゆるカテゴリーを超越しているのです。

モイヤーズ　新約聖書に「イエスにあっては男もなく女もない」（「ガラテヤの信徒への手紙」第三章二八節を参照）というすばらしい言葉があります。なんでも究極のところでは、そういう区別はないんでしょうね。

キャンベル 当然そう言えると思います。もしイエスが私たちの存在の根源を代表する方ならば、私たちすべては、いわばイエスの頭に浮かんだ思いです。イエスは私たちのなかにおいても肉体となった言(ことば)です。

モイヤーズ 先生も私も男性・女性双方の特徴を持っている？

キャンベル 肉体においてはそうです。正確にいつということは、私にはさっぱりわからないのですが、胎児はその成長のどこかの段階になって、この子は男、この子は女になるということがやっとはっきりします。とにかく、どちらに向かう可能性も秘めているのが肉体です。

モイヤーズ だから、生涯を通じて私たちはそのどちらかを大事にしたり、抑制したりする。

キャンベル 中国の陰陽のシンボルを見ると、黒い勾玉のなかに白い小丸があり、白い勾玉のなかに黒い小丸がある。そうやって相互に関わり合っているのです。自分がその一部でないようなものと関係を持つことはありえません。だから、〈絶対的な他者としての神〉なんて、ばかげた観念です。人は絶対的な他者となんの関わりも持てないんですから。

モイヤーズ 先生がいつも話しておられる精神的な変身において、その変化は、競争ではなくて、養育、創造、協力といった女性的な特性のおかげで達成できるのではないでしょうか。私たちが話している女性原理の中心にこういうものがあるのでは？

キャンベル そう、母親は自分の子供ならだれでも愛します。頭のいい子も悪い子も、性格のいい子も悪い子も。それぞれの個性がどうかなんて問題ではない。だから女性は、ある意味で子供に対する無条件の愛を代表しています。父親は子供をしつけるという意味でもっと厳しい。父親はもっと社会秩序や社会性に関わっています。実際、社会で有用性を発揮するのはそのほうです。母親は子供の本性（nature）を産む。そして父親はいわば子供の社会性を、社会的な役割を産むと言えるでしょう。

そこで、自然（nature）に帰るという方向をたどるときには、もちろん母親原理がもう一度働く。それが父親原理とどう関係するのかはわかりません。というのも、この地球という生命体は途方もなく大きな働きをするでしょうが、それはもともと男性的な機能であるだけに、これからどんな新しいものが生まれるか予断を許さないのです。ただ、自然が戻ってくることは確実です。

モイヤーズ　すると、私たちが「地球を救え」と言うとき、われわれ自身を救うべきだと主張しているわけですね。

キャンベル　そうです。社会になにかが起こりそうだという希望のすべては、人間精神の変化への待望であり、社会を全く新しい気持ちで経験することへの期待なのです。そこで重要な疑問は、私の見るところでは、こういう単純なものです――「自分はどんな社会と、どんな社会的グループと一体なのだろうか？」地球上のすべての人間と一体なのか。それとも、自分の特定のイン・グループとのみ一体感を抱いているのだろうか。これは本質的に、わが国の建国者たちの心にあった疑問です。当時、十三州の人々は、自分たちをひとつの国家に属するものと考え始めている一方で、それぞれの州の特定の権益に対する関心を捨てることはできませんでした。現在の世界においても、それと同じようなことが起こらぬとは言えないでしょう。

モイヤーズ　こういうこと――男性・女性の原理、処女降誕、われわれの再生を可能にしてくれる精神的な力など――を語る場合に、ひとつの疑問が生じます。古今の賢人たちは、だれでも精神的に生きることを学んだならば、正しい生活ができる、と教えています。しかし、肉体的な存在であるわれわれが、どうして精神的に生きることなど学べるのでしょうか。パウロは、「肉の思いは霊に背き、霊の思いは肉に背く」（「ローマの信徒への手紙」第八章五節を参照）と言っています。どうしたら精神的に、霊的に生きることを学べるのでしょうか。

キャンベル　古代においては、それが教師の務めでした。教師は精神的な生活のかぎを人々に与えたのです。それが司祭の役目でした。それはまた儀式の目的でもありました。儀式は神話の実体化と定義することもできるでしょう。人は儀式に参加することによって神話の生活を実際に経験できます。そして人は、そういう参加を通じて精神的に生きる方法を学ぶことができるのです。

モイヤーズ　神話は実際に精神生活のあり方を教えてくれますか。

キャンベル　ええ、そのかぎを与えてくれるはずです。私たちは一種のロードマップを持つ必要がありますが、それは私たちの身近にたくさんあります。もっとも、全部が同じ道しるべの役割を果たしてくれるわけではありません。あるものは、特定のイン・グループの利益や、特定の部族の神の利益だけを指し示しています。またあるものは――特に宇宙万物の母である偉大な女神の啓示として与えられるものは――生きとし生けるものすべてへの慈愛を教えています。私たちはそこでまた、地球そのものの疑いようのない神聖さを崇める気持ちになります。地球は、大地は、女神の体だと教えられるからです。ヤハウェは天地を創造するとき、土から人間を造って、その体に生命を吹き込みます。ヤハウェ自身はその形のなかに存在しません。が、女神は内にも外にもいる。あなたの体は女神の体の一部です。こういう神話のなかに、宇宙との自己同一の認識があるのです。

モイヤーズ　だからこそ、人類の未来は宇宙にあるとか、旅路の果ての救いは宇宙にあるという考えが不可解に思えます。それはまさしくこの地上に、この肉体のうちに、われわれの存在の胎内にありはしないでしょうか。

キャンベル　ええ、もちろんそうでしょう。宇宙に出るとき、私が携えていくのは自分の肉体ですが、それが変身を遂げていない限り、宇宙が私を変身させることはありません。でも、宇宙について考えることは、ある自覚のために役立つでしょう。世界地図のなかには二ページにわたって銀河を描いたものがあります。たくさんの銀河のなかに私たちの銀河がある。私たちの銀河のなかに太陽系がある。こうしてみると、いま私たちが知りかけている宇宙の途方もない大きさが感じられます。そういう銀河系の図が見せてくれるものは、想像もつかぬ大きさと、理解を超えた力とを備えた宇宙のヴィジョンです。轟音を発している何十億、何百億の熱核反応炉が至るところに散らばっている。それぞれの熱核反応炉がひとつの星で、私たちの太陽もそのひとつです。その多くがまさに爆発を起こして飛び散っており、宇宙の果てに塵やガスを放ち、それからまた回転する惑星を伴った新しい星がいま生まれつつある。それだけではなく、それらすべてのはるか遠くからさえも、いかなる驚天動地の爆発よりも大きな爆発――一説によれば百八十億年前に起こったとも推定されるビッグバン創造――のこだまであるつぶやきが、マイクロウェーブが、伝わってきている。

そういうところにいるんですよ、私たちは。それを自覚したとき、自分が実はどんなに大事な存在であるかも自覚できるんですね――ものすごい大きさのなかにあるひとつの微粒子的な存在ではありますが。その自覚のあとに、自分とそれとがある意味では一体だという経験がやってくる。そうすると大宇宙のすべてに参入することになるのです。

モイヤーズ　そして、それはいまここから始まる。

キャンベル　ここから始まるのです。

第七章　愛と結婚の物語

こうして愛は目と目を通して心に至る、
目は心の斥候だから、
心が捕えて喜ぶものを
捜して回る。
そして二つの目と心と、その三つが和解し、
しっかりとひとつの決心を固めるとき、
そのとき、目が心のために喜び迎えたものから、
完全な愛が生まれる。
愛はそうやってしか生まれないし、
本心から動かされぬかぎり、
愛が始まることもない。

これら三つの恵みと命令とによって、

またその喜びから、愛は生まれ、
その美しい希望が
友達を慰めに行く。
ほんとうに愛し合っている人ならみんな知っているように、
愛は限りない親切だからだ。そして
それは——疑いもなく——心と二つの目から生まれる。
目は愛の花を咲かせ、心は愛を養い育てる。
自分らの種から生まれた実にほかならぬ愛を。

——ギロー・ド・ボルネイ（一一三八〜一二〇〇頃）

モイヤーズ　愛はとても大きなテーマなので……。そう、もし私が先生をつかまえて、「愛について語り合いましょう」と言ったら、先生はなにから始めますか？

キャンベル　十二世紀の吟遊詩人から始めるでしょうね。

モイヤーズ　吟遊詩人というのは？

キャンベル　トルーバドール（troubadour）と呼ばれていた当時の吟遊詩人は、プロヴァンス地方の貴族で、のちにはフランスの他の地方やヨーロッパ各地にも広がりました。ドイツではミンネジンガー（Minnesinger）、愛を歌う人々として知られていました。ミンネは中世のドイツ語で愛を意味する語です。

モイヤーズ　その時代独特の詩人ですか？

キャンベル　そう、ある特性を持った詩人でした。トルーバドールと呼ばれる吟遊詩人が活躍したのは十二世紀でした。その吟遊詩人の伝統のすべては、一二〇九年のいわゆるアルビ派退治十字軍の遠征のおかげで、プロヴァンスでは消滅してしまいました。その遠征は教皇インノケンティウス三世が行なったもので、ヨーロッパ史上最も残虐な十字軍遠征のひとつと見なされています。

吟遊詩人たちは当時力を伸ばしていたアルビ派と結びついていました。アルビ派はマニ教の流れを汲む異端とされていますが、実際には、中世の聖職者たちの堕落に対する抗議運動でした。そして、吟遊詩人たちの宗教生活のなかで、彼らの愛の理念の変容はアルビ派の思想と非常に複雑な形で混じり合っていました。

モイヤーズ　愛の変容？　それはどういう意味でしょう。

キャンベル　吟遊詩人たちは愛の心理にとても深い興味を持っていました。西洋で愛をいまの私たちが考えるのと同じように考えた——つまり、それを個人対個人の関係と考えた——最初の人々が、トルーバドールなのです。

モイヤーズ　それ以前は？

キャンベル　それ以前の愛は単なるエロスでした。エロスという神が人を性的な欲望に駆り立てていた。それは吟遊詩人たちが理解していたような〈恋に陥る〉経験とは違います。エロスは恋に陥る経験に比べるとはるかに個人性が乏しい。人々はアモールについては知らなかったんですね。アモールは個人的なものであり、吟遊詩人たちにはそれがわかっていました。エロスとアガペーは超個人的な愛です。

モイヤーズ　説明していただけますか。

キャンベル　エロスは生物学的な強い衝動です。器官がおたがいを求めて燃えているのです。人格的な要素は関係ありません。

モイヤーズ　で、アガペーは？

キャンベル　アガペーは、あなた自身を愛するように隣人を愛しなさいという意味での愛、つまり、精神的な愛です。隣人がだれであろうと変わりはありません。

モイヤーズ　すると、それはエロスによって強制される情欲ではなく、思いやり（compassion）なんでしょうね。

キャンベル　そうです、思いやりです。心を開くこと。でも、アモールのようにひとりびとり個性を与えられたものではありません。

モイヤーズ　アガペーは宗教的な衝動なんですね。

キャンベル　ええ。でも、アモールだって宗教的な衝動になる場合はあるでしょう。十二世紀の吟遊詩人たちは、アモールこそ最高の精神的経験であると自覚していました。

エロスの経験は、そう、一種の発作のようなものですね。インドでは、愛の神は弓と矢筒を持った大柄な、たくましい青年です。矢筒に入っている矢には「死をもたらす苦しみ」や「開け」というような名前がつけられています。実際、愛の神はそれで人を射抜くので、肉

〈ヴィーナス，キューピッド，愚行，時間〉
ブロンツィーノ（1503～72）画

体的にも心理的にもすさまじい炸裂が生じるのです。

そしてもうひとつの愛アガペーは、あなた自身を愛するようにあなたの隣人を愛しなさいという愛です。もう一度言いますが、その隣人がだれであろうと変わりはないのです。とにかくあなたの隣人なのだから、その人に対してその種の愛を働かせなければならない。

しかし、アモールの場合、私たちは純粋に個人的な理想を抱きます。吟遊詩人たちがその伝統的な詩のなかで表現しているように、目と目が合うことから生じる一種の発作は、個人対個人の経験です。

モイヤーズ　目と目が合うと言えば、先生の著書のなかに収められていた詩がありますね——「愛は目と目を通して心に至る……」

キャンベル　あれはキリスト教会によって代表されているもののすべてと完全に対立する思想です。それは人間的な、個人的な経験です。そしてそれは西洋を偉大なものにしている基本的な思想であり、それあるがゆえに西洋は私の知るかぎり他のすべての伝統と違っているのだと思います。

モイヤーズ　要するに、愛する勇気というものが、伝統に反して、つまりキリスト教会の伝統に反して、人それぞれの経験を正しいと認める勇気になった。西洋の進化において、なぜそれが重要だったのでしょう。

キャンベル　個人どうしで愛し合う勇気が重要であったのは、それが西洋に個人の重要性を認識させたからであり、他人から伝えられた口先の言葉だけではなく、自分の経験を信じるべきだという信念を与えてくれたからです。それは、画一的で強固な思想体系に反して、人間性とはなにか、人生とはなにか、価値とはなにかについての個人的な経験の正当性を重視しています。画一的な体系は機械のシステムです。どんな機械も同じ工場で生産されるほかのあらゆる機械と同じように動くという考え方なのです。

モイヤーズ　先生の著書に、西洋のロマンチックな愛の始まりは「クレドーを越えたリビドーであった」とありますが、どういう意味でしょう。

キャンベル　うん、クレドーは「私は信じる」という意味ですね。私は律法を信じるだけでなく、それが神によって定められた掟であることを信じる。だから、神と言い争う余地はない。その律法は私にとって大変な重荷であるけれども、それに背けば罪になり、私の永遠の性格にも関わってくる。

モイヤーズ　それがクレドーですか？

キャンベル　それがクレドーです。あなたは信仰を持ち、そのあと懺悔に行き、いくつもの罪を並べ立て、これほど罪を犯す自分はだめだと思い込む。司祭のところに行って、「祝福してください、神父さま。この一週間ぼくは立派なもんでした」と言う代わりに、くよくよと罪のことを考える。まだまだ生きられるうちに、罪のことを考え続けたあげく、ほんものの罪人になってしまう。まったくの話、それは生きる意志を圧殺することであり、それがクレドーの正体です。

モイヤーズ　ではリビドーは？

キャンベル　リビドーは生きたいという強い衝動です。それは心から出てきます。

モイヤーズ　そして心は……

キャンベル　……心はほかのだれかに向かって開かれる器官です。それが私欲だけに関わる動物性とは際立って違う、人間的な特質です。

モイヤーズ　すると先生は、ロマンチックな愛を、肉欲や情念や通常の宗教的感情とは対立するものとして語っておられるのですね。

キャンベル　そうです。伝統的な社会において、結婚はふつう家族どうしによって取り決められていましたね。個人どうしの決定では決してなかったのです。インドでは現在でも、新聞に結婚仲介業者が掲載する花嫁候補の広告欄があるのです。いまでも覚えていますが、インドでつきあっていた家族の娘さんが結婚することになりました。その娘さんは夫になる青年をまだ見たこともなかったので、兄たちに聞いたのです――「背は高いの？　色は黒い？それとも白い？　どうなの？」

中世においては、その種の結婚だけしか教会によって是認されませんでした。それだけに、真に個人対個人のアモールという吟遊詩人たちの思想は危険千万なものでした。

モイヤーズ　それは異端だったから？

キャンベル　異端であるだけでなく、不義でもあった。精神的な姦通とでもいったところでした。結婚がすべて社会によって取り決められていた。それだけに、目が合うところから生まれる愛には、より高い精神的な価値がありました。

例えば、トリスタンの愛の物語です。そこでイゾルデはマーク王と婚約しています。が、二人は一度も会ったことがない。トリスタンはイゾルデを迎える役として派遣されます。イゾルデの母親は結婚する二人がほんとうに愛し合えるようにと惚れ薬を調合し、イゾルデに同行することになっていた乳母に預けます。ところが、乳母がその薬をうっかり放置していたので、トリスタンとイゾルデはワインと思って飲み、恋のとりこになってしまう。しかし、二人は薬を飲む前すでに恋に陥っていたのに、気がついていなかっただけなのです。惚れ薬はただ自覚を誘発しただけです。だれでも若いころにはそれに似た覚えがあるでしょう。

吟遊詩人の見方からすると、マーク王とイゾルデには問題がある。二人は結婚することになっているのに、実際には愛し合う資格がないという点でです。彼らは会ったことさえない。真実の結婚は、相手と一体になったという自覚から出てくる結婚であり、肉体的な結合はその自覚を確かめるための儀式に過ぎない。逆から始まるということはありえない。肉体的な興味が先に立ち、それが精神的なものに変わるという、そんな結婚はない。真の結婚は愛の精神的なインパクトから──すなわち、アモールから──始まるのです。

モイヤーズ キリストは「心のなかで姦淫を犯した者」について語っていますが、それは頭のなか、心のなかで精神的に成立した結合を侵すことを意味しているのですね。

キャンベル そして、心によってではなく、社会によって取り決められた結婚は、すべて精神的な結合を侵すものです。そこに、中世の騎士による宮廷風恋愛の意味があります。それは教会の思想に真っ向から反するものでした。アモール（AMOR）という語を逆に綴ると

ROMAに、つまりローマ・カトリック教会になる。その教会は単に政治的、社会的な性格を持った結婚だけを正当と認めていました。そんなところへ、個人的な選択を、私がいつも言う〈自己の無上の喜びに従う〉ことを、正当化しようとする運動が起こったのです。

しかし、もちろんこれには危険もあります。トリスタン伝説で、若い二人が惚れ薬を飲んだとき、それに気づいた乳母がトリスタンのところに来て、「あなたはご自分の死をお飲みになったのです」と言います。トリスタンは、「ぼくの死とは、この恋の痛みのことかね」とたずねます。それこそ――恋は重い病いであると感じることこそ――肝心な点のひとつだったからです。人が経験しかけている相手との一体化、それをこの世で成就させることは不可能なのです。トリスタンはこう言います――「おまえはこの愛の苦悩をぼくの死と呼ぶかもしれないが、それこそぼくの生命だ。事実が知れたとき受ける罰をぼくの死と呼ぶのなら、ぼくはその死を甘受しよう。そして、地獄の炎で永劫に焼かれる罰をぼくの死と言うのなら、それも喜んで受けよう」さあ、これは大変なことです。

モイヤーズ　特に中世のカトリック信者にとっては。なにしろ文字どおりの地獄を信じていたのですから。とすれば、トリスタンが言ってることの意味はなんでしょう？

キャンベル　彼が言ってるのは、自分の愛は死や苦痛よりも、ほかのどんなものよりも大きいということです。これは人生の痛みを勇敢に肯定したものです。

モイヤーズ　そこでトリスタンは、たとえ苦痛が未来永劫続くとしても、たとい地獄の責め苦を受けようとも、愛の痛みのほうを選ぶわけですね。

キャンベル　人が自分の無上の喜びに従ってどんな人生を選ぶとしても、それには、だれかから脅されようがこの道から絶対に外れないという覚悟が必要です。そして、どんなことが起ころうとも、この覚悟さえあれば、人生と行動は正当化されます。

モイヤーズ　愛を選ぶときも同じことが言えますか？

キャンベル　愛を選ぶ時も同じです。

モイヤーズ　先生はかつて、地獄について大事なことは、天国の場合と同様に、人がそこに行くのは、正しい場所に行っているわけで、結局はそこに行くことを本人が望んでいるのだ、と書いておられる。

キャンベル　それはバーナード・ショーの考えで、実はダンテの考えでもありました。地獄の罰は、あなたがこの世で望んだ永遠の世界のために、永遠に受ける罰なのです。

モイヤーズ　トリスタンは愛を望み、無上の喜びを望み、そのためにあえて苦しむことを選んだ。

キャンベル　そうです。でもウィリアム・ブレイクはすばらしいアフォリズム集である『天国と地獄の結婚』のなかで、「私が地獄の炎のなかを歩くとき……天使にとっては拷問のように見えるだろう」と言ってます。つまり、そこにいる天使以外の者どもにとっては、地獄の火は苦痛の炎でなく、歓喜の炎だというわけです。

モイヤーズ　そういえば、ダンテの『地獄篇』で、ダンテは地獄のなかに歴史上の有名な恋人たちを見ていますね。ヘレネーを、クレオパトラを、トリスタンを。あれにはどんな意味

〈フランチェスカ・ダ・リミニ〉ウィリアム・ダイス（1806～64）画

があるのでしょうか。

キャンベル　ダンテはキリスト教会の立場に立って、それを地獄と見なし、その恋人たちがそこで苦しんでいると見ています。思い出してください。彼は自分と同じ時代のイタリア出身の二人の恋人どうし、パオロとフランチェスカを地獄のなかに見ています。フランチェスカは夫の弟であるパオロと恋に陥ります。そしてダンテは社会科学者のように、「フランチェスカ、どうしてこんなことになったの。原因はなにかね」と問うのです。そこからダンテのいちばん有名な一節が始まります。フランチェスカは、パオロといっしょに庭の木の下に座ってランスロットとギニヴィアの物語を読んでいました、と言います。「そしてその二人のはじめてのロづけのところを読んでいるとき、私たちはおたがいの目を見つめ、その日はそれ以上読めませんでした」それが彼らの地獄落ちの始まりでした。
　こんなすばらしい経験が罪として非難されるなんて、吟遊詩人にとってはがまんのならぬことでした。愛は人生に意味を与えるもの——生命の高揚なのですから。

モイヤーズ　ワーグナーが偉大なオペラ〈トリスタンとイゾルデ〉で訴えようとしたのもそれでしょうか。「この世にいるうちに、私の世界を持たせてください——そのために地獄に落ちようと、救われようと」と言ってますが。

キャンベル　そう、トリスタンはまさしくそう言っています。

モイヤーズ　ぼくにはぼくの愛が欲しい、ぼくの人生が欲しい、という意味で？

キャンベル　そう、これがぼくの人生なのだ。そのためなら、どんな苦痛も喜んで受ける。

モイヤーズ　そしてそれには勇気が必要だった。そうですね？

キャンベル　むろん必要でしょう。ただ考えるだけでも。

モイヤーズ　「必要でしょう」——と、現在形でおっしゃる？

キャンベル　ええ。

モイヤーズ　現在でも必要だと？

キャンベル　そのとおりです。

モイヤーズ　愛におけるこれらの開拓者たちすべてについて先生が指摘された大事な点は、彼らが自己実現の計画者になり、実行者にもなろうと決断したこと、愛の成就は自然の最も崇高な仕事であること、そしてそれに必要な知恵を――宗教的ドグマや、政治思想や、同時代に通用していた社会的な善に関するどんな観念からでもなく――彼ら自身の経験から取り出そうとしていることですね。そして、それは物事を自分の手で引き受けるという西洋のロマンチックな個人主義思想の出発点だったということでしょうか。

キャンベル　まさしくそのとおりです。東洋の物語のなかにも似たような例は見つかりますが、それは社会システムにはならなかった。それはいま、西洋世界では愛の理想になっています。

モイヤーズ　自分自身の経験から生まれた愛、自分自身の経験から知恵を取り出す愛ですね。

キャンベル　ええ、それが個というものです。西洋の伝統の最善の部分には、生きた実体としての個人を認め、それを尊重することが含まれています。社会の役割は個人を啓発することです。逆に、社会を支えるのが個人の役割だという考えは間違っています。

モイヤーズ　でも、私たちみんながただもう自分の愛だけに従ったら、社会制度はどうなるでしょう――大学、会社、教会、この社会の政治制度なんかは？　葛藤が生じるんじゃありませんか、個人対社会の？　ある妥当な一線を引いて、それを越えたら個人の直観、個人のリビドー、個人の欲望、個人の愛、自分のやりたいことをやるという個人の衝動は抑制することにしないと。さもないと、暴動や無政府状態が生じ、どんな制度も生き残れないでしょう。先生は、それがどこに通じていようとも、自分の無上の喜びに従い、自分の愛に従うべきだと本気でおっしゃるのですか？

キャンベル　いや、自分の頭も使わなくては。狭い道は極めて危険な道、と言いますね。剃刀の刃のようなものだと。

モイヤーズ　だから、頭と心が争ってはいけない？

キャンベル　そう、決して争ってはいけません。協力すべきです。頭を働かせなければならないし、心はときどきそれに耳を傾けるべきです。

モイヤーズ　ただ、心が先に立つこともある？

キャンベル　ふつうはそのほうが望ましいでしょう。中世の騎士が奉じていた五つの主要な美徳をここに持ち出しても、場違いではないでしょう。ひとつは禁欲、それから勇気、そして愛、そして忠誠心、もうひとつが礼節です。礼節とは、自分が生きている社会の秩序に対する敬意です。

モイヤーズ　すると、愛はただひとりでつっ走るものではなく、いくつもの……

キャンベル　愛はたくさんの機能のうちのひとつです。本来なら全体の秩序に奉仕すべきひとつの機能がシステム全体を支配すると、物事は狂ってしまいます。そして中世において、人々は教会の権力に対して反抗心を抱いていたにもかかわらず、自分たちが参加している社会に敬意を抱いていた。それが中世の思想です。万事がルールに則っていた。二人の騎士が戦うときも、命がけの戦いだというのに、決闘の規則を破りませんでした。この礼節はいつも頭に置いておかなければなりません。

モイヤーズ　守るべき掟があったのですか？　愛のルールが？　例えば、不倫を禁じる規則ょう？

が？　もし自分の妻ないし夫でない人と目が合ったら、中世に生きる人々はどうすべきでしょう？

キャンベル　そう、それが宮廷風恋愛の始まりでした。そこにはゲームのルールがありました。だからそれに従って愛し合った。彼ら独自のルール体系を持っていたのです。それは教会の規則ではなく、おだやかにゲームを演じるためのルールであり、結果はもくろみどおりでした。なにをするにも、どうするか、どううまくやってのけるかについてのルールの体系が必要でした。芸術とはものをうまく造ることだと言われてきました。そして、恋愛にふけるとき――まあ、男たちは礼儀知らずの無骨者かもしれませんが――愛の表現をもっと雄弁で満足のいくものにしてくれるようなルールを知っていたら、知らぬ場合よりははるかにすばらしいことでしょう。

モイヤーズ　だからこそ、ロマンチックな恋愛の時代が展開するにつれて、騎士の時代も花開いてきた。

キャンベル　その両者は同じものだと言いたいですね。とても妙な時代でした。恐ろしく冷酷な時代でしたから。中心となる法はなく、だれもが自力で生きており、もちろんあらゆるものがひどい暴力にさらされていました。けれども、この野蛮な社会のなかにも人々を教化する力があり、それを代表しているのが女性でした。というのも、いま言ったゲームのルールを築いたのは女性だったからです。男たちは彼女たちの要求に従ってゲームを演じるほかありませんでした。

モイヤーズ　女性が支配的な影響力を持ったのは、どういういきさつからでしょう。

キャンベル　こういうわけです。もし男がある女の愛を求めたいと思ったら、そのときすでに女性は優位に立っています。女性が男に自分を与える意思を表すために使うテクニカル・タームは、「メルシ」（merci には「ありがとう」のほかに、恵みの贈り物、ひいては女性が愛人に与える最後のものという意味がある）でした。彼女は自分の「メルシ」を与える。それは聖霊降臨節ごとに一度だけうなじにキスすることを許すとかね、まあそんなことかもしれません。あるいは、肉体の全部を与えるという意味かもしれない。そこは彼女が求愛者の性格をどう評価しているかによるのです。

モイヤーズ　で、その判断を左右するルールがあった？

キャンベル　そうです。絶対に必要な条件がありました。やさしい心を持たなければならないということです——単なる情欲の心ではなく、愛することのできる心を。女性が相手を試すのは、求愛者たちがほんとうにやさしい心を持っているか、ほんとうに愛することができるかどうかを見極めるためです。

もうひとつ忘れてならないのは、こういう婦人たちがみな貴族の生まれであり、当時の貴族はかなり洗練された有能な人たちであったということです。その特徴は彼らの冷酷さにおいても、優雅さにおいても発揮されていました。今日、ある男がやさしい心の持ち主であるかどうか判定するために、どんな性格テストがされているのか、私にはわかりません。それに、やさしい心の持ち主がはたして女性にとって望ましい理想であるのかということさえわかりません。

モイヤーズ　やさしさという理念は先生になにを示唆しますか？

キャンベル　その人の能力として――そうですね、私にとってかぎとなる言葉は“compassion”（思いやり）です。

モイヤーズ　というと？

キャンベル　共に苦しむこと。“Passion”は「受難」であり、“com”は「共に」という意味です。ドイツ語では *mitleid* で、“mit”が「共に」、“leid”が「悲しみや苦しみ」ですから、もっと明らかにその意味を表しています。根本にある考えは、男を試して、単なる情欲の持ち主ではなく、愛のために苦しむ覚悟があるかどうかを確かめることです。

モイヤーズ　それは吟遊詩人の時代に起こった考えかもしれませんが、テキサス東部では一九五〇年代初期でもまだ立派に生きてましたよ。

キャンベル　それがこの理念の持っている力です。十二世紀のプロヴァンスで生まれながら、二十世紀のテキサスにまだ生きている。

モイヤーズ　最近はそれもすたれてしまった、と言わなくてはなりません。というか、昔どおりの試練であるとは確信できないのです。私はそういう試練に感謝していた、と思います。あまり自信はないのですが……

キャンベル　昔の試練のなかには、例えば、橋を守るために若者を送り出すということも含まれていました。橋を守るこういう若者たちのおかげで、中世の交通は少々やっかいなものになっていましたが。試練はまた、戦場に赴くことも含んでいました。女性のなかには、求愛者がほんとうに命がけの危険を冒すまでは、どんな願いも受けつけないという冷たい人々もいましたが、そういう女性は*sauvage*、つまり野蛮だと見なされていました。その代わり、試練なしで自分を与えてしまう女も野蛮だと言われていました。要するに、とても微妙な心理評価ゲームが行なわれていたというわけです。

モイヤーズ　吟遊詩人たちは結婚制度の解消や世界の解体をねらっていたわけではないんですね。彼らのねらいは肉体的な男女関係や情欲ではなく、神を求める魂を抑えつけることでもなかった。「むしろ彼らは、洗練させ、昇華させる力としての愛の経験を通じて生命を賛美した。愛の経験の、わが苦悩の、わが喜びの、悲しく甘酸っぱいメロディーに対して心を開きながら」と書いておられますね。彼らは物事を破壊するつもりではなかった。そうですね？

キャンベル　そうなんです。彼らのなかには権力欲はありませんでした。個人的な経験と昇華が彼らの動機でした。大変な違いです。キリスト教会に対する直接の攻撃はありませんでした。彼らの理想は、生命を精神的な次元の経験にまで昇華させることでした。

モイヤーズ　愛は私のすぐ目の前にある。アモールは私の真ん前に通じている道であり、目と……

キャンベル　……目が合う。それですよ。「こうして愛は目と目を通して心に至る。目は心の斥候だから」

モイヤーズ　吟遊詩人たちは精神（psyche）についてなにを学んだのでしょう。私たちは精神(プシケ)について聞いたことがあります。エロスがプシューケーを愛したと。そして現代でも、自己の精神を理解せよと教えられます。吟遊詩人たちは人間の精神についてなにを発見したのでしょう。

キャンベル　彼らが発見したのは、愛についての個人的な一面であり、それは通常の言葉では説明のできないものです。個人的な経験、各個人が深く経験に関わること、個人が自己の経験の大事さを信じて、それを生きること。それが主要なポイントです。

モイヤーズ　すると、愛といっても愛一般ではなく、その女性に対する愛ですか？

キャンベル　そのひとりの女性。そのとおりです。

モイヤーズ　私たちはほかの人とではなく、そのひとりと恋に陥る。それはなぜだと思いますか。

キャンベル　さあ、私に答えられる問題ではなさそうです。非常に不思議なことですね。まず電撃的なことが起き、そのあと苦悩が伴うなんて。吟遊詩人たちが賛美するのは、その愛の苦しみであり、医者にも治せない病いであり、傷つけた武器そのものによってしか癒すことのできない傷です。

モイヤーズ　どういうことでしょう。

キャンベル　その傷は私の情熱の傷、恋人に対する愛の苦悩による傷です。癒すことのできる唯一の人は、その傷を負わせた人です。それは、傷を与える槍についての中世の多くの物語に象徴的な形で現れるひとつの主題です。その槍がもう一度傷に触れることができた傷は

〈聖杯を運ぶ天使〉『プレイフェア時禱書』（15世紀イギリス）より

癒される。それ以外には治りようがないのです。

モイヤーズ　聖杯伝説のなかにもそういう考えがあったような気がしますが。

キャンベル　その物語の修道院版では、聖杯はキリストの受難と関連しています。聖杯は最後の晩餐で用いられた杯であり、キリストが十字架から降ろされたときにキリストの血を受けた杯でもあります。

モイヤーズ　それで、聖杯はなにを象徴しているのでしょう。

キャンベル　聖杯の起源に関しては、とても興味深い説があります。ある初期の著述家は、聖杯は天国から中立的な天使たちがもたらしたものだと言っています。天国での神とサタン、善と悪との戦いの最中に、天使の群れの一部はサタンの味方になり、一部は神の味方になりました。聖杯はその間隙を縫って、中立を保つ天使たちによって運び出されました。それは対立し合うもののあいだにある道、不安と願望の中間、善と悪との中間にある精神的な小道を象徴しています。

聖杯物語の主題は、土地、国、重要な領土のすべてが荒れ果てたままになっているということです。それは荒れ地と呼ばれています。で、荒れ地の本質とはなんでしょう。それは、だれもがいいかげんな生活をしている場所です。だれもが他人の猿真似をし、他人から言われるままのことをし、自分の生活を築く勇気を持たない。それが荒れ地です。そして、それこそT・S・エリオットが彼の詩「荒れ地」で言いたかったことです。

荒れ地では、表面はそれが表すはずの真実を表してはいないし、人々は本物ではない生活をしています。「私は一生涯、自分が望んだことを一度もやったことがない。言われたことばかりをやってきた」よくあることでしょう？

モイヤーズ　そこに聖杯が現れると？

キャンベル　聖杯は……なんと言ったらいいか……自分の人生を生きてきた人々によって達成され、実現されるものになります。聖杯は人間意識のうちで、最も崇高な精神的潜在能力の実現を象徴しています。

例えば、聖杯の王は美しい青年でしたが、実力で聖杯王の地位についたわけではありません。彼は「アモール！」というときの声を上げて馬で城から乗り出しました。まあ若者らしいとは言えるでしょうが、聖杯を守護する者にふさわしい行為ではありません。で、彼が馬を走らせていると、ひとりのイスラム教徒が——異教徒である騎士が——森から出てきます。両者とも槍を水平に構えておたがいをねらいます。聖杯王の槍は異教徒を殺しますが、異教徒の槍は聖杯王の男性機能を失わせます。

それが意味するのは、キリスト教が物質と精神とを分離し、生命の活力と精神の王国とを分離し、自然の恵みと超自然の恩恵とを分離した結果、実は自然が去勢されてしまったということです。そしてヨーロッパの思想、ヨーロッパの生活も、この分離のおかげでいわば去勢されてしまった。物質と精神の結合から生まれるはずであった真の精神性も、誕生を待たずに殺されてしまった。では、その異教徒はなにを象徴していたのでしょう。彼はエデンの近郊からやって来た。彼は自然人と見なされ、彼の槍の穂には〈聖杯〉という語が書かれていました。つまり、自然は聖杯を意味しています。精神生活は花束であり、香水であり、人間生活の開花であり、達成であって、決して自然や人間に押しつけられる超自然の美徳ではありません。

そういうわけで、超自然の権威から来る掟ではなく、自然の諸衝動が人の生活を本物にしてくれる。それが聖杯の意味です。

モイヤーズ　トーマス・マンは、人類は自然と精神とを結びつけるからこそ最も崇高な作品なのだと書いていますが、同じことを言いたかったのでしょうか。

キャンベル　そうです。

モイヤーズ　自然と精神とはまさしくこの経験のなかでたがいに出会うことを切望している。そして、このロマンチックな伝説が探し求めている聖杯とは、分かれていたものの再結合、また、その結合から生じる平和を意味している。

キャンベル　聖杯はほんとうの人生を象徴するものになります。その人生とは、自分自身の意志によって営む生活であり、善と悪、光と闇という対立の中間を進みます。聖杯伝説のある作家は、その長い叙事詩を、「あらゆる行為はよい結果と悪い結果の両方を生む」という短い詩で始めています。人生におけるあらゆる行為は、結果としてたがいに対立するものを生みます。私たちにできる最善のことは、光に近づくこと、苦しむ者への思いやりや他人に対する理解などから生じる平和な人間関係に近づくことです。それが聖杯の本質的な意味です。物語全体のなかで、それが特に大事な点です。

聖杯伝説のなかで、若きパーシヴァルは田舎で母親によって育てられましたが、その母親は宮廷に反感を抱き、息子が宮廷の規則をなにひとつ知らないですむよう願っていました。パーシヴァルはかなり大きくなるまで、自分自身の活発な衝動に従って生きてきました。やがて彼はある若くて美しい女性と結婚するよう、彼女の父親から勧められます。その父親というのはパーシヴァルを騎士として訓練した人でした。ところがパーシヴァルは、「いえ、ぼくは妻を与えられるのではなく、自分で勝ち得なければなりません」と答えます。そして、それがヨーロッパの始まりです。

モイヤーズ　ヨーロッパの始まりですって？

キャンベル　そう、個人のヨーロッパ、聖杯のヨーロッパ。

さて、パーシヴァルが聖杯の城に着いて聖杯王と会うとき、王は輿に乗って現れますが、負傷しており、ただ聖杯の存在のおかげで命を保っていました。パーシヴァルは同情して、「どこかお悪いのですか、叔父上」とたずねようかと思います。が、その質問は控えました。騎士は無用な質問をしないものだと教えられていたからです。そこで彼はその規則に従い、冒険は失敗します。

それから五年間、パーシヴァルはさまざまな試練、困難、とにかくあらゆることを経験したあげく、またその城に戻って、ようやく同じ質問をする。その質問が王を癒し、社会を癒すことになります。その質問は、社会の掟の表現ではなく、思いやりの表現でした。人間の心を他人に対して自然に開く行為でした。それが聖杯です。

モイヤーズ　そしてそれは一種の愛で……

キャンベル　というか、自然にわき出た思いやり、苦しみを共にする気持ちです。

モイヤーズ　ユングがなにか言ってましたね。魂はその片割れを見つけるまでは幸せになれない、そしてその片割れはいつも〈あなた〉だというようなことを。それがロマンチックな……

キャンベル　そう、そのとおり。ロマンス。それがロマンスです。神話の本領もそこにある。

モイヤーズ　感傷的なロマンスではなくて？

キャンベル　ええ。感傷は暴力のエコーにすぎません。生命のほんとうの表現ではないのです。

モイヤーズ　こういう神話伝説のすべては、ロマンチックな愛についてなにを言っているとお考えでしょう。私たち個々の自我についてはなにを？

キャンベル　それは私たちが二つの世界にいると告げています。私たち自身の世界に生きており、また外側に与えられた世界のうちにもいる。そして問題は、その二つのあいだに調和のある関係を作り上げることです。私はこの社会に生まれついているから、この社会の条件に従って生きなければいけない。その条件に反して生きるなんて、ばかげた考えです。そんなことをすれば生きられないんですから。しかし、この社会でどう生きるべきかを、社会が私に指図するなんてことを許してはなりません。人は自分自身の体系を築き上げるべきです。たとえそれが社会の期待を踏みにじることになろうとも、時には社会がその体系を邪魔物扱いしようとも。ただ、人生の課題は、あなたをほんとうに支えている社会が割り当ててくれた分野のなかで生きることなのです。

でも問題が持ち上がる。例えば戦争です。若者は徴兵登録をしなければならない。これには重大な決断が必要です。自分は社会から要求されていることをどこまで果たすべきなのか。知らない人間を殺すところまでか？　なんのために？　だれのために？　まあ、そういったことです。

モイヤーズ　ほんの少し前に私が言おうとしたのはそれなんです。もし人の心がすべてさまよい、人の目がすべてさすらっていたら、社会は存在できないだろうと言ったんですが。

キャンベル　そう、たしかにそうです。でも、なかには存在すべきでない社会もあるんですよ。

モイヤーズ　遅かれ早かれそういう社会は……

キャンベル　……崩壊する。

モイヤーズ　吟遊詩人たちは古い世界を破壊した。

キャンベル　破壊したのは、ほんとうは彼らではないと思います。

モイヤーズ　それは愛でしたね。

キャンベル　そうです。ルターは、結局はまあ同じようなものですが。ある意味でルターはキリストの吟遊詩人でした。ルターは、司祭になるとはどういうことかについて、独自の考えを持っていました。そして、実は、その考えが中世の教会を打ち壊しました。中世の教会は二度と元通りにはなりませんでした。

そう、キリスト教の歴史を見るのはとても興味深いものです。最初の五世紀のあいだは、いろいろな形のキリスト教があり、キリスト教徒としての生き方もたくさんありました。ところが、四世紀のテオドシウス皇帝の時代に、ローマ帝国で許された唯一の宗教はキリスト教であり、それもビザンチウムのキリスト教というひとつの形だけということになってしまった。古代からあった異教の神殿や寺院に対する猛烈な破壊ぶりは、世界史上ほとんど例のないものでした。

モイヤーズ　組織的な教会による破壊ですか？

キャンベル　組織的な教会がやったのです。それにしても、キリスト教徒はどうしてほかの宗教と共存できなかったのでしょう。どこが間違っていたんでしょう。

モイヤーズ　先生のお考えは？

キャンベル　権力です。問題は権力です。私の考えでは、ヨーロッパの歴史において根本的な衝動は権力欲です。そしてそれは私たちの宗教的伝統にまで入り込んだのです。

聖杯伝説で非常に興味深いことのひとつは、キリスト教がヨーロッパに押しつけられてから約五百年後にその伝説群が生まれたということです。それらの伝説は二つの伝統の出会いによって生まれました。

十二世紀の終わりごろ、フロリスの大修道院長ヨアヒムは精神の三つの時代について書きました。エデンの園での人間の堕落のあと、神はその埋め合わせをするために、歴史に精神

〈円卓につくガラハッド〉中世の写本より

原理を再導入する必要があった、とヨアヒムは言います。神はその意志を伝えるために、ある人種を選んだ。それが父なる神とイスラエルの時代です。それから、この人種は司祭職をつとめる人種としての訓練を受け、神の肉体的顕現を助けるだけの能力を備えたうえで、神の子を生み出した。このように、第二の時代、すなわち御子と教会の時代が訪れ、そこではただひとつの人種ではなく、全人類が神の精神的メッセージを受けることになったというのです。

第三の時代は、一二六〇年ごろにヨアヒムが、いまこれから始まると言っています。それは聖霊の時代で、その聖霊は個人個人に直接語りかけるというのです。み言(ことば)（the Word）のメッセージを体現したり、自分の生活のなかに取り入れたりする人は、だれでもイエスと対等である。それが第三時代の意味です。ちょうどイスラエルが教会制度によってもはや遺物と見られたように、教会が今度は個人体験によって取って代わられる。

そこで、修道士たちが個人的な体験を得るために続々と森のなかに隠退し始めた。その最初の代表格と目されている聖者がアッシジの聖フランチェスコでした。彼はキリストと同等の人々の代表であり、彼自身が物理的な世界における聖霊の体現でした。

さて、それが聖杯探求の背後にあったものです。聖杯を探し求めているガラハッドはキリストと同等の者でした。彼は燃えるような赤い鎧姿でアーサー王の廷臣たちに紹介されます。それは聖霊降臨日で、火の形をした聖霊が使徒たちに下ったことを記念する祝いの席でした。私たちのひとりびとりがガラハッドになれるんですよ。それがキリスト教のメッセージに関するグノーシス派の立場です。テオドシウス皇帝の時代に砂漠に埋められたグノーシス派の文書はこの思想を明らかにしています。

例えば、グノーシス派の外典「トマスによる福音書」のなかで、イエスは「私の口から飲むものは私と同じになり、私もその人になる」と言っています。それが聖杯物語の基本思想なんです。

モイヤーズ　先生は、十二、十三世紀に起こったことは、人間の感情や精神意識に起こった最も重要な変化のひとつであり、そこから愛を経験する新しい道が語られるようになった、と言っておられますね。

キャンベル　ええ。

モイヤーズ　で、それは人の心を教会が支配することに対立する道ですね。教会は人々に、特に若い娘たちに、教会や親が決めた相手と結婚するよう要求していた。そこでこの新しい道は人間の情熱にどういう働きをしたのでしょうか。

キャンベル　そうですね。先にもうひとつのほうについてちょっと弁じておくと――家庭生活のなかでは、たとえ本人どうしが決めたのではない結婚の場合でも、夫婦のあいだに愛情が芽生えるという事実を認めなくてはならない。言い換えれば、この種のアレンジされた結婚にも愛はいっぱいあるということです。家族愛というものがある。そのレベルでは豊かな愛がある。しかし、その場合にはもうひとつのものは得られない。自分の魂の片割れが相手のなかにあるのを認めた結果生まれてくる強烈な感情。吟遊詩人たちはまさしくそれを守るために立ち上がり、それが今日の私たちの理想になったのです。

でも、結婚は結婚ですよ。結婚は情事とは違います。情事は全く別ものです。結婚はあなたの存在の本質に深く関わっています。相手は文字どおりあなたの分身です。そして、あなたとその人とは一体です。情事はそうではない。それは快楽のための関係なので、楽しくなくなったらおしまいです。それに反して、結婚は生活に責任を持って関わることです。生活に関わるというのは、それが人生の主要な関心事になることを意味しています。もし結婚が自分の主要な関心事でないとしたら、結婚していることにはなりません。

モイヤーズ　ロマンスは結婚生活のなかでも続くのでしょうか？

キャンベル　結婚生活によっては続くこともある。続かないこともあります。でも、問題は

――吟遊詩人の伝統における重要な言葉を借りれば――誠実さです。

モイヤーズ　誠実というと？

キャンベル　欺かないこと、裏切らないこと――どんな試練や災難に遭おうとも、忠実さを失わないことです。

モイヤーズ　ピューリタンたちは結婚を「教会のなかの小さな教会」と呼んでいました。結婚生活のなかでは毎日愛し合い、毎日許し合う。それはいつも進行している聖礼典ですね――愛と寛容との。

キャンベル　まあほんとうにぴったりした言葉は、正しい意味での「試練（ordeal）」だと思いますが。それは個人が、自分より優れたものに屈服し、従うことを意味します。結婚やほんとうの恋愛の真実の生命は、その関係のなかにあり、あなたもその関係のなかにいるのです。わかりましたか、どういうことか？

モイヤーズ　いいえ、よくわかりませんが。

キャンベル　陰陽のシンボルみたいなものです。ここに私がいて、ここに彼女がいて、ここに私たちがいる。さて、私がなにかで犠牲を払わなければならないというとき、私は彼女に対してではなく、この関係に対して犠牲を払うのです。相手を恨めしく思うなんて見当違いです。人生は関わり合いのなかにある。いまあなたの生活はそのなかにある。それが結婚というものです。一方、情事では二つの人生があって、ある期間だけはよい関係にあります――おたがいに楽しくやっていけるうちだけは。

モイヤーズ　宗教的な結婚の場合、神がひとつにめあわせたものを人が裂くことはできない。
キャンベル　それは最初からひとつであり、結婚はその同一性を象徴的に強調するものです。
モイヤーズ　最初からひとつ？
キャンベル　結婚は私たちの同一性――同一存在の二つの面――を象徴的に認めるものです。
モイヤーズ　盲目の預言者ティレシアースについての奇妙な古い伝説をご存じだと思いますが。
キャンベル　ええ、あれはすばらしい物語です。ティレシアースはある日森を歩いていて、二匹のヘビが交尾しているのを見た。ティレシアースが自分の杖をそれらのあいだに置くと、彼は女性に変身し、その後何年も女として暮らした。そして女性であるティレシアースがまた森を歩いているとき、交尾しているヘビを見て、杖を二匹のあいだに置き、男の姿に戻った。

　さて、ある日、ゼウスの丘であるキャピトルヒルで……
モイヤーズ　オリュンポスの山のことですか。
キャンベル　……オリュンポスの山、そうです。そこでゼウスと彼の妻が、男と女ではどちらがセックスをより楽しむかを議論していた。もちろん、その場に居合わせた人のだれにも正しい答えはわからない。みんないわば縄張りの片方だけにしかいないんですから。そこでだれかが、「ティレシアースに聞いてみましょう」と言い出した。
　そして神々がティレシアースのところに行ってたずねると、彼は「それはむろん女だ。男の九倍は楽しむ」と答えた。すると、どういうわけか私にもわからないんですが、ゼウスの妻ヘラはこれに腹を立て、ティレシアースを盲目にしてしまった。そこでゼウスは責任を感じて、盲目の彼に予言の能力を与えた。そこには注目すべき点があります。気を散らすような現象から目を閉じると、直観が働いてくるものです。そうすると形態との、つまり、物事の基本的な形との触れ合いが可能になるかもしれません。

モイヤーズ　それで、肝心なことはなんでしょう。ヘビによって女に、また男に変身したティレシアースは、男女双方の経験を持ち、男性神や女性神がひとりでは知ることのできないものを知ったと、そういうことですか？

キャンベル　正解です。それに加えて、ティレシアースは二者の一体性を象徴的に表していました。そして、オデュッセウスがキルケーによって黄泉の世界に遣わされたとき、オデュッセウスはティレシアースに会うことによって真のイニシエーションを経験する。男女が一体であることを悟ったのです。

モイヤーズ　もしわれわれが自分の女性の面に、女性の場合ですと男性の面ですが、それに触れることができたなら、神々が知っていることを――いや、もしかすると神々が知らないことまでも――知るのではないかと、よく思うんですが。

キャンベル　人は結婚することでそのことを知ります。男はそうやって、自分の女性面に触れるのです。

モイヤーズ　でも、そういう愛における自己発見ではなにが起こるのでしょう。人がだれか別の人に会って、突然、「私がこの人なんだ」とか、「この人のことを知りたい」と思うとき、いったいなにが？

キャンベル　非常に神秘的なものです。まるで、相手の人と共有する未来の生活が早くも、「おまえはこの人と生活を共にするんだよ」と語りかけているようなものですから。

モイヤーズ　それは私たちには理解できず、あることさえわからない、記憶の奥底から出てくるものなのでしょうか。手を伸ばすと、相手の人から触れられるという……

キャンベル　まるで未来に対して反応しているようなものです。それは未来からあなたに話しかけてくる。このことは時間の神秘や、時間の超越と関係しているに違いありません。とにかく、私たちはそこで非常に深い神秘に触れているのです。

モイヤーズ　先生はご自分の生活のなかで、それをひとつの神秘としてずっと大事にしておくだけでしょうか。それとも、結婚生活を送りながら、ちゃんと結婚以外の関係を持つこともできるとお考えですか。

キャンベル　技術的には、「そりゃあもちろん、できますとも」と言えるでしょう。

モイヤーズ　しかし、人が恋愛関係に与えるもののすべては、婚姻関係から見て許されないものであり、婚姻関係に対する誠実さを萎縮させるように思えますが。

キャンベル　そういうことは本人が自分で解決すべきだと思います。責任を持って結婚に踏み切ったあとでも、愛にとらえられることはある。それはとても強い感情だから、それに応えないと――なんと言ったらいいでしょう――愛の活力のあらゆる経験を鈍らせてしまうかもしれない。

モイヤーズ　それが問題の核心だと思います。目が心のために斥候役を務め、心が熱烈に望んでいるものを連れて帰るとしたら、心は一度だけしか欲望を持たないのか？

キャンベル　愛はその人のほかの関係に免疫性を与えるものではない。そのことだけを言っておきましょう。ただ、人が本格的な恋愛に、いいですか、ほんとうに深い深い恋愛に陥りながら、同時に結婚生活に対して忠実であるということが可能かどうか。さあ、いまはそんなことが可能だとは思えませんね。

モイヤーズ　そのわけは？

キャンベル　それは崩れてしまうでしょう。しかし、誠実さは別の異性との親しい関係を、いや愛の関係をすら禁じているわけではありません。騎士物語に語られているような、ほかの女性との関係のやさしさ、自己の愛に忠実である人のやさしさは、とても優雅で繊細なものです。

モイヤーズ　吟遊詩人たちは、愛するご婦人たちのために歌いますね。それ以上関係を深める望みがほとんどない場合でも。

キャンベル　そうです。

モイヤーズ　ところで神話は、失恋に終わったとしても人を愛したのはよかったのだ、というようなことについてなにか言っていますか。

キャンベル　実を言うと、神話は一般的な形では立ち入った個人の問題を扱っていないのです。なにしろ、人は自分に許された相手と結婚するしかないんです。自分が相手の部族に属していれば、その人と結婚できるけれども、そうでなければ結婚できないというようなことで。

モイヤーズ　では、愛は道徳とどう関係しているのでしょう。

キャンベル　道徳を破ります。

モイヤーズ　道徳を破る？

キャンベル　そうです。愛が自己表現をするからには、社会的に認められた生活習慣に合わせた表現をするわけがない。だからこそ、愛の表現はすべて深い秘密なのです。愛は社会秩序とは無関係です。それは社会的に整えられた結婚の経験よりも、崇高な精神的経験です。

モイヤーズ　神は愛なりと言うとき、それはロマンチックな愛と関係があるんでしょうか。そもそも神話は、ロマンチックな愛と神とを結びつけていますか？

キャンベル　結びつけていたんです。愛は神の訪れであり、それゆえに結婚よりも崇高なものでした。それが吟遊詩人たちの考えでした。もし神が愛であるならば、愛は神です。マイスター・エックハルトは「愛は痛みを知らない」と言いましたが、それはまさに、トリスタンが「私の愛のためには喜んで地獄の苦しみを受けよう」と言ったときに意味したものと同じです。

モイヤーズ　しかし先生は、愛には必然的に苦しみが伴う、と言ってこられた。

キャンベル　それも、もうひとつの大事な考えです。トリスタンは愛を経験していた。マイスター・エックハルトが語っていたのはそのことです。愛の痛みは人生の痛みであり、別の種類の痛みではありません。苦痛のあるところにあなたの人生がある、と言えるかもしれません。

モイヤーズ　「コリントの信徒への手紙」のなかに、パウロが「愛はすべてを忍び、すべてに耐える」と言っている個所がありますね。

キャンベル　それも同じことです。

モイヤーズ　もうひとつ私が好きな神話は、ペルシャのもので、サタンがあまりにも神を愛したので地獄に落とされたという話です。

キャンベル　そう、それはイスラム教の基本的な概念で、サタンは神の比類なき愛人だというものです。サタンについてはいろんな考え方がありますが、これは「サタンはなぜ地獄に投げ込まれたか」という疑問に基づいています。標準的な神話によれば、神は天使たちを創造したときに、自分以外のだれにも頭を下げてはならないと命じた。それから神は人を作り、それを天使よりも高等なものと見なして、天使たちに人に仕えるよう命じた。ところがサタンは人に頭を下げようとしなかったというのです。

さて、このことはキリスト教の伝統のなかでは——私が子供のころ受けた教えを思い出しますと——サタンの自己中心性と解釈されました。サタンは人に頭を下げようとしなかった。けれども、ペルシャの物語では、サタンは神を愛するがゆえに人間に頭を下げることができなかった。彼は神の前でしか頭を下げられなかった。神はシグナルを途中で変えていたのです。わかりますか？　サタンは最初に与えられた一連のシグナルに徹底して忠実なあまり、それを破ることができなかった。彼の——サタンに心があるのかどうかわかりませんが——頭のなかでは、愛する神以外のだれにも頭を下げることができなかった。ところが神は、「消えてうせろ」と命じる。

さて、地獄について書かれているもので知るかぎり、その苦痛の最たるものは、〈愛する者〉(the Beloved) つまり神が不在だということです。ではサタンはどうして地獄に踏みとどまっていられるのでしょう。神の声のこだまを思い出すことによってです。「地獄に落ちろ」という声、それは愛の大きなしるしでした。

モイヤーズ　人が経験する最悪の地獄は、愛する人から切り離されること。それは確かな事実です。だから私はこのペルシャの神話が好きなんですね。サタンは神を愛し……

キャンベル　……神から引き離される。それがサタンのほんとうの苦痛です。

モイヤーズ　最初の二人の祖先について語った、もうひとつのペルシャの神話がありますね。

キャンベル　そう。あれは重要なものです。彼らは最初は一体で、一種の植物として育ちました。でもやがて分かれて二人になり、子供たちを作りました。そしてあまりにも子供を可愛がったあげく、みんな食べてしまった。神は「これはこのままにはできない」と考えました。そして親の愛を九九・九パーセントくらい減らしたので、両親は子供たちを食べなくなった。

モイヤーズ　その神話はなにを……

キャンベル いろんな人が、「まあなんてかわいらしい。食べてしまいたい」と言うのを聞いたことがありませんか。

モイヤーズ 愛の力ですか?

キャンベル 愛の力です。

モイヤーズ あまりにも強いので弱める必要があった。

キャンベル そうです。なにかをもっと飲み込もうとして大きく開いた口の奥に、心臓が見えているという絵を見たことがあります。人を食べてしまうような愛とはそんなものですね。母親たちが減らすことを学ぶべき愛とはそういうものです。

モイヤーズ どこで手放したらいいのか、ひとつ教えてください。

キャンベル はい。インドには母親たちが子供を——特に男の子を——手放すのを助ける小さな儀式があります。一家の司祭ともいうべき導師(グールー)がやって来て、母親に「あなたがいちばん大事にしているものを渡しなさい」と言います。それはとても価値のある宝石かなにかかもしれません。そういう儀式が何度か続くうちに、母親はいちばん大事にしていたものをあきらめることを学ぶのです。そしてついには息子を差し出す必要も知るのです。

モイヤーズ そのように、喜びと苦痛が愛のなかにあるのですね。

キャンベル そうです。愛は生の燃え上りです。そして、人生のすべては悲しみに満ちており、愛もまたしかり。愛が強ければ強いほど、苦痛も増します。

モイヤーズ しかし、愛はすべてを耐える。

キャンベル　愛自体が苦痛だと言えるかもしれません――ほんとうの意味で生きていることから来る痛みだと。

第八章　永遠性の仮面

神話のイメージは私たちひとりびとりの精神的な潜在的可能性の反映です。私たちはそれを瞑想することによって、自分の生活にそういう力を呼び覚ますことができます。

モイヤーズ　さまざまな文化、文明、宗教の内側から外側から、多種多様な世界観が生まれてきました。先生はそういうたくさんの世界観を見てこられたわけですが、あらゆる文化社会には〈われわれにはぜひ神が必要だ〉という願いを産み出すような、共通の地盤があると思われますか。

キャンベル　神秘体験を持ったことのある人はみな、自己の五感ではとらえられない宇宙の次元があることを知っています。『ウパニシャッド』のひとつに何度も出てくる言葉があります。「日没の、あるいは山の美しさの前で立ち止まり、『ああ』と嘆声を発する人は、神性のなかに入れる」そういう参入の瞬間は、存在の不思議さと純粋な美しさとの深い認識を伴います。自然の世界で生きている人は毎日そういう瞬間を経験します。そういう人々は人間の次元よりもはるかに偉大なものがあることを認識しています。しかし、人間にはそうい

〈阿修羅の大将ラクータ・ヴィジャを退治するカーリ〉
18世紀インド

う経験を擬人化し、自然のさまざまな力を人間の形に置き換えて表現したがる傾向がありますね。

私たち西洋人の考えでは、神は宇宙のエネルギーと神秘の究極的な原因、ないし根源です。ところが、東洋の大方の思考によれば、また原始人の考えからしても、神々は究極的には超人間的なエネルギーの顕現または伝達者です。神が源泉なのではない。神はそのエネルギーを運ぶ者に過ぎない。そして、関係するあるいは伝達されるエネルギーの大きさや質というものが、その神の性格と役割を決定する。暴力の神々がいる、慈悲の神々がいる、見えざる世界と見える世界とを結びつける神々がいる、それに、戦争のとき国王や国を守護するだけの神々もいる。それらはみな、作用しているエネルギーの擬人化です。しかし、エネルギーの究極的な根源はなぞのままです。

モイヤーズ　とすると、宿命的に一種の無秩序が生じ、小王国のあいだで絶えず戦争が続くということになりはしませんか。

キャンベル　そうです、生活そのものと同じでしてね。私たちの心のなかでも、なにかを決心するとなると、戦いが生じるでしょう。例えば、対人関係のなかでなにかを決めようとすると、四つも五つも可能性が出てきます。私の心のなかで支配的な神は、私の決心に影響を及ぼします。もし私を導く神が野蛮なら、私の決心も野蛮なものになるでしょう。

モイヤーズ　それは信仰にどういう影響を及ぼすでしょう。先生は信仰の人であり、事物への驚きの心を持った人、そして……

キャンベル　いや、信仰を持つ必要などありません。私には経験がありますから。

モイヤーズ　どんな経験が？

キャンベル　生命の驚異についての経験です。愛の経験も持っています。憎しみの経験、悪の経験、だれかのあごにパンチを食らわせたいと思う経験も。象徴的なイメージという観点からすれば、私の心のなかにはいろいろ違った力が働いています。そういうもの――驚異、愛、憎しみ――は、それぞれ違う神によって働かされていると見ることもできますね。

私はローマ・カトリック信者として育てられていた幼いころ、私の右側には守護天使がおり、左側には人を誘惑する悪魔がいると言われました。生きていくために下す決断は、天使と悪魔とのどちらが私に大きな影響力を及ぼすかによって変わってくるというのです。子供であった私は、そういう考えを具体的なイメージとして思い描きましたが、私の先生たちも同じことをしていたんでしょう。私たちはそこにほんとうの天使がいると思っていました。その天使は事実であり、悪魔もまたひとつの事実でした。でも、いまの私は、それらを事実と見なす代わりに、私を動かし導く推進力（インパルス）の隠喩と考えることができます。

モイヤーズ　そういうエネルギーはどこから来るのでしょう。

キャンベル　あなた自身の生命、あなた自身の肉体のエネルギーからです。体のなかの、頭脳を含むさまざまの違った器官はおたがいに葛藤しています。

モイヤーズ　そしてその生命はどこから？

キャンベル　宇宙の生命である究極的なエネルギーからです。すると今度は、「そのエネルギーを生み出す者がだれかいるはずでは」と切り込んでくるんじゃないかな。しかし、なぜそういう疑問を持たなければならないんでしょう。究極的な神秘が人間性を持たなくても、べつにかまわないでしょう？

モイヤーズ　男にせよ女にせよ、そういう非人間性に耐えて生きられるのでしょうか。

キャンベル　ええ、人は至るところでそうしています。スエズの東側に行ってごらんなさい。西洋には、神々に人間の形を与え、その人間性を強調する傾向、擬人化の傾向があることはご承知のとおりです。例えば、ヤハウェは怒りの神、あるいは裁きと罰を与える神として、あるいは「詩編」で歌われているように、私たちの生命を支えてくれる恵み豊かな神として現れます。ところが東洋においては、神々は西洋の場合よりはるかに元素的（エレメンタル）であり、人間性に乏しく、はるかに自然の力に似ています。

モイヤーズ　だれかに「神さまを想像してごらん」と言われれば、私たちの文化社会に生きている子供ならば、「白くて長い衣をまとった、ひげを生やしたおじいさん」と答えるでしょうね。

キャンベル　この社会なら、そうです。神を男性の姿として思い描くのが私たちのファッションです。が、多くの文化的伝統のなかでは、神聖な力は主として女性の形をとったものとしてイメージされます。

モイヤーズ　擬人化できないものは想像もできない、という考えがあるからでしょう。プラトンが「不滅にして聖なる想念」と呼んだものに心を集中させる、そんなことができると先生はお考えですか。

キャンベル　もちろん。瞑想とはそれなんです。瞑想とは、あるテーマを絶えず思考しつづけることを意味しています。どんなレベルの瞑想も可能です。私はものを考えるときに、肉体的・物理的なものと精神的なものとをそうはっきり区別しません。例えば、お金についての瞑想も完全に立派な瞑想です。家族を養うというのも、非常に重要な瞑想です。けれども、孤独な瞑想もあります。例えば大聖堂に入ってするような。

モイヤーズ　すると、祈りも実は瞑想でしょうか。

キャンベル　祈りは神秘との関わりであり、神秘についての瞑想です。

モイヤーズ　内面から力を呼び起こすこと。

キャンベル　ローマ・カトリック教会で教えられる瞑想の形があります。それはロザリオの祈りを、同じ祈りを、何度も何度も繰り返すのです。そうすることによって心が内面に引き戻されます。サンスクリットでは、この行を〈ジャパ〉と呼びます。「聖なる御名の繰り返し」という意味です。それは他の興味関心を閉め出し、ひとつのことへの精神集中を可能にします。そして、想像力の大小にもよりますが、その神秘の深さを経験することをも可能にしてくれます。

モイヤーズ　どうしたらそういう深い経験を持てるのでしょう。

キャンベル　神秘の深い意味を感得することです。

モイヤーズ　しかし、もし神がわれわれの想像したものにすぎないとしたら、自分で造ったものから畏怖を感じることはありえないでしょう?

キャンベル　なぜか、夢におびえてしまうことがありますね。私たちが真の啓示を把握するためには、自分が持っている神のイメージをいったん壊す必要があります。心理学者のユングがうまいことを言っています――「宗教は、神の経験に対する防衛機能（a defense against the experience of God）なのだ」と。

神秘が一連の概念や理念に矮小化されてしまっている。そして、概念や理念ばかりを強調すると、超越的で内面的な経験を迂回してしまうおそれがあります。強烈な神秘体験こそ、究極的な宗教体験と見なすべきものなのに。

モイヤーズ　イエスがどういう方であったかを知るためには、キリスト教の信仰を超え、キリスト教の教義を超え、キリスト教会を超えなければならないと、そう信じているクリスチャンがたくさんいますね。

キャンベル　想像されたイエスのイメージを超えなければなりません。自分の神についてのそういうイメージが結局は邪魔になる。それが土壇場で障害になってしまいます。もし自分なりのイデオロギー、自分のちっぽけな思考形態に固執していると、神についてのより大きな経験が近づいてきたとき──自分がそれを受けるだけの心備えがないほど大きな経験がやってきたとき──に、自分の心のなかのイメージにしがみつくことによって、それから逃げてしまう。それは自己信仰の保全として知られている態度です。

精神は経験のさまざまな中心、ないし元型的な段階を通じて向上する、という考えがありますね。人は飢えと貪欲という原初的な動物としての経験から出発し、性的な熱情を経て、いろいろな種類の肉体的・物理的な熟達や支配に至る。これらはすべて経験能力を強める段階です。しかしそのあと、経験が心臓の中心に達して、他人や他の動物に対する慈愛の念が目覚め、自分と相手とがある意味では同じ生命を共有している存在だと自覚するとき、精神のうちに全く新しい生命の段階が展開します。こうやって心が世界に開かれる。処女降誕はまさしくそのことを神話的に象徴しているのです。それは、健康、生殖、力、そして少しの楽しみといった単なる肉体的な目的を追求する原初的な動物的存在でしかなかった人間のなかに、精神生活が生まれたことを意味しているのです。

だが、ここでまた別のものにぶつかる。こういう思いやり、他者との調和、さらに進んで他者との一体感を抱くということ、つまり、心のなかに新たに宿った原理――私たちが尊重し、それに仕えるべき善としての、エゴを超越した原理――との合一を経験することは、まさしく疑いもなく、宗教的な生命や経験の始まりです。そしてそれが、あらゆる時間的な存在などその影にすぎない、**一者としての存在**（one Being of beings）を十分に経験したいという、命をすり減らすような探究へと人を導くかもしれません。

さて、あらゆる存在の究極的な基盤は二つの意味で経験できます。ひとつは、形象の経験であり、もうひとつは、形のない、あるいは形を超えたものの経験です。あなたの神を形あるものとして経験するとき、あなたのうちでヴィジョンを形成する精神作用が働き、その結果として神を見る。まず主題（subject）があって対象（object）ができる。ところが、究極的な神秘の目標は、自分の神との合一の体験です。そうなると二元性は超越され、形象は消えてしまう。もはやそこにはだれもいない――あなたも、神も。あらゆる観念を超えたあなたの心は、あなた自身の存在の基盤との合一によって消滅してしまう。なぜなら、あなたの神の隠喩的なイメージが指し示していたものは、あなた自身の存在の究極的な神秘であり、それはまた同時に、世界の存在の神秘でもあるからです。結局そういうことなんです。

モイヤーズ　もちろん、キリスト教信仰の核心は、神がキリストの内にある、言い換えれば、いま話に出ているもろもろの基本的な力がひとりの人間の形をとって顕現し、それが人類を神と和解させた、というところにあるわけですね。

キャンベル　そうです。そして、グノーシス派や仏教徒の基本的な思想によれば、あなたや私についても同じことが言えます。イエスは内面において自分と、自分が父と呼んでいるものとが同一であることを自覚した歴史上の人物であり、彼は自己の本性であるキリスト性(the Christhood)についての知識に基づいて生きたのです。

そういえば、以前、自分の内なるキリストを意識して生きるということについて講演をしたことがあるのですが、そのとき――あとで聞いたことですが――聴衆のなかにいたひとりの司祭がかたわらの婦人に向かって、「これは神聖冒瀆です」とささやいたそうですよ。

モイヤーズ　どういう意味で「自分の内なるキリスト」と言われたのでしょう?

キャンベル　私が言いたかったのは、自分のエゴ・システム、自分の欲望に従って生きるのではなく、自分の内面にある人類意識――キリスト――とでも呼べそうなものに従って生きるべきだということです。ヒンズー教ではよく、「神を崇めることができるのは神だけだ」と言います。あなたの神を正しく崇め、その神の言葉に従って生きるためには、その神が象徴している精神的な原理と自分とを、それがどんなものであろうと、ある程度まで一体化させなければなりません。

モイヤーズ　内なる神、内なるキリスト、あるいは、自己の内面に生じる啓示や覚醒について語るとき、自己陶酔に陥るとか、我執が生じて自分や世界をゆがめて見てしまうといった危険はないでしょうか。

キャンベル　もちろんそのおそれはあります。それは一種の短絡現象です。しかし、本来の目的は自我を超え、自己意識を超えて、自分がその不完全な顕現に過ぎないものへと向かうことです。例えば、人が瞑想を終えるとき、その人は――どんなものであれ――自分のなかにあるよいものの全部を、自分のためにため込むのではなく、世界のために、生きとし生けるもののために与える心境になるはずです。

「私は神だ」と考えるのには、二通りの意味がありますね。もしだれかが、「ここにいるこの私は、肉体的存在においても現実の性格においても、神である」と思ったとしたら、その人は精神異常者であり、経験の短絡現象を起こしているのです。あなたは、あなたのエゴにおいてではなく、あなたの存在の最も深いところ、つまり、あなたが非二元的な超越者と一体化する次元において、神なのです。

モイヤーズ　先生はどこかで、われわれは自己の生活領域内で――子供の、妻の、愛する者たちの、隣人の――救いの手にはなれるが、決して**救い主**にはなれない、と書いておられます。自分は母親や父親にはなれるが、決して主なる母（the Mother）や主なる父（the Father）にはなれない、と。限界を認めておられるわけですね。

キャンベル　まさしくそのとおりです。

モイヤーズ　救い主イエスについてはどうお考えですか。

キャンベル　イエス自身についてはあまりよくわかりません。私たちが知っているのは、イエスの言行を語る四つの相互に矛盾するテキストだけです。

モイヤーズ　イエスが生きておられた時代よりもはるかのちに書かれた。

キャンベル　ええ。ただそれにもかかわらず、イエスがなにを言われたか、およそのところはわかると思います。そこに記されたイエスの言葉は、たぶん実際に言われたものにかなり近いのでしょう。例えば、キリストの主要な教えはやはり「あなたの敵を愛しなさい」であったと思います。

モイヤーズ　あなたの敵を愛することがどうしてできるのでしょう。敵の仕業を大目に見てやるとか、敵の攻撃をまともに受けるという結果になるばかりでは？

キャンベル　どうするかを言いましょう。敵の目のなかにあるおが屑を取るのではなく、自分自身の目のなかにある丸太を取り除くことです。どんな立場の人でも、敵の生き方を不当だと決めつけることなどできません。

モイヤーズ　イエスが現在生きておられるとしたら、キリスト教徒になるでしょうか？

キャンベル　私たちが知っているようなキリスト教徒にはならないでしょうね。ほんとうに高い霊的な神秘に触れている修道士や修道女の一部は、イエスと同じようなタイプかもしれませんが。

モイヤーズ　すると、キリストは悪と戦う戦闘的教会員にはならないだろうと？

キャンベル　イエスには戦闘的なところはありませんでした。福音書のどこを読んでもそんなものは見つかりません。ペテロが剣を抜いて大祭司の手下の耳を切り落としたとき、イエスは「ペテロ、剣をさやに納めなさい」と言いました。でも、ペテロは抜き身の剣を持ったまま行動を続けるのです。

私は二十世紀を生きてきましたが、子供のころ、まだわが国の敵ではなく、かつて一度も敵であったこともない国民についてなんと言われたかを憶えています。その国民を潜在的な敵と見なし、彼らに対するわが国の攻撃を正当化するために、憎しみとデマと侮蔑のキャンペーンが始められていました。いまでもそれが耳に残っています。

モイヤーズ　しかし、私たちは神は愛なりと教えられています。先生はかつて、「敵を愛し、自分を迫害する者のために祈りなさい。あなたがたの天の父の子となれるように。父は悪人にも善人にも太陽を昇らせ、正しい者にも正しくない者にも雨を降らせてくださるからである」という聖書の言葉を引いて、キリスト教のなかでこれが最高の、最も高潔な、最も大胆な教えだと言われました。いまでもそういうふうに感じておられますか。

キャンベル　私は思いやりこそ根本的な宗教経験であり、もしそれが欠けていたら、もはやなんにもないと思っています。

モイヤーズ　新約聖書のなかで、私の心を最も強くとらえている言葉は、「信じます。信仰のないわたしをお助けください」です。わたしは究極的な実在を信じ、それを経験できる、経験していると信じています。それでいて私は自分の疑問に対する答えを持っていないのです。「神は実在するのだろうか」という疑問の正しさは信じていますが。

キャンベル　二年ばかり前にとても面白いことを経験しました。ニューヨーク・アスレチッククラブのプールにいたのですが、そこでひとりの司祭に紹介されました、あるカトリック系大学の教授でもあった人です。で、ひと泳ぎしたあと休憩室に行って、そこのいすに、私たちが〈水平競技者〉と呼んでいた姿勢で座っていました。すると、隣にいたさっきの司祭が「ところで、キャンベルさん、あなたは司祭ですか」とたずねました。

私は答えました。「いいえ、神父さま」

「あなたはカトリックですか」

「かつてはそうでした、ファーザー」

すると彼は――その言葉づかいが面白いと思ったのですが――「あなたは人格神（a personal god）を信じますか」と聞くのです。

私は「いいえ、ファーザー」と答えました。

彼は「たぶん、人格神の存在を論理によって証明する方法はないんでしょうな」と言いました。

そこで私は、「ファーザー、もしそういう方法があるのなら、信仰の価値はどこにあるのでしょう」と言いました。

すると司祭は、「ではキャンベルさん、お会いできて光栄でした」と言うなり、出ていきました。私は柔道の投げ技に成功したような気分になりました。

しかし、それは私にとって啓蒙的な対話でした。カトリックの神父が「人格神を信じますか」と質問したということは、その人が非人格的な神、つまり、超越的な基盤ないしエネルギーそのものの可能性をも認めているからだと、私には思えたのです。仏教徒は、万物に、あらゆる生き物に生気を吹き込む、内在的で光明に満ちた意識に自分があずかっていると考えています。私たちは、知らず知らずのうちに、その意識の断片によって、そのエネルギーの断片によって生きている。しかし、宗教的な生き方とは、この特定の肉体のわがままな意図に従ってではなく、そういう大きな意識を洞察しながら生きるということです。

比較的近年に発見されたグノーシス派の「トマスによる福音書」には重要な一節がありま す。「弟子のひとりがキリストにたずねた。『神の国はいつやってくるのでしょうか』」「マルコによる福音書」のたしか第十三章だったと思いますが、やがて世の終わりが来ると書いてあります。つまり、世界の終わりという神話的なイメージが、そこでは現実の物理的、歴史的な事実を予言したものとして解釈されている。しかし、「トマスによる福音書」のなかでイエスは答えています――「父の国は期待によって来るものではない。父の国はこの地上に広がっているのに、人々はそれを見ていない」。そこで、私はそういう意味であなたを見る。すると、聖なるものの存在の輝きがあなたを通して私に伝わってくるのです。

モイヤーズ　私を通して？

キャンベル　ええ、そうですとも。イエスが、「わたしの肉を食べ、わたしの血を飲む者は、いつもわたしの内におり、わたしもまたいつもその人の内にいる」と言われるとき、彼は私たちがキリストと呼んでいるあの大いなる存在、私たちすべての存在の基礎、という立場から話しておられるのです。それと関わりを持って生きている人間はだれでもキリストのような存在です、自分の生活のなかに神の言が意味するものを持ち込む人は、みなイエスと並びうる人だ。そういうことです。

モイヤーズ　先生が「あなたは私にとって輝ける神である」と言われるのも、そういう意味なんですね。

キャンベル　そのとおりです。たしかに。

モイヤーズ　そして、私にとって先生も？

キャンベル　私はこれを大まじめに話しているんです。

モイヤーズ　私もまじめに受け取っています。他人のうちにひそむ神聖さを確かに感じていますから。

キャンベル　それだけでなく、この対話においてあなたが代表しているもの、そしてあなたが引き出そうと努めているものは、こういう精神的な原理の自覚です。だからあなたは伝達の手段です。あなたは精神の輝きを帯びている。

モイヤーズ　それはだれにでも言えることですか？

キャンベル　その人生において心臓のレベルにまで達した人すべてについて、同じことが言えます。

モイヤーズ　先生は精神に地理があると、ほんとうに信じておられるのですか？

キャンベル　これは隠喩として聞いていただきたいのですが、ある人々は性器のレベルで生きていると、ほんとうに言えると思いますよ。それだけがその人たちの人生の目的なんですから。それが人生の意味なのです。それがフロイトの哲学じゃないでしょうか。そのあと、アドラーの意志力の哲学に至る。そこでは人生のすべては障害物とその克服に集中する。それは、たしかに完全によい生活であり、神性の具現でもあります。でも、それは動物のレベルにある。そのあとに別の種類の生活が待っている。なんらかの形で自分を他人に与えるという要素を含んだ生活です。それが開かれた心によって象徴される生活です。

モイヤーズ　そういう生活の源はなんでしょう。

キャンベル　それは他人のなかに自己の生命があることの認識に違いありません。二人の生命は、実はひとつの生命だという認識です。神はそういうひとつの生命のイメージです。私たちは自分自身に向かって、そのひとつの生命はどこから生まれるのかとたずねる。すると、あらゆるものはだれかが造ったものに違いないと考える人々は、「それはもちろん神がお造りになったもの」と思うでしょう。そこで、神が万物の源ということになります。

モイヤーズ　すると、宗教とはなんでしょうか。

キャンベル　“religion”（宗教）という語はラテン語の *religio*（結びつきを取り戻す）という原義を持っています。私たち二人の生命のなかに実はひとつの生命があると言う場合、分離されていた私の生命はそのひとつの生命にリンクされる。結びつきが回復されるわけです。これは宗教のいろいろなイメージによって象徴されています。どのイメージも結合のリンクを表しています。

モイヤーズ　有名な心理学者ユングは、最も強力な宗教的象徴は円環だと言っています。円環は人類の偉大な原初的イメージのひとつであり、われわれは円環のシンボルについて考えるとき自己分析をしているのだ、と。先生はそれについてどうお考えですか。

キャンベル　全世界がひとつの円環です。こういう円のイメージはすべて精神を反映してい

ファウストとメフィストフェレス

ます。だから、こういう建築的デザインと私たちの精神機能の実際の構造とのあいだには、多少の関連があるのかもしれません。

　マジシャンがマジックを行なうとき、彼らは自分の回りに円を描く。そして、もろもろの力はこの閉じられた円のなか、密封された領域のなかでは働くが、その円環の外に出るとむなしく消えてしまうのです。

モイヤーズ　インディアンの首長がこう言ったというのを読んだ憶えがあります――「われわれがキャンプを設営するときには、全体を円形にする。ワシが巣を作るとき、その巣は円い。われわれが地平線を見ると、地平線は円の一部だ」。あるインディアンたちにとって、円は非常に大事なものだったようですね。

キャンベル　そうです。でもそれは、私たちがシュメールの神話から受け継いだもののなかでも大きな役割を果たしているのです。私たちは四方位と三百六十度と共に、円環を受け継ぎました。シュメールの公式の一年間は三百六十日であり、そのほかに勘定に入らぬ聖なる五日があります。その五日は時間外にあり、そのあいだに人々は彼らの社会を天界に結びつけるための儀式を行なったのです。現在の私たちは、この時間に関連した円の観念を失っています。私たちにとって時間はデジタル化しており、ただジリジリと過ぎていくばかりです。デジタル時間から得られるのは時間の流れという感じだけです。ニューヨークのペン・ステーションには、時間、分、秒、十分の一秒、そして百分の一秒まで表示される時計がありま す。百分の一秒ずつがチリチリチリチリ過ぎていくのを見ていると、時間が自分のなかをどんどん過ぎていくという感覚に捕われる。

ところが、円環は全体性を表しています。円のなかのすべてはひとつのものであり、それが囲まれ、縁取られている。それが空間的な相です。円の時間的な相は、あなたが出かけてどこかへ行ったとしても必ず戻ってくるという特徴を持っています。神はアルファでありオメガでもある、発端であり終着点でもある。円は、時間内であろうと空間内であろうと、ただちに完成された全体性を示唆しています。

モイヤーズ　始めもなく終わりもない。

キャンベル　ぐるぐる、ぐるぐる回る。例えば一年です。十一月がめぐってくると、また感謝祭がやってきます。そして十二月になると、またクリスマス。十二カ月がめぐるだけでなく、月の満ち欠けのサイクル、一日のサイクルが繰り返される。私たちは腕時計を見て、時の回転を見るたびに、このことを思い起こします。同じ時間が来るのですが、日は違う。

モイヤーズ　中国はおのれを中心の王国〔中華〕と呼んでいました。そしてアステカ人も自分たちの文化について同じような名前をつけていました。円環を宇宙的秩序の象徴として用いている文化社会はすべて、自己をその中心と見なしています。円環がこれほど全世界的な象徴になったのはなぜでしょう。

キャンベル　それは常に経験されているからです。一日、一年、自宅からなにか冒険に出かけ――狩猟でもなんでもいいのですが――また家に帰ること。それに、もっと深い経験もありますね、子宮の、また墓の神秘。人々が埋葬される、それは再生のためです。それが埋葬という理念の根源です。私たちはだれかを、再生が可能になるようにと母なる大地の胎内に戻してあげる。非常に初期の女神のイメージは魂をまた迎え入れる母親のそれなのです。

モイヤーズ　先生のご本――『神の仮面』『アニマル・パワーの道』あるいは『神話のイメージ』など――を読んでいますと、よく円環のイメージにぶつかります。古代、現代を問わず、魔法的なデザインであったり、建築であったりするのですが。インドのドーム型の寺院、ローデシアで見つかった旧石器時代の岩の彫刻、アステカ族のカレンダー石、古代中国の青銅の盾、あるいは、天空の車輪について語っている旧約聖書の預言者エゼキエルのヴィジョンなど。それにこの私の結婚指輪も円環です。これはなにを象徴しているのでしょう。

キャンベル　その答えは、あなたが結婚をどう理解するかによって変わってきます。“symbol"という語そのものは「結合された二つのもの」を意味しています。ひとりの人間が半分を持ち、もうひとりが別の半分を持つ。やがてその二人が一体になる。そのリングを合体させることによって、円環を完成させることによって、認識が生まれる。これが私の結婚であり、私の個人生活を二人から成るより大きな生活と合体させることだ。そこで二人が一者になる。指輪は私たちがいっしょになってひとつの円環を形成していることを示しています。

モイヤーズ 新しく選任された教皇は漁夫の印鑑（漁をしている聖ペテロと教皇の名を刻んだ黄金製の指輪）を受けますが、これまた円環です。

キャンベル その指輪は、漁夫を使徒に任命したイエスを象徴するものです。イエスは「きみたちを魚ではなく人を獲る漁師にしてあげよう」と言われました。これはキリスト教よりも前からあった古いモチーフです。オルフェウスは人間を獲る「漁師」と呼ばれていました。人間は水のなかの魚のように生きながらも、外の光を目指して上昇を続けていたのです。それは魚が人間になるという古代の変身思想でした。魚らしさというのは、私たちの性格における最も粗野な動物性ですが、宗教の役割は人間をそこから引き出し、引き上げるという目的を持っていたのです。

モイヤーズ 英国の新しい国王や女王は戴冠式用の指輪を受けますね。

キャンベル ええ、それは指輪にもうひとつの面があるからです。それは束縛です。国王であるあなたは原理によって縛られる。自分の好き勝手な生き方が許されるわけではない。あなたはマークされている。イニシエーション儀礼において、人々は犠牲に供されたり入れ墨をされたりする。それは他人に、また社会に、強い絆で結ばれることを意味しています。

モイヤーズ　ユングは円環をマンダラとして語っていますが。

キャンベル　「マンダラ」とはサンスクリット語で「円環」という意味ですが、それはまた宇宙的な秩序という意味を持たせるように工夫された、あるいは象徴的にデザインされた円なのです。マンダラを構成するとき、人は自分の個人的な円が宇宙の円に取り込まれるよう工夫します。例えば、非常に手の込んだ仏教のマンダラにおいては、中心に力の源泉としての、光明の源としての神が置かれます。周辺のイメージはその神の光明の現れ、あるいはその諸相なのです。

あなたがマンダラを作るとき、まず円を描いてから、あなたの生活にさまざまな衝動をもたらす組織や価値体系を考え、それらの構図を描いてから、自分のセンターはどこか探そうとします。マンダラの作成はあなたの生活のあらゆる散漫な要素をもう一度まとめて、中心を見つけ、そこに自分を持っていくための訓練です。あなたは自分の円環を宇宙の円環に調和させるよう努力するのです。

モイヤーズ　自分を中心に持っていく？

キャンベル　そうです、中心に。例えば、ナバホ・インディアンのあいだでは、病気治療の儀式は砂絵によって行なわれますが、それは大地の上に描かれたマンダラです。治療を受ける人はそのマンダラのなかに入る。というのは、それによって自分がそれと一体化しようと思う神話的な世界のなかに入るためです。その人はマンダラによって象徴された力と一体になる。マンダラの砂絵、またそれを瞑想の目的に使うという考えはチベットにもあります。チベットの僧は砂絵を描く。私たちのなかで働く霊的な力を表すものとしての宇宙的なイメージを描くのです。

モイヤーズ　どうやら、自己の生活の中心を宇宙の中心に置こうとする努力がなされているようですね。

キャンベル　そう、神話的なイメージによって。そういうイメージの助けを借りて、人は象徴された力と一体になる。人は、はっきり他と区別されないものと一体化しようと思っても、あまりうまくいかないでしょう。ところが、なにかはっきりとした自覚に人を導くような性格が向こうにあれば、人はそれについていけるのです。

モイヤーズ　聖杯は完全な調和の中心を象徴しており、完全性の探索、全体性と統一との探索を象徴している、という説があります。

キャンベル　聖杯には少なからぬ源があります。ひとつは、無意識という海の底にある神の館にある豊饒の大鍋です。無意識の底から生命エネルギーが私たちのところへやってくる。この大鍋は無尽蔵な供給源、中心、泡立つ泉であり、そこからあらゆる生命が生まれる。

モイヤーズ　それが無意識であるとお考えですか?

キャンベル　無意識だけでなく、世界の価値でもあります。私たちの周囲にはいつでも休みなくいろいろなものが生まれている。世界には生命が注ぎ込まれる。それは尽きることのない源泉から注がれているのです。

モイヤーズ　ところで、時間的にも距離的にも離れていて、相互にとても違っていると見える社会で、同じイメージ群が発生するというのは、いったいどういうわけでしょう。

キャンベル　それは、あらゆる人間のうちに共通する精神の力があるという証拠ですね。さもなければ、これほど細かいところまで共通したイメージが発生するわけはないでしょう。

モイヤーズ　すると、文化の違う多くの社会に、同じような創造の物語が、処女降誕の物語が、また、やってきて死に、そして復活する救い主の物語があるということは、私たちの内面にあるものが語られているのだから、私たちはそれらを理解しなければならない。そういうことですか？

キャンベル　そのとおりです。神話のイメージは私たちひとりびとりが持っている精神的な潜在力の反映です。われわれは、それを熟考することによって、そうした力を自分の生活のなかに呼び起こすのです。

モイヤーズ　すると、聖書が人は神の姿に似せて作られたと語るとき、それは、あらゆる人間が持っているある種の特性について語っているのでしょうか。その人の宗教や、文化や、居住地や、生活の伝統などとは関わりなく？

キャンベル　神は人間の最も基本的な理念なのでしょう。

モイヤーズ　原初的な欲求そのもの。

キャンベル　そして、私たちはみな神の姿に似せて造られている。それが人間の究極的な元型です。

モイヤーズ　T・S・エリオットは回転する世界の静止点について語っています。運動と静止とが共存しているところ、時間の運動と永遠性の静止とが一体である軸です。

キャンベル　それこそ聖杯によって象徴される無尽蔵の中心です。生命が存在し始めるとき、それは恐れるのでも欲するのでもなく、ただ成るのです。成ったあとになってから、それは恐れたり、欲を出したりし始める。もし人が不安や欲望を捨てて、成るというところまで戻れたら、申し分ありません。ゲーテは、「神性は死者ではなくて生者のなかで働く。すでに成って固定したもののなかではなく、成りつつあり、変わりつつあるもののなかで効果的に働く」と言っています。だから――とゲーテは言うのです――理性は成りつつあり、変わりつつあるものを通して聖なる者へ近づこうという努力に関わっており、他方、知性はすでに固定したもの、知りうる、あるいは知られたもの、したがって生命形成に役立つものを利用する、と。しかし、自分自身についての知識を探究するとき、その目標が達成されるのは、自己の燃焼点に達したときです。それは自己の内にある〈成りつつあるもの〉に立ち戻ることを意味しています。それはすでに成り立ってしまった世界の善悪には無関心であり、したがって、不安はなく、欲望もありません。それは完全な勇気を持って戦場に赴く戦士の姿です。それは動いている生命です。それは戦争の神秘、そして植物栽培の神秘のエッセンスです。芝生のことを考えてください。ほら、二週間ごとにだれかが芝刈り機で伸びた芝を全部刈り取ってしまうでしょ。芝が、「頼むからよく考えてくれ。あんたがこうしょっちゅう刈り取られたとしたら、どうなると思う」と言ったとしても不思議ではない。でも、芝はそんなことを言わずに、ひたすら伸びつづけようとする。ここに私は中心のエネルギーを感じます。それが聖杯のイメージの、無尽蔵な源泉の、根源の意味なのです。根源はいったん生命体として存在したからには、なにが起ころうがかまいません。肝心なのは、与えること、成ることです。そしてそれがあなたの内にある〈成りて成る生命〉であり、神話のすべてはその大事さをあなたに告げようとしているのです。

比較神話学の研究において、私たちはある信仰体系のイメージを他の体系のイメージと比べてみます。すると、双方が相互照射によってよく見えてくる。比較してみると、あるものの意味の一面が強調され、それがよりよく表れる。また別のものを比較すると、別の面が強調される。両方が相手どうしをより明らかにしてくれるのです。

私は比較神話学を教え始めたとき、学生たちの宗教的信仰を壊してしまうのではないかと心配していました。が、結果は全然反対でした。学生たちが大して意味を感じていなかった、ただ親から与えられただけで、自分は大した意味を感じていなかった宗教的な伝統が、それを他の伝統と比較してみたとき、つまり同じようなイメージがより内面的なあるいは精神的な解釈を与えられている伝統と比べたときに、突然新しい光のもとではっきり見えてきたのです。

私の学生のなかにはキリスト教徒も、ユダヤ教徒も、仏教徒もいましたし、ゾロアスター教徒も二人いましたが、全員がその経験をしました。ある宗教体系のシンボル群を解釈し、それらを事実ではなく隠喩と呼ぶことにはなんの危険もありません。そうすることによって、それらのシンボルは自分自身の内面的経験ないし内面生活に役立つメッセージになる。宗教体系が突然個人的な経験になるのです。

モイヤーズ　私は、信仰の違う人々が私と同じような切望を持ち、通常の人間の言葉では表現し切れぬ経験を表すために、結局は自分たちと同じようなイメージを求めているという事実を知ることによって、自分の信仰が強められたような気がします。

キャンベル　それだからこそ、道化や道化宗教が役に立つのです。ゲルマンやケルトの神話のなかには道化めいた者がたくさん出てきます――ほんとうにグロテスクな神々が。それは次のような点を明らかにしてくれます。「私は最終的なイメージではない。私は他のなにかを透かして見せているのだ。私を見抜くがよい。私の奇妙な形の向こうにあるものをよく見なさい」

モイヤーズ　アフリカのある宗教的伝統のなかに、ある神についてのすばらしい物語がありますね。その神は、片側が赤く、片側が青い帽子をかぶって道を歩いていきます。夕方、畑から村に帰る農夫たちの何人かが、「青い帽子をかぶっていた神さまを見たか」と聞くと、ほかの農夫たちは「いやいや、あの神さまは赤い帽子をかぶっていた」と言い、彼らは喧嘩を始めます。

キャンベル　そう、それはナイジェリアのトリックスター神、エドゥシューです。彼はそれだけでなく、最初ある方向に歩きながら、どこかで回れ右をして、おまけに帽子を一回りさせるものだから、また赤か青かでいっそうひどい争いが起こる。二人の男がこのことで争い、

〈プエブロ族の道化たち〉オーティス・ポレローマ画

裁きを仰ぐために王様のところに連れていかれると、そこにトリックスター神が現れて、「わしが悪かった。わしのせいだ。わざとやったことだ。争いを広めることがわしのなによりの喜びなのでな」と言うのです。

モイヤーズ　そこになにか真実がある？

キャンベル　もちろんあります。ヘラクレイトスは、闘争こそあらゆる偉大なものの創造主だ、と言っています。こういう象徴的なトリックスター思想には、なにかそういうものが潜んでいるようです。私たちの宗教的な伝統のなかでは、例の楽園のヘビがその役割を果たしています。せっかく万事が立派に整ったという段階で、彼はリンゴを投入するのです。

人がどんな思考体系を持っていようとも、そこに無限の生命が含まれるなんてことはありえないでしょう。万事はこんなものさと、たかをくったとたんに、トリックスターが登場してすべてをご破算にし、私たちは変化をこうむり、またもや〈成る者〉になります。

モイヤーズ　先生はユーモアをこめてこういう話をなさいますね。異様な、あるいは残酷な話をするときでも、いつも楽しんでいるように聞こえますが。

キャンベル　神話とユダヤ＝キリスト教との基本的な相違は、神話のイメージのほうにはユーモアの要素があることです。私たちはそのイメージのほうにはユーモアの要素があることを理解します。私とそのイメージとのあいだには距離がある。ところが、私たちの宗教においては、あらゆるものが散文的であり、あらゆるものがとても、とてもきまじめです。ヤハウェを相手のたわむれなんて、まるで考えられない。

モイヤーズ　心理学者のマズローが「絶頂体験（peak experience）」と呼び、ジェイムズ・ジョイスが「エピファニー」と呼んだものを、どう説明されますか。

キャンベル　さあ、その二つは全く同じとは言えないでしょう。絶頂体験のほうは、存在のハーモニーとの関わりを経験したという、生活のなかの現実の瞬間を言います。私自身の絶頂体験、あるいはあとになって絶頂体験だと自覚したものは、みな運動競技と関係があります。

モイヤーズ　それが先生の経験のなかでのエベレストだったというわけですね。

キャンベル　コロンビア大学で陸上をやっていたころ、二回、実にビューティフルなレースをやってのけました。二回目のレースの最中には、これは絶対に勝てると自覚しました。なにしろリレーのアンカーとしてバトンを受け取ったときには、三十ヤード前に先頭選手が走っていたのですから、勝てると思う理由はなかった。にもかかわらず、私にはわかっていました。それが私の絶頂体験でした。その日、だれも私には勝てませんでした。自信にあふれ、それを十分に自覚してるというのは、そういうことです。私はその後の人生のなかで、その二つのレースほど力強いことをやってのけた覚えはありません。あれは、ほんとうに自己が充実していて、完全なことを成し遂げたという経験でした。

モイヤーズ　絶頂体験のすべてが肉体的なものとは限らないのでしょうね。

キャンベル　ええ、別の種類の絶頂体験もあります。ただ、私の場合、絶頂体験というとすぐそれが思い浮かぶのです。

モイヤーズ　ジェイムズ・ジョイスのエピファニーについては？

キャンベル　うん、それはまた別物です。ジョイスの美的体験の定義は、対象を所有する欲望に人を駆り立てることがないということです。描かれた対象をわが物にしたいという欲望をそそる芸術作品を、ジョイスはポルノグラフィーと呼んでいます。それからまた、美的体験は対象を批判したり拒絶したりする気を起こさせない。そういう気を起こさせる芸術を、彼は教訓的だとか、芸術における社会批評と呼んでいます。美的な体験とは、ひたすら対象を見つめることです。ジョイスは言っています、「対象に額縁をはめて最初はひとつのものとして見るが、やがてひとつのものとして見ながらも、部分と部分との関係に気づき、各部分と全体との関係を、全体の各部分との関係を自覚する。これが本質的な美的要素である」

もろもろの関係のリズム、調和の取れたリズム。そして芸術家がすばらしいリズムを奏でてくれたとき、人は光明を経験する。美の魔力にとらえられる。それがエピファニーです。そしてそれは、宗教的な立場からは、私たちに与えられるキリスト原理と呼ばれるものかもしれません——すべてを明かしてくれる原理。

キャンベル　神を仰ぎ見る聖者の顔ですか?

モイヤーズ　相手はだれでもかまいません。怪物だと思いたくなるような人だっていい。美的な体験は倫理や教訓を超越するのです。

キャンベル　そこが私には納得できないところです。私の考えでは、眺めるけれども所有したいとは思わない対象というのは、どこか美しくなければならない。さもなければエピファニーを経験できないでしょう。ついさっき、絶頂体験としての競走について話されたとき、それはビューティフルであったと言われました。「ビューティフル」というのは審美的な言葉です。美はハーモニーです。

モイヤーズ　そう。

キャンベル　ところが、先生はそれがジョイスのエピファニーのなかにもあるとおっしゃった。それは芸術に関わるもので、美的なものだとも。

モイヤーズ　そうです。

キャンベル　どちらも美しいのなら、絶頂体験もエピファニーも同じものだと私には思えるのですが。怪物を見ながらエピファニーを得るなんて、そんなことがどうして可能なんでしょう？

キャンベル　芸術にはもうひとつの感情が伴っています。それは美を感じる能力ではなくて、雄大なもの（the sublime）を感得する能力です。私たちが怪物と呼ぶものは、雄大なものとして経験されます。それらは通常の生命体ではとても把握し切れない力を表しています。宇宙の広大無辺さときたら、まさに雄大です。仏教徒は彼らの寺院をどこに据えるかによって、それを実感する知恵を持っています。その結果、寺院の多くは高い山の頂上にあります。例えば、日本にある寺院の庭園の一部は、まず身近な、見慣れた風景を楽しめるように設計されていますが、山道を登っていくと、突然幕が開いたかのように広大な地平線が展開し、自分のエゴが縮小すると同時に、不思議にも意識が広がって、雄大なものを経験できるのです。

もうひとつの型の雄大さは、莫大なエネルギー、力、強さのそれです。私は連合軍が中欧の都市で猛烈なじゅうたん爆撃をやっていたころ、現地に住んでいた人を何人も知っています。そのうちの数人はこの非人道的な爆撃を単に恐ろしいだけでなく、ある意味で雄大だったと言っていました。

モイヤーズ　私はかつて第二次世界大戦の帰還兵にインタビューしたことがあります。バルジの戦い――ドイツ軍の奇襲攻撃が成功しかけた、あの厳しい冬の戦い――に参加した経験をたずねていたのですが、「振り返ってみて、それはどういうものだったのでしょう」と質問したとき、その人は「雄大な戦いだったな」と答えました。

キャンベル　そんなわけで、怪物は一種の神として現れるのです。

モイヤーズ 怪物という言葉で先生が意味しておられるのは……
キャンベル 私が怪物と言うのは、人の調和、秩序、倫理的行動などの基準をすべて爆破してしまうような、なにか恐ろしい存在ないし化け物です。例えば、世界の終わりにはヴィシュヌーが怪物として現れる。それは出現して、まず火で、次にどんな猛火も消すだけでなく、あらゆるものを滅ぼすすさまじい洪水でこの宇宙を破壊する。灰以外のなにも残らない。それ自体の生命を持ち、もろもろの生命を宿す宇宙が完全に滅び去る。それは破壊者の役割を果たしている**神**です。そういう経験は倫理だとか美の判断基準を超越しています。倫理はなぎ倒されてしまう。私たちの宗教は人間という要素に力点を置いていますから、倫理もまた強調されます。神さまはよい方だと考えられています。いやはやとんでもない！　神は実に恐ろしい！　どこの神であろうと、地獄を発明するような神は救世軍に入る資格などありません。世界の終末なんて、まあ考えてごらんなさい！　しかし、イスラム教徒のあいだには、死の天使についてこういう言いならわしがあります――「近づくときの死の天使は実に恐ろしい。いったん来てしまうと、彼は最大の恵みだ」
仏教において、特にチベットの仏教において、瞑想のブッダは二つの相で現れます。ひとつは平和の相で、もうひとつは怒りの相で。もしあなたが夢中で自我に、また喜怒哀楽の小さな時間的世界にしがみつき、自分の生命に執着していると、現れるブッダは怒りの相を帯びているでしょう。でも、あなたが自我を遠ざけ、捨てるとき、同じ瞑想のブッダは至福を与えるものとして経験されるのです。

〈スクハーヴァティーの浄土〉15世紀チベット

モイヤーズ　イエスはたしかに「平和ではなく、剣をもたらすために来たのだ」と言われましたが、人を斬るためにそれを使うという意味ではなかったと信じます。自我を開けという意味だったのでしょう——あなた自身を縛っている自我からあなたを切り離し、自由にしてやろうという……

キャンベル　それがサンスクリットでヴィヴェカ（viveka 仏教用語では、遠離、寂静、静処、明智、寂然不動などのほか、「分離」とも訳されている）すなわち「分離（discrimination）」として知られているものです。ブッダが燃える剣を振りかざしているという、非常に重要なイメージがありますが、その剣はなんのためにかざされているのでしょう。それは分離の剣です。時間的でしかないものを永遠なるものから切り離すためのものです。それは持続的なものを、単に過ぎ行くものから截然と区別するための剣です。時間のチクタクチクタクが永遠をシャットアウトしている。私たちはこの時間の世界に住んでいる。けれども、この世界には、すでに啓示されている永遠の原理が反映されているのです。

モイヤーズ　永遠性を経験する。

キャンベル　本来の自己を経験する。

モイヤーズ　ええ。でも、なにが永遠であれ、それはたったいま、ここにある。

キャンベル　ここ以外のどこにもない。あるいは、ほかのどこにもある。もしあなたがそれをいまここで経験しなければ、天に昇ったところでそれを得ることはできません。天国は永遠ではない。それはただ常在しているにすぎない。

モイヤーズ　よくわかりませんが。

キャンベル　天国と地獄はいつまでもつづくものと言われています。天国は終わりのない時間です。それは永遠（eternal）ではない。永遠は時間を超越しています。時間の観念は永遠性をシャットアウトします。永遠性の深い経験という基礎があって、その上を時間的な苦痛や労苦が過ぎていくのです。仏教には、俗世を通り過ぎていく悲しみに、進んで、喜んで参入するという理想があります。時間がある限り、悲しみがある。けれども、この悲しみの経験は、私たちの真の生命にほかならぬ永遠的な存在を意識する働きに移り変わっていきます。

モイヤーズ　シヴァ神が炎のサークル、火の輪によって取り巻かれているというイメージがありますが。

キャンベル　あれはこの神のダンスから出る輝きです。シヴァのダンスは宇宙そのものです。彼の髪の毛のなかには頭蓋と新月とが、死と再生とが、同じ瞬間に、〈成る〉という瞬間に存在しています。彼は片手に小さなカスタネットを持っており、それがカチカチと音を立てている。それは時間のカスタネットであり、永遠性の知識をシャットアウトする時間のチクタクなのです。私たちは時間のなかに閉じ込められている。しかし、シヴァのもう一方の手には炎があり、それが時間のベールを焼き、私たちの心を永遠性へと開きます。

シヴァは非常に古い神でしてね、たぶん今日世界に知られている神々のなかでは最も古くから崇められていたのだと思います。紀元前二〇〇〇年ないし二五〇〇年ごろのイメージもあるのです。小さな印章のようなものですが、明らかにシヴァと思われる像が現れています。

〈マハーカーラ〉18世紀チベット

〈マンジュシュリ〉14〜15世紀チベット

〈舞踏の王シヴァ・ナタラーヤ〉11世紀南インド

シヴァは多くの姿で自己顕現しますが、そのいくつかでは、彼はほんとうに恐ろしい神です。存在の本性の恐ろしい面を代表しているのです。彼は元型的なヨーガ行者として、生命の幻想を破るのですが、他方、彼は生命の創造主、原動力、そしてまた光を与える者でもあります。

モイヤーズ　神話は形而上学を扱います。しかし宗教は倫理を、善悪をも扱う。私はあなたとどういう関わり方をすべきか、神のみもとにあって私はあなたに、妻に、ほかの人間にどういう態度をとるべきかを。神話において、倫理はどういう位置を占め、どういう役割を担っているのでしょうか。

キャンベル　私たちは、自分と他人とがひとつであることを自覚させるような形而上的な経験について語ってきました。倫理は、自分が他人と一体であるような生き方について教えてくれるものです。あなたはそういう経験をしなくてもいい。というのも、宗教の教義があなたに他人との思いやりに満ちた関係を築くよう、行動の様式を教えてくれるからです。宗教は、自我の利益だけのために行動するのは罪だと教えることによって、そういう生き方を薦めてくれるのです。それは他者を自分の体と同一化させることです。

モイヤーズ　隣人をあなた自身のように愛しなさい、あなたの隣人はあなた自身なのだから。

キャンベル　人は愛を実践したあとで、そのことを学ぶのです。

モイヤーズ　とても多くの人が永久に生きることを切望しますが、それはなぜだとお考えですか。

キャンベル それは私にもわかりません。

モイヤーズ 地獄への恐れや、望ましい別の生を求める気持ちから出ているのでしょうか。

キャンベル それは標準的なキリスト教の教義ですね——世界の終末に全人類に対する裁きがあり、正しく生きてきた人は天国に送られ、悪いことをしてきた人は地獄に送られる。

その思想はもっと古く、エジプトから出ています。オシリスは死んでよみがえった神であり、その永遠の相にあっては、死者たちの裁判官となる。ミイラを造るのは死者がこの神に会うための準備です。ただエジプトで面白いのは、神に会いに出かける人が、自分と神とが同一であることを認識することとです。キリスト教の伝統のもとではそんな考えは許されません。だから、地獄と天国のどちらかしか選べないというのであれば、それはもう、永久に天国をくださいと言うに決まってます。しかし、天国とは神の至福のイメージを見ることだと悟れば、そこはもう時間を超えた瞬間(a timeless moment)だということがわかるでしょう。時間は炸裂してしまう。だから、もう一度言いますが、永遠とは、いついつまでも存在するというようなものではない。それはまさに、いま、ここにある。この地上であなたが他者と関わり合う、その経験のなかにあるのです。

私は両親だけでなく、たくさんの友達を亡くしました。でも、決して彼らを失ったのではないという確信を、とても強く持つようになりました。私が彼らといっしょにいた瞬間は無限性を持っていて、いまもそれが私と共にあるのです。彼らとの関係が私に与えてくれたもの、それはいまも私と共にある。そしてそこに、不滅性の暗示といったものを感じるのです。

ブッダのこんな話が伝わっています。あるとき彼は息子を亡くしたばかりの女性に出会った。悲嘆にくれている女に向かってブッダは、「これから旅に出て、かけがえのない子供や夫や、ほかの身内や親しい友達を亡くしたことのない人がひとりでもいるかどうか、たずねてごらん」と言いました。死ぬべき運命と、あなたのなかにある死を超越したものとの関係――それを理解するのは容易なことではありません。

モイヤーズ　神話には不滅性の願望が多く見られると思いますが、いかがですか。

キャンベル　ありますね。ただ、不滅性を肉体の不老長寿だと誤解すると、こっけいなものになってしまいます。そうではなくて、不滅性とは、いまのあなたのなかにある永遠的なものとの同一性の自覚だと理解すれば、また別のものになるでしょう。

モイヤーズ　先生は生命のあらゆる問題は〈在る〉と〈成る〉との対立を中心としてめぐっていると言われましたね。

キャンベル　ええ。成るは常に部分的であり、在るは全体的です。

モイヤーズ　どういう意味でしょう。

キャンベル　そうですね、あなたが人間らしい人間へと成長している過程にあるとしましょう。最初の何年か、あなたは子供です。で、それは人間存在の一部分（a fraction）にすぎません。また何年かたって、あなたは思春期に入る。それもまた間違いなく人間存在の一部分です。おとなになっても、あなたはまだ部分です。子供ではないけれども、まだ老人ではないのですから。『ウパニシャッド』には、原初の凝縮されたエネルギーのイメージがあります。それはこの世界を産み出す創造のビッグバンのイメージで、そのとき万物は断片的な時間の世界へと送り出されます。しかし、時間の断片を通して原初の存在の完全な力を見る——それが芸術の働きです。

モイヤーズ　美は生きている喜びの表現。

キャンベル　あらゆる瞬間がそういう経験であるべきです。

モイヤーズ　あした自分がどうなるかは、その経験に比べれば大したことではない。

キャンベル　これは偉大な瞬間ですよ、ビル。私たちがなんとか努力しているのは、私たちの主題である原存在を、人間に許されている部分的な表現法を通して見せることです。

モイヤーズ　しかし、人間に神を描写する能力がなく、私たちの言語が不十分であるというのに、われわれが雄大な建築物を建てているのはどうしてでしょう。芸術家が神について抱く思想を反映した芸術作品を、どうして創造できるのでしょう。私たちにどうしてそれが可能なのでしょう。

キャンベル　そうですね、芸術はそれを反映しています——芸術家が神について考えていることを、人々が神をどう経験しているかを。しかし、究極的な、純粋な神秘は人間の経験を超越しています。

モイヤーズ　すると、私たちが経験するものがなんであれ、それを不十分な言語で表現するしかない。

キャンベル　そうです。そのためにこそ詩がある。詩は通り抜けられる言語です。詩は含蓄や暗示に富んだ語を正確に選んで作るものですが、暗示されているものは、当の語句を抜け出たところにある。語を通り抜けたところに光明があり、エピファニーがある。エピファニーとは、言語のかなたに本質をかいま見せる働きです。

モイヤーズ　すると、神の経験は人間の描写力を超えている。にもかかわらず、われわれは描きたいという衝動に駆られるのですね。

キャンベル　そのとおりです。ショーペンハウエルは、「個人の運命における意図らしきものについて」というすばらしい論文のなかで、人が高齢に達して人生を振り返って見ると、そこには、まるで小説家が意図的に構成したかのように、一貫した筋道や計画があったように見えることがある、と指摘しています。生起した当座は偶然でほとんど意味がないと思われた出来事が、一貫したプロットの構成に不可欠の要素になってしまっている。するとそのプロットを考え出したのはだれか。ショーペンハウエルは、夢がその人自身の——自分では意識できない——ある一面によって作られるのと同じように、人の一生もその人の内なる意志によって作られるのではないかと言っています。ちょうど、偶然としか思われない形で出会った人が、のちに私の人生を構成する主要な働きをすることがあるように、私が知らず知らずのうちに他人の人生を動かしたり、それに意味を与えたりすることもあるのでしょう。あらゆるものがひとつの大きなシンフォニーのようにいっしょに働き、あらゆる要素が無意識のうちに、他のあらゆる要素の構成に役立っている。そしてショーペンハウエルは結論として、われわれの人生は、たったひとりの人間が見ているひとつの巨大な夢のさまざまな様相のようなものであり、その夢のなかに登場するものもすべてまた夢を見るから、あらゆるものは他のあらゆるものと結びついており、それらがひとつの生命の意志、すなわち、自然の内なる宇宙意志によって動かされているのだ、と言っています。

これは壮大な思想であり、インドで〈インドラの網〉の神話的イメージによって象徴されている思想です。インドラの網というのは宝石の網でしてね、縦糸と横糸が交わるところにはすべて宝石があり、その宝石のひとつひとつが他のすべての宝石の輝きを反映しています。あらゆるものが他のあらゆるものとの相互関係を結んで成り立っているから、どんなことがあっても他人のせいだといって非難することはできない。あたかも全体の背後にひとつの意図が働いているかのようだ。それはいつもなにか意味のあることのように思える、けれども、だれもその意味がどんなものか知りませんし、自分が意図したとおりの生活を実現した人もいません。

モイヤーズ　それでいて、私たちはだれでもある目的を持った生を営んできた。そう信じておられますか。

キャンベル　私は生に目的があるとは信じません。生とは自己増殖と生存持続の強い欲求を持った多くのプロトプラズムにほかなりません。

モイヤーズ　まさか……まさか、そんな。

キャンベル　ちょっと待ってください。純粋な生は、ひとつの目的を持っているとは言えません。まあ見てごらんなさい。生は至るところで無数の違った目的を持っているんです。しかし、あらゆる生命体（incarnation）は、ある潜在能力を持っており、生の使命はその潜在能力を生きることだ、とは言えるかもしれません。そのためにはどうすればいいか。私の答えは、「あなたの至福を追求しなさい」です。あなたの無上の喜びに従うこと。あなたのなかには、自分が中心にいることを知る能力があります。自分が正しい軌道に乗っているか、そこからはずれているかを知る能力が。もしあなたが金もうけのために軌道からはずれてしまうと、あなたは自分の生を失っているわけです。あなたが中心にとどまっている場合、お金はまるで稼げないとしても、自分の至福を得ているのです。

モイヤーズ　私は、清貧に甘んじることよりも、旅をすることが大切なのだ、という考えが好きなのですが。

キャンベル　なるほど。カールフリート・グラフ・デュルクハイムは、「旅に出て、目的地がどんどん遠のいていくのを経験すると、ほんとうの目的は旅そのものであったことに気づく」と言っていますね。

ナバホ族は彼らが〈花粉の道〉と呼んでいるものについてのすばらしいイメージを持っています。花粉は生命の源泉です。花粉の道は中心への道です。ナバホの人々は、「ああ、私の前は美しい、私のうしろは美しい、私の右は美しい、私の左は美しい、私の上は美しい、私の下は美しい、私は花粉の道をたどっている」と言います。

モイヤーズ　エデンはかつてあったのではなく、未来にある。

キャンベル　エデンはいま存在しているのです。「父の御国は地上に広がっているが、人の目には見えない」

モイヤーズ　エデンがいまある――苦痛と死と暴力にあふれたこの世界にですか？

キャンベル　世界はそういう有様に見えますが、そう、これがエデンです。この地上に天国が広がっているのを見るとき、世界における古い生き方が払拭される。それがこの世の終わりです。世界の終末は未来にやってくる出来事ではなく、心理的な変身、ヴィジョンの変革という出来事です。そこで、あなたは具体的な事物の世界ではなく、光明の世界を見ます。

モイヤーズ　私は、「言(ことば)は肉になった」という力強い、神秘的なメッセージを、人間の旅のなかで、私たちの経験のなかで働いている永遠の原理と解釈しました。

キャンベル　そしてあなたは、〈ことば〉があなた自身のなかで働いていることも発見する。

モイヤーズ　自分自身のなかでないとすると、〈ことば〉をどこで見つけることができるのでしょう？

キャンベル　詩は言葉を使って言葉を超えたものを伝えると言われてきました。そしてゲーテは、「あらゆるものは隠喩(メタファー)だ」と言っています。つかのまのもの、やがて消えゆくものはみなメタファーの役割を果たしているに過ぎない。私たちみんながそうなんです。

モイヤーズ　でも、メタファーを崇め、メタファーを愛し、メタファーのために死ぬなんてことがどうしてできるのでしょう。

キャンベル　人々は至るところでそうしています――メタファーのために死んでいる。でも、もしあなたが、どこにでも存在する言葉の神秘的な音「アウム」（AUM）をほんとうに覚知したならば、わざわざ出かけてなにかのために死ぬ必要などない。「アウム」はまさしく至るところにあるのですから。ただ静かに座って、それを見、それを経験し、それを知ることです。それが絶頂体験です。

モイヤーズ　「アウム」を説明してください。

キャンベル　「アウム」は、万物がその顕現である宇宙エネルギーの音を私たちの耳に伝える語です。最初は口の奥で「アー」と言い、次に「ウー」で口を満たし、「ム」で口を閉じます。これを正しく発音するためには、そのなかにあらゆる母音を含めます。「アーウーム」子音はここでは基本的な母音を妨げるものとしか見られていません。ちょうど、あらゆるイメージが形象を生む**形象**の断片であるように、あらゆる言葉は「アウム」の断片です。「アウム」は人を宇宙という共鳴体に接触させる手段としての象徴的な音です。もしチベットの僧たちが「アウム」を唱えている声の録音を聞いたことのある人ならば、その語がどういう意味を持っているかわかると思いますよ、きっと。それは世界内存在の「アウム」です。それと接触し、その意味を知ることはだれにとっても絶頂体験です。

「アーウーム」誕生、生きること、そして循環を終わって解体すること。「アウム」は四元素の音節だと言われています。「アーウーム」、そして四つめの元素はなんでしょう。「アウム」がそこから出て、そこに戻る、「アウム」の底にある沈黙です。私の生は「アーウーム」ですが、その底流にも沈黙があります。それは不滅性と呼べるものでしょう。有限の生があり、その底に不滅の生がある。そして不滅なものがなければ死すべきものもないのでしょう。人は自分のなかの有限な相と不滅の相とを区別しなければなりません。私を生んでくれた、いまは亡き父母にまつわる経験のなかで、私は時間的な人間関係以上のものがあることを理解するようになりました。もちろんそういう人間関係のなかに、その重要性を特に強調するようなものがあって、それが私の自覚を促したのです。それらはエピファニーの、啓示の、光明の瞬間として特に際立っています。

モイヤーズ　その意味は、本質的に言葉を超越している。

キャンベル　そう。言葉はいつも限定であり、制約です。

モイヤーズ　それはそうですが、先生、しがない私たち人間に残されているのは、このみじめったらしい言語だけです。それは美しいけれども不十分なものだから、なにかを表現しようと思っても……

キャンベル　そのとおりですね。だからこそ、すべての言葉を超越することが絶頂体験なのです。折にふれてあらゆる言語を超えて悟る――「おお……ああ……」

訳者あとがき

いま、なぜ神話か？

近代に入ってからでっちあげられたかずかずの〈まがいもの神話〉が、ここに来て化けの皮をはがされている。科学万能の神話、共産主義無謬の神話、白人至上の神話など、いまだに信奉者はいるものの、退潮傾向だと言えるだろう。それに対して意外に根強いのが、核兵器が戦争を抑止するという奇怪な〈神話〉である。東欧とロシアの共産主義体制が崩壊したあと、核兵器の脅威がだいぶ忘れられているようだが、民族間の激しい憎悪が世界の多くの地域で紛争を生じさせている今日、核戦争による人類の絶滅は依然として現実の可能性を持っていると考えざるを得ない。この脅威をなくすために、人類は今後も絶え間ない努力を続けて、似非神話だけでなく、核兵器そのものを早く廃絶させなければならない。それには、いまはびこっている世界観を変えるという大きな精神革命が必要で、とても生易しい道だとは思えないが、人類がその英知を平和共存のためにますます働かしていくことを信じたい。

そしてわれわれはいま、核戦争にも劣らぬほど重大な別の危機にも直面している。ひとつは環境破壊の危機、もうひとつは、それと深いところで関わっている価値観崩壊の危機である。

米国商務省国勢調査局の推定によれば、紀元二〇〇〇年に世界の人口は六十二億人を超える。だが、それよりも十億人少なかった一九八八年や八九年ですら、極端な貧困の状態に置かれていた人々が十億人以上おり、(毎月ではなく、毎週でもなく)毎日毎日四万人の乳幼児が飢えと病気で死んでいった。そして、毎秒毎秒サッカーグラウンドくらいの大きさの森林が破壊されていた。「いた」と過去形で書いたが、いまも事態は改善されていない。どころか、ますます悪化している。同じ国勢調査局の推定では、いまからわずか十八年後の二〇一〇年に世界の人口は(六十二億からさらに十億人増えて！)七十二億人になるという。餓死者はさらに増し、森林はさらに破壊されるだろう。世界の政治的なリーダーたちも問題の深刻さにようやく気づいて「地球サミット」という会議を開いたが、リオ宣言は内容の乏しい抽象的な言葉の羅列であり、乱開発、資源の浪費、自然環境の汚染や破壊、富の偏在などへの有効な解決策が立てられたとは、とうてい言えない。

だいいち、先進国の政府が国民から環境税を徴収して、巨額の環境救済資金を開発途上国の政府に与えるという発想だけで根本問題が片づくものだろうか。アフリカやバングラデッシュなどで、飢えと病気を防ぐための奉仕活動をしているボランティアの人々に対して、日本政府がなにも援助してくれないという訴えをテレビで見たことがあるが、国民の税金による援助は主としてそういう活動のために向けられるべきだろう。それに加えて、もっと本格的な教育助成が必要だと思う。悪の根源は貪欲にあると同時に、無知（イリテラシー）にもある。無知が貧しい人々を犠牲者にするだけでなく、悪循環の加担者にもしていることをよく認識して、これを防がなければならない。

支配欲と結びつきやすい貪欲のほうは、いったん身につくと、ちょっとやそっとで抑えられるものではない。迂遠なようでも、子供が幼いころから、自然や周囲の人間との賢いつき合い方を親がいっしょになって養うしかあるまい。そこで根本的に重要なことは、例えば「産めよ、増えよ、地に満ちて地を従わしめよ。海の魚、空の鳥、地の上を這う生き物をすべて支配せよ」式の思想ではなく、人間も、草木や、鳥獣や、虫や魚と同じく自然の一部だという（われわれの祖先や、アメリカ原住民や、オーストラリア原住民などが抱き続けてきた）ものの見方を養うことではないだろうか。そこに、神話がふたたび果たし得る機能がありはしないだろうか。

価値の多様化のほうは、それなりの歴史的な必然性を持っている。特に欧米先進国の人々が、福音の精神を失って非人間的な父権主義的「べからず集」に堕してしまったキリスト教道徳を捨てて、政治的にも社会的にも人間の解放を求めてきたことには重要な意味がある。おかげで、奴隷制度や階級性は神の摂理の顕現だとか、女性は男性にただ従属すべき存在だというような考えはかなり滅びた。しかし、一方で、悪しき神話と共によき神話までが捨て去られ、多くの人々が目先の快楽だけを追うようになったあげく、やがて生き甲斐のなさに気づくようになった。どこへ向かって行けばよいのか、なにを真の価値の基準にしたらよいのか。その不明確さのなかで、いつも犠牲にされてしまうのが子供である。子供の意志を無視して、社会的な地位と富の獲得だけを無理やり目標にさせる親が少なくない。親自身が利己的な〈自由〉を求めて、伝統的な家庭を崩壊させたあおりで、いかに多くの子供たちが深い心の傷を負っていることか。いや、一見恵まれた家庭でも、子供の育て方に自信を失っている親たちがいかに多いことか。

人々の迷いに乗ずるのが、迷信を売り物にして財を成している自称宗教家であり、その教団である。アメリカでもそうだが、いまの日本にも、さまざまな新興宗教が広まっており、奇跡、超能力、予言、神癒と称されるまやかしが行なわれ、それらに関する本が驚くほど売れているらしい。しかし、伝統的な宗教が本来のエネルギーを失って形骸化しつつある今日、ある意味では無理もない現象と言えるだろう。人々は大きな挫折を経験したり、愛する者の病気や死に遭ったりすると、奇跡を求める。奇跡は起こらないからこそ奇跡なのであって、エントロピーの法則に逆行することは人間の力では不可能である。だからあきらめる、のではなく、絶対にあきらめきれずに、神仏など超自然の力に頼るというのは、人間にとってごく自然な心の働きである。たとい神にすがっても奇跡は起こり得ないと理性が教えても、奇跡を求めないではいられないというのが人間の精神の本来の方向性なのだろう。おのれの無力さ、空しさを自覚して、神の力により頼み、そのために自己の生活を規制し、神の喜ぶ行為をする。それを祈りと言うならば、人類の文化と呼ばれるものの大半は祈りから生まれたと言えるかもしれない。

昔、「つひに祈りに堕つる心か」という一行詩を書いた有名な女性詩人がいた。だが、祈りは精神の堕落でもなんでもない。許せないのは、祈りそのものではなくて、ありもしない霊能があるかのように見せかけ、祈りが応えられたかのごとき演出をして、結果的に人に実害を与えているペテン師どもと、自分だけが神から真理を与えられているとか、自分たちの教団だけが特別の使命を与えられているとふれ回る排他的で、独善的なグループである。

苦痛や苦悩のなかでの真実の祈りは、かならずや創造と愛のエネルギーに転化する。それが——もしかするとそれだけが——人をほんとうに人間らしくしてくれる。そのことを私に最も納得できる言葉で教えてくれたのは、ほかならぬジョーゼフ・キャンベルであった。広島で原爆に遭ったのち、心身共に不安定ななかで信仰や思想の問題で迷い抜いていた私が、『生きるよすがとしての神話』（一九七二年）というキャンベルのエッセー集を読んだ時の感動は忘れられない。キャンベルはもともとカトリック教徒として育ち、晩年までカトリックの儀式や象徴に深い意味を見いだしていた人だが、どちらかというと（組織宗教としての）キリスト教よりも仏教的な思想に共感を持つようになった。仏教では、あらゆる人に仏性が備わっていると言うが、キャンベルもキリストは人の内にのみある、復活も昇天も象徴的に解釈すべきだと信じている。この思想はマイスター・エックハルトの昔から、いやキャンベル自身に言わせれば、経外典の「トマスによる福音書」の昔からあったものだが、かつては長く死に値する異端思想と見なされていた。しかし、神と信仰者は一体であるという神秘思想こそ、合理主義思想の究極の姿だという逆説的な論を唱えたエリック・フロム（特に

『愛するということ』を参照）のように、キャンベルと基本的に同じ思想が欧米でもますます受け入れられているようだ。

フロムと同じように、キャンベルも神秘主義を受け入れる反面、徹底的な合理主義者である。『生きるよすがとしての神話』の最初のエッセー「神話に対する科学の影響」は、伝統的なキリスト教の宇宙観がいかに非科学的であるかを説くだけでなく、迷信はもちろん、宗教が科学の分野に干渉することを強く戒めている。それにもかかわらず、現代人は科学によって価値観を構築することはできないのであり、意味のある生活を送ろうとすれば、どうしても神話が必要ではないかと示唆する。押しつけがましい論理ではなく、最後の部分はなぞめいたインドの神話で結んで、読者自身にその問題を考えさせるのである。私は、キャンベルの豊かな学殖だけでなく、深い思想性と、独善から程遠い静かな語り口と、その言葉の音楽に引き込まれてしまった。

同じことが、ジョーゼフ・キャンベルの死後に出版されたこの対話集『神話の力』（*The Power of Myth*, *1988*）についても言える。これは単に比較神話学の入門書ではない。少年時代から八十歳すぎまで世界の宗教と神話を研究し、そこから生きるよすがを求め続けてきた学者の生活の知恵がここに凝縮しているだけでなく、芸術の世界の楽しさを（教えてくれるというよりは）実感させてくれる。それだけでなく、鋭い感受性の持ち主であれば、ジョーゼフ・キャンベルの詩的インスピレーションのなかに、仏教で言う悟りのなんたるかを会得されるかもしれない。

ジョーゼフ・キャンベルは一九〇四年にニューヨークで生まれた。少年時代から神話に興味を抱いていたことは、この対談のなかでも語られているとおりだ。また、若いころからスポーツマンであり、老年になってから撮られた写真を見ても、すらりと細身の、姿勢のいいハンサムな紳士であった。彼はダートマス大学で二年間学んだあと、コロンビア大学に転入して、そこで学士と修士号を取ったあと、パリ大学とミュンヘン大学の大学院で一学年ずつ学んだ。一九三四年からは定年までニューヨーク州の名門女子大であるセイラー・ロレンス大学の教授をつとめた。代表的な著書に、『千の顔を持つ英雄』（一九四九年。邦訳は平田武靖・浅輪幸夫監訳、人文書院）、『神の仮面』（四巻、一九五九〜六八年。邦訳は山室静訳、青土社）、『生きるよすがとしての神話』（一九七二年）、そして晩年の著書には『宇宙意識――神話的アプローチ』（邦訳は鈴木晶他訳、人文書院）がある。また、編著に『ポータブル・ユング』や、恩師ハインリッヒ・ツィマーのインド哲学の著作を編集したものなどがある。

キャンベルの特筆すべき業績のひとつは、ヘンリー・モートン・ロビンスンとの共著『「フィネガンズ・ウェイク」を開く親かぎ』（一九四四年）である。ジェイムズ・ジョイスの大作『フィネガンズ・ウェイク』がまとまった本として出版されたのは一九三九年であり、その五年後、若い天才的な学者ハリー・レヴィンなどごく少数の人々を除けば、批評界でさえ、この小説を怪しげな謎の本と見なす人々が多かった時期に、キャンベルとロビンスンは（作品の舞台であるダブリンの地理さえろくに知らなかったにもかかわらず）そのプロットとその意味とを読み解こうとして、みごとに成功した。その後のジョイス研究の進み方は目覚ましいものがあるけれども、『フィネガンズ・ウェイク』を邦訳するという驚くべき離れ業を見事にやってのけている柳瀬尚紀氏によれば、同氏が翻訳にあたって参照した多くの参考文献のなかで、最も信頼に値する二冊のうちの一冊がこの『親かぎ』であったという。アイルランドその他の神話の知識だけでなく、神話を読み解くキャンベルの能力が、この難解極まる作品の解読にも役立ったのだろう。

この対談が成功している理由のひとつは、もちろんビル・モイヤーズの知識と人柄にある。本質的には謙虚だが、びっくりするほど博学で、しばしば遠慮会釈なく鋭い質問をするこのジャーナリストは、一九三四年にオクラホマ州で生まれ、テキサス大学と英国のエディンバラー大学で教育を受けたのち、サウスウェスタン・バプテスト神学校で神学を学んでいる。ときどきキャンベルよりもやや型にはまった教会思想が言葉のはしばしにうかがえるのは、そのせいかもしれない。リンドン・ジョンソンが上院議員時代にその個人的補佐官のような役割を演じ、ジョンソンが大統領になってからは正式の特別補佐官、報道担当官として重用された。七〇年頃からはCBSテレビの記者、解説者として活躍したが、PBS（公共放送）の解説者として現代の思想家たちをテレビで紹介した功績もよく知られ、多くの賞を受けている。

ビル・モイヤーズの「まえがき」と重複するので恐縮だが、この対談集の特徴について訳者の感想を少しつけ加えておきたい。ジョーゼフ・キャンベルは『千の顔を持つ英雄』のなかで、神話を「魂の高度な冒険についてのすばらしい歌」だと言っているが、彼はこの対談集でも、「神話というのは詩魂の故郷であり、芸術に霊感を与え、詩を鼓吹するものです。人生を一編の詩と観じ、自己をその詩の参与者と見なすこと、それが私たちにとっての神話の機能です」と言っている。これこそ、本書のなかにさまざまな変化を伴って繰り返される彼の中心テーマである。神話を生かすことができるのは詩人である、芸術家である。詩人とは、芸術家とは、自分の生のこの一瞬が実は永遠の時間であることを自覚し、時間内に自分が行なっている創造的な活動の永遠性を実感する人である。万物を貫いている永遠の輝きを認める人である。その経験が神話的な自覚だ、とキャンベルは言うが、それこそ禅の師家たちが「不立文字」の境地だと断りながらも、象徴的な言語でなんとか伝えようと努力してきた正覚体験ではないだろうか。

キャンベルは既成の教団組織による宗教活動にあまり共感を抱いていない。彼に言わせれば、宗教は詩を散文に変えてしまう。組織宗教はどうしても形式からその意味を失わせがちである。オスカー・ワイルドは『獄中記』で「あらゆる反復は反精神的だ」と言ったが、宗教に関わる私の狭い経験から見れば、たしかにそうだろうな、と思う。教会や寺院での儀式の機械的な繰り返しには、どうしても反精神的な要素が入りやすい。そして、教団組織の維持拡大には、金銭への執着、排他性、特に類似の教団に対する敵対意識、権力構造内での内紛といった醜悪な要素が伴いやすい。それに反して、一切の物欲を去って祈りと奉仕に献身している東西の修道者たちの集団に対して、キャンベルは深い敬意を払い続けている。彼らこそイエスやブッダなどと共に、内に向かって「昇って」いるというのである。

ただ、キャンベルは読者に隠者となって苦行することを勧めているわけでは決してない。彼によれば、詩人とは、悲しみと苦しみに満ちたこの世界で、自分の至福を、無上の喜びを、追求する人だという。復活といい、天国といい、救いといい、神の至福といい、すべて現世のなかで苦闘しながら生きている人々の内面にしかない。人生にもし意味があるとすれば、それは外から与えられたものではなく、ほんとうに生きている経験にある。古き我を律法と共に十字架につけて殺して内面的に再生すること、そして自然と調和してできるだけ楽しく生きること。そのためにも、お互いに思いやりの心を働かすこと……。これらはキャンベル自身が築いた思想ではなく、多くの偉大な思想家に共通した考えだということを、彼は正直に認めているが、キャンベルが静かな口ぶりで語るのを聞いていると、すなおに心にしみ込んできて、われわれもまた詩人の端くれくらいにはなれそうな、いや、ならなければ生きた甲斐がないように思えてくる。実は、決して容易な道ではなく、そこに到達するためには、強靭な精神の持ち主（英雄）だけに可能な数多くの困難な冒険が必要なのだろうが。

最初のうち、対談だから翻訳は比較的楽だろうと少々たかをくくっていたが、例えば life や light といった簡単な言葉にしても、どう日本語にするかでずいぶん迷ったし、対話者どうしでなければ理解できない部分もあって、苦闘の連続であった。そのうえ、途中で大学の新しい学務を仰せつかり、異常な忙しさのために何カ月も翻訳を中断せざるを得ないはめに陥った。結局、第四章と第五章は、かつて共訳の経験のある中原夏子さんにお願いして手伝っていただき、おかげで私の負担は大幅に軽減された。長期にわたる中原さんのご苦労に心から御礼を申し上げたい。

キャンベルとモイヤーズは、おたがいに「ジョー」「ビル」とファーストネームで呼び合う仲である。モイヤーズの「まえがき」の訳のなかではそういう口調を少しは再現しようと努力したが、対話の邦訳のなかでファーストネームを使うのは、二人の立場や年齢の相違を考えるとあまりにも不自然に見えるので、いろいろ試した末、モイヤーズがキャンベルを「ジョー」と呼んでいるのに、それを「先生」と訳すなど、実際よりも丁寧な表現を使用した。読者のご了承を乞いたい。

この翻訳の企画を早川書房に持ちかけるとき、最初は同社の出版物としてはやや異質かなと危惧したが、本の価値をよく理解し、他社との競争を克服して版権取得にこぎつけてくださった編集部の野口百合子さんはじめ、関係者の方々の英断とご尽力に感謝している。

同じ編集部の尾澤智史氏は、私の訳稿を原文と首っぴきで丹念に読み、不注意による脱落や、解釈の誤り、固有名詞の表記の不統一などをいちいち指摘してくださった。すべて有益な示唆に富んだ指摘であり、初校の際に利用させていただいた。氏の良心的な仕事と広い知識に深い敬意と感謝を捧げる。もちろん、いまも残っているに違いない誤りや不備はすべて私だけの責任である。お気づきの点をご指摘いただければ幸いである。

一九九二年六月

飛田茂雄

本書は一九九二年に早川書房から刊行されたが、このたび新たに文庫として出版されることになった。文庫版の刊行にあたっては、訳者飛田茂雄氏と生前親しくお付き合いさせていただいていた金子靖が、編集部の小都一郎氏とともに、訳文を校閲・校正した。訳文を丹念に読んで下さり、このような見事な新装版に仕上げてくださった小都氏に、心より感謝申し上げる。

二〇一〇年六月

金子　靖

解　説
新時代のロケーションへ

冲方　丁

いや驚いたな、全部読もうとしたなんて。人生はこれからだよ。一生かけて読めばいいんだ。

――『神話の力』まえがきより

本書は、希代の聞き手と語り手の出会いによって生まれた、たぐい無き示唆の書である。聞き手は名ジャーナリストのビル・モイヤーズ、そして語り手は神話学の世界的権威たるジョーゼフ・キャンベル。元はテレビ番組のための対話で、多数の視聴者に熱望されて書籍化されたという。対話がなされた場所は、『スター・ウォーズ』で有名なジョージ・ルーカスの〝領土〟たるスカイウォーカー・ランチ、そしてニューヨークにあるアメリカ自然史博物館である。これら二つの場所は非常に対照的で、意義深い。

スカイウォーカー・ランチは、ルーカスフィルム本社がある広大な土地だ。限られた者しか入れず、立ち入る際はそこが具体的に〝どこ〟か詳細を喋らないという守秘義務が課され、出入り口の撮影は禁じられている。敷地内は独立した街としての機能を持ち、撮影スタジオばかりか、遊園地にワイン畑、消防署や通勤バスまである。そこにはジョージ・ルーカスが名づけた多くの建物があり、「王様の館」や「従者の館」など、秘密めいたストーリー作りがなされているという。その音響施設は映像業界では憧れの対象とされ、日本のアニメでも「スカイウォーカー・ランチで音響制作を行った」ということがステータスとなるほどだ。またそこでは「ジョージを見かけてもこちらから声をかけてはいけない」など、ルーカスを中心としたルール（領土内の法律と言ってもいい）が定められており、現代の「オズの魔法使い」さながらの世界が築かれている。ルーカスはキャンベルの研究成果にヒントを得て『スター・ウォーズ』シリーズを製作した。いわばキャンベルという預言者に依って樹立された王国がスカイウォーカー・ランチなのである。

一方、アメリカ自然史博物館はニューヨークのセントラルパーク・ウェスト沿いに四ブロックにわたって建造された世界最大規模の博物館だ。むろん誰でも入れる。無料のライブ公演もある。一般会員と特別後援者とでは会費の金額が異なるが、誰もがその施設の会員となり、支援することができる。迷宮のごとき多種多様な展示室と研究室があるが、特に知られているのはジオラマ（ダイオラマ）と呼ばれる独特の展示方法だ。この博物館が先駆けとなって世界的に行われるようになった手法で、立体的な〝環境〟を再現することで観覧者の視覚に強く訴え、あたかも別世界に入り込んだようなインパクトを与えるものだ。キャンベルの神話への道は、少年時代にネイティブ・アメリカンの神話に魅了されたことに始まる。やがて彼は世界中の神話の比較研究を行い、人類に共通する「生きているという経験を求めること」を幾多の物語に見出すのだが、この博物館は、それらの物語が生まれ、そして新たに生まれ変わってきた全地球上の光景を内包しているのである。

スカイウォーカー・ランチとアメリカ自然史博物館。どちらも現代の特殊視覚効果によるビジュアル文化の尖兵である。現代はビジュアルが全てに先行する。本書が元はテレビ番組であることを考えれば、何が語られたかは、どこで語られたかということと密接な文脈をなす。どこにいるか――つまりロケーションによって、語られるべきものもおのずから異なってくる。もし二人がマクドナルドの片隅で話していたり、アフリカの大草原のまっただ中で話していたりしたら、対話の内容は全く違ったものになっていただろう。またもし努めて同じような対話がなされたとしても、視聴者のとらえ方が変わってくる。

我々はそういう世界に住んでいる。あるいはテクノロジーが不在なだけで古代人も同じかもしれないが、いずれにせよモイヤーズ（と撮影スタッフ）は適切なロケーションを作ることで、キャンベルに、そして視聴者や読者に、真に語られるべき文脈を与えた。モイヤーズは、「もし裁判官がひとつの役割に過ぎなければ、彼らは威厳のある黒い法服の代わりに、グレーの背広を着て法廷に出てもいいはずだ」（『神話の力』まえがき）とキャンベルの〝教え〟を引用しているが、それと同じことである。ここでいうロケーションは単なる演出上の飾りではない。神話の本質という、およそ言葉にすることが不可能な〝人類の経験〟へと視聴者・読者を導くための欠くべからざる吊り橋なのである。

その点でまずはキャンベルの功績を知り、彼の〈ことば〉を味わう前に、本書におけるモイヤーズの存在を称賛すべきだろう。キャンベルは神話という大河を隔て、通常の現実とは異質な岸辺に立つことを身をもって示している。彼岸の向こうは〝生の経験〟や〝至福の追求〟を可能とする未知の世界だ。その世界へ導かれた者たちがルーカスでありモイヤーズであるわけだが、我々は多くの場合、キャンベルその人ではなく彼らによって導かれている。特に本書では（元となった番組では）モイヤーズが積極的にキャンベルから「教えを受ける姿」を、すなわち「大衆の前で自らを教育する姿」を示すことで、我々にもその教えの場に参加することを可能としたのである。

それは現代の騒然とした主義思想の語りの場とは一線を画した態度だ。本書でモイヤーズは驚くほど聞き手に徹し、キャンベルは語り手に徹する。ロケーションのあらゆる要素が、視聴者・読者を未知の世界へと招くべく、言葉にならないイメージを示し始める。この見事な対話を成立させたことこそ本書を希代の名書としたゆえんである。国の違いを超えて通用する数少ない教科書となり、高度な論述の集大成となり、読者の心を揺さぶる名作となった。正しい教えを欲するなら、正しく問わねばならない。彼はキャンベルに「天球の音楽に合わせて舞い踊」ることを正しく要請した。彼の問いかけを通して我々はキャンベルが経験した「天球の音楽」にふれ、いかにして舞い踊るかを示唆される。

そして、ただ世界各地の神話を知るのではなく、〝経験〟することを知るのである。

神話にはいかなる効果があるか。いかにして個人と社会と宇宙とをつなげ、一体のものとしてきたか。そういうことについては、本書のどのページをめくってもいい。〝神話の効能〟といったカタログ的な理解が大して重要ではないことがわかる。重要な点は、事実、神話が個人と社会と宇宙とをつなげたことにある。そして我々もまた、そうした経験を持てると本書は告げている。

キャンベルは言う。「神話は、もしかすると自分が完全な人間になれるかもしれない、という可能性を人に気づかせるんです」（第五章　英雄の冒険）

完全な人間とは何か。それはキャンベルによれば、自分が生きているという経験をする人間である。では生きているとは何か。自己の内面において、知らねばならない価値、すなわち個人の至福と出会い、それに従うということである。ではその内面にある価値、個人の至福とは何か。それは個人の幸せの経験を待つしかない。「神話は、なにがあなたを幸福にするかは語ってくれません。しかし、あなたが自分の幸福を追求したときにどんなことが起こるか、どんな生涯にぶつかるか、は語ります」（第五章　英雄の冒険）

そんな幸福をどうすれば知ることができるのか。たとえばキャンベルはとても単純で、得難い「場所」を示している。「今朝の新聞になにが載っていたか、友達はだれだれなのか、だれに借りがあり、だれに貸しがあるか、そんなことを一切忘れるような部屋、ないし一日のうちのひとときがなくてはなりません。本来の自分、自分の将来の姿を純粋に経験し、引き出すことのできる場所です。これは創造的な孵化場です。はじめはなにも起こりそうにないかもしれません。しかし、もしあなたが自分の聖なる場所を持っていて、それを使うなら、いつかなにかが起こるでしょう」（第四章　犠牲と至福）

本書がこうした数々の豊かな示唆を与える一方で、我々は日々、神話を失うことを余儀なくされている。神話は情報ではない。個人の経験、そして人類の経験である。だが我々の人生はかつてなく雑多で膨大な情報にさらされている。自他の経験すら判然としない「混乱あるのみ」の世を生きている。だが混乱こそが過去に存在したあらゆる権威を押し流してくれたのも事実である。そんな我々が追求する至福は、人類史において一風変わったものになるに違いない。人間にとって神話が不可欠である限り、一人一人が至福を追求すれば、自然とみなが新たな神話の創造主とならねばならないからだ。かつてシャーマンや司祭が担ったことがらが、我々全員に委ねられようとしているのである。

キャンベルは、神話が遠のき、旧来の宗教が力を失い、人生の導師が不在となった現代を語りながらも、その口ぶりはどこまでも楽しげだ。それは彼が見出した至福を端的に物語っているし、その楽しげな調子はそのまま、我々が経験するであろう新たな神話の登場を予期している。焦る必要があるとは思われない。自己の経験を得るとき、自己の期限と尺度をも得るだろうから。大切なのはそれら目がけて自己を試みることであり、そのときにはもう誰も混乱に駆り立てられてはいないはずだ。

本書のハードカバー版に出会ってから十四年、モイヤーズとキャンベルの対話は少しも色あせず貴重な導きを示し続けてくれた。歳をとるごとに理解が深まり、新たな発見を得てきた。これからもずっと、未知の経験の前触れを、その受容のときを、冒険の兆しを示してくれることだろう。どうかこの文庫版を手にする全ての方々にも、冒険の始まりが告げられ、世界の中心に至る道が示されんことを。

最後に、〝英語から日本語へ〟という大きなロケーションの転換を果たした訳者の方々、また早川書房および関係者の方々の功績を、感謝を込めて称えたい。特にモイヤーズとキャンベルの対話に日本語ならではの様々な表現が導入されたことは、あたかも神話が各地に伝播し、適切な変形を経ながらも本質を保ち続ける好例を見るようである。

本書は、一九九二年七月に早川書房より単行本として刊行された作品を文庫化したものです。

プルーフ・オブ・ヘヴン
——脳神経外科医が見た死後の世界

Proof of Heaven

エベン・アレグザンダー
白川貴子訳

ハヤカワ文庫ＮＦ

テレビで紹介され話題騒然
脳の専門家として長年治療と研究にあたり、ハーバードで教鞭をとってきた医師が、突然奇病に襲われ昏睡状態に陥った。意識や感情をつかさどる脳の領域が働かないはずの状態で彼は驚くべき体験をし、それまで否定してきた死後の世界の存在を確信する。

解説／カール・ベッカー

樹木たちの知られざる生活
――森林管理官が聴いた森の声

Das geheime Leben der Bäume

ペーター・ヴォールレーベン
長谷川　圭訳

ハヤカワ文庫ＮＦ

樹木には驚くべき能力と社会性があった。子を教育し、会話し、ときに助け合う。一方で熾烈な縄張り争いを繰り広げる。音に反応し、数をかぞえ、長い時間をかけて移動さえする。ドイツで長年、森林管理をしてきた著者が、豊かな経験と科学的事実をもとに綴る、樹木への愛に満ちあふれた世界的ベストセラー！

社会・文化

予想どおりに不合理
——行動経済学が明かす「あなたがそれを選ぶわけ」
ダン・アリエリー／熊谷淳子訳

ユニークな実験が満載！　行動経済学ブームに火をつけたベストセラー。解説／大竹文雄

デザイン思考の道具箱
——イノベーションを生む会社のつくり方
奥出直人

イノベーションは誰でも起こせる！　魅力的な製品を生み出す極意を第一人者が徹底伝授

明日の幸せを科学する
ダニエル・ギルバート／熊谷淳子訳

人間は、未来の自分を正確に予測できない。その原因である脳の錯覚や妄想を徹底検証！

なぜこの店で買ってしまうのか
——ショッピングの科学
パコ・アンダーヒル／鈴木主税・福井昌子訳

店頭での膨大な実地調査をもとに買い物客がつい買ってしまう仕組みを解き明かした名著

貧困の終焉
——2025年までに世界を変える
ジェフリー・サックス／鈴木主税・野中邦子訳

「世界の貧困は撲滅できる」。経済学者が具体策を語った名著の文庫化。解説／平野克己

〈数理を愉しむ〉シリーズ

美の幾何学
――天のたくらみ、人のたくみ
伏見康治・安野光雅・中村義作
自然の事物から紋様、建築まで、美を支える数学的原則を図版満載、鼎談形式で語る名作

$E=mc^2$
――世界一有名な方程式の「伝記」
デイヴィッド・ボダニス／伊藤文英・高橋知子・吉田三知世訳
世界を変えたアインシュタイン方程式の意味と来歴を、伝記風に説き語るユニークな名作

数学と算数の遠近法
――方眼紙を見れば線形代数がわかる
瀬山士郎
方眼紙や食塩水の濃度など、算数で必ず扱うアイテムを通じ高等数学を身近に考える名著

ポアンカレ予想
――世紀の謎を掛けた数学者、解き明かした数学者
G・G・スピーロ／永瀬輝男・志摩亜希子監修／鍛原多惠子ほか訳
現代数学に革新をもたらした世紀の難問が解かれるまでを、数学者群像を交えて描く傑作

黄金比はすべてを美しくするか？
――最も謎めいた「比率」をめぐる数学物語
マリオ・リヴィオ／斉藤隆央訳
芸術作品以外にも自然の事物や株式市場にまで登場する魅惑の数を語る、決定版数学読本

訳者略歴　1927年生，2002年没，早稲田大学大学院博士課程修了，中央大学名誉教授・英米文学翻訳家　主訳書『母なる夜』『パームサンデー』ヴォネガット，『キャッチ＝22』ヘラー（以上早川書房刊）他多数

HM=Hayakawa Mystery
SF=Science Fiction
JA=Japanese Author
NV=Novel
NF=Nonfiction
FT=Fantasy

神話の力

〈NF368〉

二〇一〇年六月二十五日　発行
二〇二五年七月二十五日　十一刷
（定価はカバーに表示してあります）

著者　ジョーゼフ・キャンベル
　　　ビル・モイヤーズ
訳者　飛田茂雄
発行者　早川浩
発行所　株式会社　早川書房
郵便番号　一〇一‐〇〇四六
東京都千代田区神田多町二ノ二
電話　〇三‐三二五二‐三一一一
振替　〇〇一六〇‐三‐四七七九九
https://www.hayakawa-online.co.jp

乱丁・落丁本は小社制作部宛お送り下さい。
送料小社負担にてお取りかえいたします。

印刷・中央精版印刷株式会社　製本・株式会社明光社
Printed and bound in Japan
ISBN978-4-15-050368-0 C0114

本書は活字が大きく読みやすい〈トールサイズ〉です。